Liebe Leserin, lieber Leser

Der tropische Regenwald hat keine Ideale. Er entzieht sich der Wertung von Gut und Böse: Zwischen Bromelien und Lianen herrschen weder Gerechtigkeit noch friedliche Koexistenz. Vielmehr sind die Vielfalt der Kreaturen, deren Lebenskraft und Schönheit Resultat eines Jahrmillionen alten Kampfes ums Überleben, bei dem wenige Gewinner über viele Verlierer triumphiert haben: Die meisten Darsteller der Tropen haben die dampfende Bühne längst verlassen – als ausgestorbene Arten.

So gesehen ist unsere Gegenwart ein Abbild der Regenwälder; eine Gegenwart, in der Menschenrechte und Humanismus wenig zählen und Selbstsucht, Bürgerkriege und rigider Wirtschafts-Darwinismus Mittel zum Erfolg sind: Spiegeln denn nicht das Schlachten im Kosovo und in Tschetschenien oder die „feindlichen Übernahmen“ in der Ökonomie das alte ökologische Prinzip von Fressen und Gefressenwerden wieder?

Wir glauben, dass wir uns kraft unseres Bewusstseins von solchen Prinzipien der Evolution emanzipiert haben. Doch in unserem Verhalten – Mensch gegen Mensch, Mensch gegen Natur – sind wir mindestens so aggressiv wie Treiber-Ameise und Lanzenotter.

Dass im Rahmen dieser menschlichen Torheiten ausgerechnet der tropische Regenwald, der vitalste aller Naturräume vernichtet wird, ist geradezu ironisch. Denn so beklagenswert der Schwund alljährlich Tausender, oft nicht einmal dokumentierter Arten ist, so fatal ist der intellektuelle Verlust, der damit einhergeht: Wir verlieren mit den Regenwäldern jenes Studienobjekt, das uns wie kein zweites die Folgen von Lug und Trug, von Kampf und Vernichtung vor Augen führt. Mit der Einsicht in die evolutionären Mechanismen des Waldes lernen wir viel über uns selbst; denn entwicklungsgeschichtlich unterliegen wir den gleichen Zwängen. Und erst solches Selbstverständnis befähigt uns, Auswege aus dem darwinistischen Dilemma, aus dem Kreislauf von Zerstörung und Entwicklung auf Kosten anderer, zu erkennen.

Einen Einblick in die Magie des großen grünen Lebensraumes wird, so hoffen wir, diese Ausgabe von GEO WISSEN eröffnen. Und das soll auch ein Projekt, das einmalig ist in der Geschichte von GEO: Gemeinsam mit der Volkswagen AG und dem Filmtheater-Unternehmen CinemaxX hat GEO in den Herrenhäuser Gärten von Hannover ein Regenwaldhaus konzipiert, das die Komplexität der Tropenwälder vermittelt – in all ihrer Faszination und Schutzwürdigkeit. Eröffnet wird es im Frühjahr 2000.

Herzlich Ihr

Reiner Klingholz

Reiner Kling[...]

I N H

6

30

56

42

64

BIODIVERSITÄT

MENSCHEN

TIERE

POSTER

NATURSCHUTZ

EXPEDITION

ZERSTÖRUNG

RUBRIKEN

Redaktionsschluss: 23. 12. 1999

GEO IM INTERNET

Wissenswerte Adressen zum Thema Regenwald finden Sie im GEO-Explorer (www.geo.de)

76

84

102

110

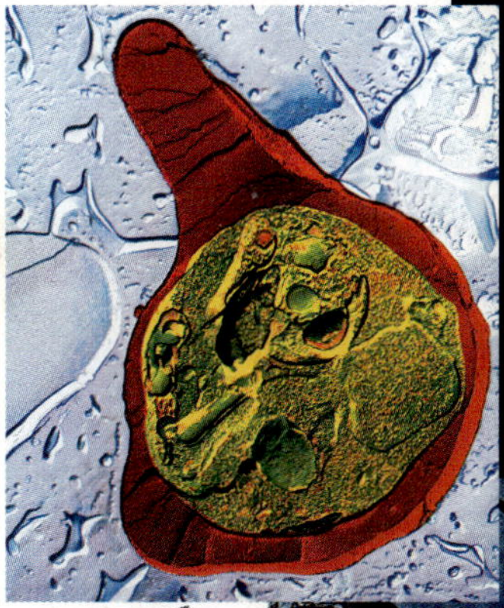
126

154

IM GARKESSEL

Zwischen dampfenden grünen Bergflanken stürzt der Rio Quijos am Osthang der ecuadorianischen Anden gischtend in die Tiefe. Die **TIEFLAND-REGENWÄLDER** östlich dieser Region gelten als »Megazentren« der Biodiversität: Auf Bergrücken und in Tälern, voneinander isoliert und jeweils mit einem etwas anderen Klima, konnte sich eine Fülle von Spezies entwickeln

ECUADOR

DER EVOLUTION

In einem breiten Gürtel ziehen sich beidseits des Äquators tropische Regenwälder um den Globus: fruchtbare Ökosysteme auf kargem Grund, Quell unzähliger Tier- und Pflanzenarten und Heimat vieler Völker. Im Laufe der Entwicklungsgeschichte sind hier Kreaturen entstanden, deren Form und Fertigkeiten jegliche Fantasie überbieten. Eine Ahnung davon vermittelt diese Weltreise zu den Zentren der grünen Vielfalt

Im Gänsemarsch trotten Weibchen hinter dem Clanchef Titus durchs Unterholz in den Virunga-Bergen. Die üppige Vegetation der **OSTAFRIKANISCHEN BERGREGENWÄLDER** bietet den ausschließlich vegetarisch lebenden Gorillas Nahrung in Fülle. Die mächtigen Tiere drohen dennoch endgültig von der evolutionären Bühne zu verschwinden: Ihr Lebensraum wird immer kleiner, und die politischen Wirren in dieser Region verhindern eine wirksame Kontrolle von Wilderern

RWANDA

An der australischen Nordostküste kämpfen Palmen der Art *Archontophoenix alexandrae* um Licht und Raum. Die zerklüftete Bergkette steckt so häufig im Nebel, dass die Aborigines die Gegend »eungella« nennen – »Heimat der Wolken«. Dank der reichen Feuchtigkeitszufuhr vom Pazifik her hält sich hier ein kaum 20 Kilometer schmaler Streifen **NEBELWALD**

AUSTRALIEN

BORNEO

Feigengewächse wie jenes, an dem sich geschickt ein Nashornvogel bedient, sind Schlüsselarten in den nach der dominierenden Baumfamilie benannten **DIPTEROCARPACEEN-WÄLDERN** auf Borneo: Feigen fruchten rund ums Jahr und bilden damit für gefiederte Besucher wie auch für Primaten eine verlässliche Nahrungsquelle

Im Blätterreich der **TIEFLAND-REGENWÄLDER** Costa Ricas haust der Laubfrosch *Agalychnis spurrelli*. Neben ihm bevölkern fast 160 Amphibienarten das mittelamerikanische Land, in dem auch vier Prozent aller bekannten Pflanzenspezies gedeihen. Dabei ist es kaum größer als Niedersachsen

COSTA RICA

Zwischen den schirmgroßen Blättern der von den Einheimischen *'ape'ape* genannten Pflanze nimmt sich ein Wissenschaftler aus wie ein Zwerg. Die **NEBELWÄLDER** Hawaiis, hier im Naturschutzgebiet Waikamoi auf Maui, sind wie auch Lebensräume in anderen Inselwelten reich an endemischen, also nur hier vorkommenden Arten. Sie sind oft aus einem Vorgänger entstanden, den es irgendwann zufällig auf einen abgelegenen Archipel verschlagen hat

HAWAII

Bunte Falter drängen sich an den inneren Ausläufern des **ATLANTISCHEN KÜSTENREGENWALDS** auf einer Sandbank nahe der Iguazú-Wasserfälle, wo sie Salze lecken. Südamerika darf geradezu als Kontinent der Tagfalter gelten. Immerhin leben auf diesem Erdteil mit 7500 Spezies etwa so viele Arten wie in Asien und im tropischen Afrika zusammen. Weshalb sich diese Schmetterlinge gerade hier zu einer enormen Diversität aufgespalten haben, ist wissenschaftlich ungeklärt

ARGENTINIEN

Behäbig hockt ein Kurzhorn-Chamäleon im **BERGREGENWALD** an Madagaskars Ostküste. Die bizarren Echsen – mit mehr als 40 Arten ein prägendes Element der Inselfauna – verfügen über eine außergewöhnliche Tarnstrategie: Sie passen ihre Hautfarbe der Umgebung aktiv an. Auch ihre langsamen Bewegungen lassen die Tiere mit dem Blattwerk verschmelzen, in dem sie mit ihrer langen, klebrigen Zunge Insekten jagen

MADAGASKAR

DAS RÄTSEL DES REICHTUMS

Tropische Regenwälder beherbergen eine schier unglaubliche Vielfalt an Pflanzen und Tieren. Aber warum hat die Evolution ausgerechnet in den feuchten, warmen Breiten der Erde eine solche Kreativität entfaltet und nicht in den Steppen Asiens oder im Schwarzwald? Biologen haben darauf bislang keine schlüssige Antwort

VON KLAUS BACHMANN

Die Vielfalt des Lebens in den Tropen ist frappierend: Auf einem Hektar Amazonas-Regenwald gedeihen über 500 Baum- und Lianenarten – in Mitteleuropa hingegen dominieren Buchen oder Eichen in ihren typischen Formationen über lediglich eine Handvoll weiterer Holzgewächse. Kolumbien beherbergt rund 3100 Echte Tagfalterarten – doppelt so viele, wie zusammengerechnet in Nordafrika und auf dem ganzen riesigen eurasischen Kontinent nördlich des 30. Breitengrads existieren. In der sattgrünen Decke des Kleinstaats Panama brüten 890 Vogelarten – im viereinhalbmal so großen Deutschland etwa 250. Auf Borneo haben Zoologen aus den Kronen von nur 19 Bäumen 2000 Käferspezies geholt – ein Viertel der Diversität ganz Zentraleuropas.

Alles in allem bedecken tropische Regenwälder nur noch ungefähr sechs Prozent der irdischen Landfläche. Doch unter ihrem Kronendach haust das Gros der organismischen Vielfalt: 50 bis 75 Prozent, nach Meinung mancher Biologen sogar mehr als 90 Prozent sämtlicher Lebewesen.

Aber warum weisen ausgerechnet die feuchten, warmen Breiten diesen unglaublichen Formenreichtum auf? So simpel die Frage ist, so schwer fällt Biologen eine Antwort. Denn das Band der Evolution lässt sich nicht zurückspulen, viele Ursachen der Fülle bleiben damit notgedrungen im Nebel der Erdgeschichte. Nur ansatzweise gelingt es Forschern, ökologische Zusammenhänge im wuchernden, krabbelnden, fliegenden, saugenden, sich gegenseitig verschlingenden Durcheinander der heutigen Lebensgemeinschaften zu erfassen – schon deshalb, weil immer noch unklar ist, wie viele Tier- und Pflanzenarten die Regenwälder überhaupt bevölkern.

Die Wissenschaftler ziehen sich aus der Affäre, indem sie die Faktoren auflisten, die jenem Reichtum förderlich sind. Trotzdem bleibt vieles offen, anderes widersprüchlich. „Bei der Erforschung der Biodiversität sind wir noch im Mittelalter", bekennt der Ökologe Stephen Hubbell von der amerikanischen Princeton University. Und sein Kollege Michael Huston vom Oak Ridge National Laboratory sieht in der Lösung des Diversitäts-Puzzle den „Heiligen Gral von Ökologie und Evolutionsbiologie".

Diesen suchte bereits Mitte des vergangenen Jahrhunderts der Naturforscher Alfred Russel Wallace (siehe sein Portrait auf Seite 56), dem auf seinen Reisen nach Amazonien und in den Malaiischen Archipel die Zunahme der Artenmenge von den Polen hin zum Äquator aufgefallen war. Er erklärte das Phänomen mit dem über Äonen stabilen warm-feuchten Klima in diesen Breitengraden. Jeweils weiter nach Süden und Norden hätten starke Klimaschwankungen, verbunden mit Gletscher-Vorstößen, Flora und Fauna immer wieder ausradiert.

Wallace hatte zumindest teilweise Recht. In der Tat existieren Regenwälder kontinuierlich seit mehr als 60 Millionen Jahren – aber keineswegs in gleicher Ausdehnung und keineswegs ungestört. Mittlerweile gelten gerade die Schwankungen als diversitätssteigernde Antriebe. Heute wissen wir, dass in kühleren und trockeneren Klimaphasen, etwa während der Eiszeiten, die dichte Regenwalddecke geschrumpft und teilweise in viele Fragmente sehr unterschiedlicher Größe zerfallen ist – feuchte Inseln in einem Meer der Trockenheit.

Dabei wurden Bestände einer Art auseinandergerissen, Teile in Refugien isoliert. Der erste Schritt zur Bildung neuer Spezies war damit getan. Denn geographisch getrennte Populationen schlagen mit der Zeit oft unterschiedliche evolutionäre Pfade ein: Lebt etwa eine Vogelart, die bislang Insekten von Lianen abgesammelt hat, in einem Wald, in dem im Zuge einer Fragmentierung die Nahrungsquelle langsam schwindet, dann können sich jene Individuen stärker vermehren, die dank ihrer genetischen Grundausstattung oder durch zufällige Veränderungen zum Beispiel der Schnabelform weiterhin genug Futter finden. So entwickelt sich auf Dauer eine neue Ernährungsstrategie, etwa die Insektensuche am Boden. In einem anderen Waldrelikt spezialisieren sich die Tiere vielleicht, vom Zufall geleitet und unter dem Druck der Umweltveränderung, auf das Kronendach.

Irgendwann hat sich das Verhalten der Populationen so weit auseinander entwickelt, ist deren Erbgut so stark umgebaut, dass sie sich nicht mehr miteinander fortpflanzen können. Aus einer Spezies sind zwei geworden, der Baum des Lebens hat sich verzweigt.

Immer und immer wieder in den vergangenen Jahrmillionen zersplitterte der Wald und wuchs er wieder zusammen. Dieses Pulsieren wirkte wie eine „Artenpumpe", die eine Unzahl neuer Formen zu Tage förderte. Und war erst einmal eine hohe Diversität in die Welt gesetzt, erzeugte diese in einer positiven Rückkopplung noch mehr Reichtum: weil eine Vielzahl an

Pflanzen Platz schafft für eine Vielzahl von Insekten; weil mannigfaltige Blüten Scharen von Schmetterlingen und Bienen eine Nische bieten.

Der deutsche Geologe Jürgen Haffer hatte die Refugien-Theorie 1969 erstmals präsentiert – mit enormer Resonanz. Die entscheidende Idee war ihm gekommen, als er in den sechziger Jahren Ölvorkommen in Kolumbien erkundete und sich nebenbei seiner Liebhaberei widmete – der Ornithologie. Dabei hatte ihn die außergewöhnliche, mosaikartige Verbreitung eng verwandter Vogelarten und -unterarten, etwa der Tukane, irritiert. Das merkwürdige Muster war nach seiner Ansicht entstanden, weil die verschiedenen Formen sich in Waldfragmenten entwickelt und dann mit dem sich ausweitenden Wald auch wieder verbreitet hatten.

Mittlerweile haben Wissenschaftler vielfache Belege für Haffers Konzept gefunden – durch die Analyse fossiler Blütenpollen und durch meteorologische Studien. Dennoch bleibt manches strittig, und besonders über den Vegetationswechsel in Amazonien wird heftig diskutiert, etwa darüber, wo genau sich Relikte gebildet haben oder wie kühl das Klima vor 18 000 Jahren auf dem Höhepunkt der letzten Eiszeit gewesen ist.

Doch eines ist klar: Der Refugien-Mechanismus kann wegen der gewaltigen Ausdehnung der Tropen besonders gut funktionieren. Denn die bedecken fast dreimal mehr Fläche, als die Tundren in den scheinbar endlosen Weiten Sibiriens und Nordamerikas einnehmen. Ein Grund dafür liegt dem amerikanischen Ökologen John Terborgh von der Duke University in Durham zufolge in der symmetrischen Anordnung der Klimazonen beiderseits des Äquators. Dadurch bilden „die Tropen einen ununterbrochenen Gürtel, wohingegen die einander entsprechenden Zonen gemäßigter Klimate auf der Nord- und Südhemisphäre durch Tausende von Kilometern getrennt sind“. Eine weitere Ursache sei der Verlauf der mittleren Jahrestemperaturen: Diese bleiben vom Äquator bis ungefähr zum 25. Breitengrad nahezu konstant. Weiter gegen die Pole sinken sie dann rasch.

Der gigantische tropische Lebensraum, resümiert Terborgh, zerfalle deshalb in Kaltzeiten in mehr Habitatinseln als die kleineren Landflächen gemäßigter Breiten. Deren Bewohner sind außerdem schon durch den Jahreszeitenwechsel an Temperaturschwankungen gewöhnt. Bei einem Klimawechsel in den Tropen käme es deshalb zu großem evolutionären Stress, und der produziere so in jeder globalen Kältephase neue Arten.

Klaus Rohde, deutschstämmiger Zoologe an der University of New England im australischen Armidale, glaubt dagegen an ein generell größeres Evolutionstempo in den Tropen. Dahinter steckt seiner Ansicht nach die Sonne. Sie löse durch höhere Temperaturen und starke UV-Strahlung mehr Mutationen aus, also Veränderungen des Erbguts. Sie beschere Organismen kürzere Generationszeiten, weil diese aufgrund der Wärme schneller reiften. Und sie beschleunige wegen des insgesamt zügigeren Stoffumsatzes in den Zellen auch die natürliche Selektion.

Einen ganz anderen Erklärungsansatz wählt Josef Reichholf von der Zoologischen Staatssammlung in München, Spezialist für die Vogelwelt Südamerikas. Er sieht den Überfluss aus dem Mangel geboren. Denn den Böden in den Tropen fehlt es weitflächig an Pflanzennährstoffen wie Phosphor, Stickstoff, Kalium und Kalzium. Reichholf beruft sich dabei auf das paradoxe Phänomen, dass der Artenreichtum auf *relativ* unfruchtbaren Böden ein Maximum erreicht. Bei extremem Nährstoffmangel könnten nur ganz wenige Spezialisten bestehen, argumentiert der Biologe, während bei einem Überangebot rasch wachsende

des Nährstoffmangels entsteht eine Vielzahl spezialisierter Arten

Spezies die leistungsschwächeren verdrängten. Reicht es aber für alle gerade zum Überleben, halten sie sich deshalb gegenseitig in Schach, dann „steigert sich“, so Reichholf, „die Diversität bis zur dichtestmöglichen Packung“.

Auch Tiere sieht der Forscher unter dem Diktat des Mangels: Für sie sei es schwer, die in der pflanzlichen Biomasse gebundenen Mineralien zu nutzen, weil Bäume und Büsche, um ihre knappen Ressourcen zu schützen, vielfältige chemische Abwehrstoffe produzierten. Diese Knappheit zwinge, so Reichholf, zur Spezialisierung, zu immer stärkerer und feinerer Nischenbildung. Anders gesagt: Not macht die Evolution erfinderisch.

Manche Kollegen wie Eduard Linsenmair von der Universität Würzburg hingegen finden, Reichholf messe dem Mangel etwas zuviel Bedeutung bei. Der Ökologe sieht in den Tropen eine ganze Reihe Vielfalt schaffender Faktoren am Werk. Neben der großen Fläche, den langen Zeiträumen und der Klimadynamik führt er die diversen Wechselwirkungen von Organismen an wie Konkurrenz, Parasitismus und intime Partnerschaften etwa von Pflanzen und bestäubenden Insekten oder von Termiten und Holz zersetzenden Darmbakterien. Bei entsprechendem Alter eines Lebensraums könne sich eine Vielzahl verschlungener Abhängigkeiten entwickeln und damit die Diversität in die Höhe treiben.

An faszinierenden Symbiosen und Verflechtungen bieten Regenwälder Beispiele zuhauf. Herausragend etwa sind die Bande zwischen Pflanzen und Ameisen, die als heimliche Herrscher des grünen Kosmos der puren Individuenzahl nach alle anderen Tiere übertreffen und auch die größte Biomasse stellen. In Malaysia etwa besiedeln Ameisenarten spezifisch bestimmte Bäume der Gattung *Macaranga*. Sie beißen sich Zugänge in den hohlen Stamm und kultivieren darin Schildläuse, deren zuckrige Ausscheidungen sie trinken.

Obwohl nur wenige Millimeter groß, schützen die Insekten ihren Wohnbaum effektiv: Sie greifen Pflanzen fressendes Getier an, patrouillieren auf der Oberfläche von Blättern und Stamm und entfernen Fremdpartikel wie Schmetterlingseier, aus denen gierige Raupen schlüpfen könnten. Und sie beißen jegliches fremde Pflanzengewebe ab, das mit ihrem Wirt in Kontakt kommt – und bewahren damit besonders Jungbäume vor der Überwucherung durch Ranken. *Macaranga* belohnt die Untermieter im Gegenzug mit Nährkörperchen, kleinen protein-, fett- und stärkereichen Auswüchsen. „Der große biologische Erfolg der Ameisen“, konstatiert Brigitte Fiala, Mitarbeiterin an Linsenmairs Institut, „beruht sicherlich zum guten Teil auf deren Kooperation mit anderen Tieren und Pflanzen.“

Welche Artenexplosion Koevolution auslösen kann, belegte 1998 Brian Farrell von der Harvard University an einer der vielfältigsten Organismengruppen: den Käfern. Etwa 330 000 Spezies sind bislang bekannt, mehr als die Hälfte auf Pflanzendiät spezialisiert. Aus Erbgutanalysen und Gestalt-Ähnlichkeiten rekonstruierte der Forscher einen Käfer-Stammbaum. Verblüffenderweise verzweigte dieser sich myriadenfach, just nachdem Blütenpflanzen vor rund 100 Millionen Jahren die evolutionäre Bühne betreten hatten.

„Diese Pflanzen waren wie eine neue, unbewohnte Insel“, sagt Farrell, „und die Blatt fressenden Käfer waren unter den ersten Kolonisten.“ Die Expansion in das ökologische Niemandsland setzte eine Spirale in Gang: Bäume und Büsche reagierten auf die Attacken der gierigen Krabbeltiere mit der Bildung chemischer Abwehrstoffe. Die nun besser geschützten Pflanzen forcierten die Entstehung neuer Käfer, welche wiederum die Flora zu Innovationen trieben. Und so weiter. Letztlich haben sich auf diese Weise nach Farrells Kalkulation rund 100 000 Käferarten entwickelt.

Die Entstehung der Diversität vor Jahrmillionen ist für Biologen aber nur eine entscheidende – die evolutionäre – Frage. Die andere lautet: Nach welchen ökologischen Regeln erhält sich der Artenreichtum?

Ein Schlüssel zum Diversitäts-Puzzle ist die Sonnenenergie in Kombination mit Feuchtigkeit. Wissenschaftler fanden dafür eine Reihe statistischer Belege, indem sie Muster der Vielfalt mit Mustern der Sonneneinstrahlung und der Niederschläge verglichen. Dabei zeigten sich deutliche Parallelen. Die Argumentation leuchtet auch ein: Je wärmer und feuchter es ist, desto mehr Biomasse produzieren die Pflanzen, die am Anfang der Nahrungskette stehen. Und je größer der Kuchen, in desto mehr Stücke kann er geteilt werden.

Als weiterer Vielfalts-Generator fungieren die gleichmäßig warmen Jahreszeiten der Tropen. Nektar, Blätter, Früchte und Samen sind rund ums Jahr verfügbar. Und das schafft die Voraussetzung für mehr Spezies. Dies bestätigte sich, als Wissenschaftler die Vogelgemeinschaften in einem peruanischen Regenwald und einem ungewöhnlich artenreichen Auenwald in den Südstaaten der USA verglichen: Im gemäßigten Lebensraum fand nur eine einzige Frucht fressende Spezies ihr Auskommen, im feuchtwarmen Milieu konnten sich 18 halten. Einer Kolibri-Art im Norden standen acht Verwandte im Süden gegenüber.

Als wesentliches Diversitäts-Kriterium heben Forscher schließlich räumliche Komplexität hervor. Tropische Bäume streben weit mehr in die Höhe als die in gemäßigten Breiten, und Regenwälder verfügen über mehr Vegetationsetagen. Und sie quellen über von faszinierenden „Huckepack"-Lebensformen: Lianen und Klettergewächse umgarnen allerorten Bäume. Epiphyten wie Orchideen und Geweihfarne setzen sich in winzigen Erdansammlungen auf Rinde und in Astgabeln fest. Multiplikatoren der Diversität gleich, verwandeln sie ihre hölzernen Wirte in hängende Gärten.

Jeder Epiphyt kreiert einen Minikosmos: Aus dem Staub der Luft sammelt er mit dem Wurzelgeflecht ein Humuskissen – Raum für Milben, Springschwänze und Würmer. Nestfarne speichern verrottendes Material in Blatttrichtern und dienen anderen kleinen Pflanzen als Blumentopf. In den Kelchen von Bromelien, zu denen auch die Ananas zählt, bilden sich kleine Teiche, in denen Frösche, Kaulquappen und Mückenlarven hausen. Dank dieses Strukturreichtums stellen tropische Regenwälder eine größere Zahl ökologischer Nischen bereit – so wie eine Großstadt vielfältigere Berufs- und Lebensmöglichkeiten bietet als ein Dorf.

Vielfalt prägt dabei nicht allein die Vertikale – vom gewaltigen Kronendach bis zum dichten Wurzelgeflecht –, sondern auch die Horizontale. Eine finnisch-peruanische Wissenschaftlergruppe räumte 1995 auf mit der Vorstellung, der Tropenwald bilde eine einheitliche Pflanzendecke, quasi eine monoton grüne Fläche. Bei der Auswertung von Satellitenaufnahmen und Expeditionsdaten erhielten die Forscher ein Bild, das eher einem pointillistischen Gemälde à la Georges Seurat glich. Auf 34 000 Quadratkilometern leuchteten 54 Farbtöne – also Habitate mit jeweils unterschiedlicher Artenkomposition.

Wie aber können so viele Spezies im Regenwald nebeneinander existieren, ohne einander tödliche Konkurrenz zu machen? Streben die Lebensgemeinschaften ein Gleichgewicht an, in dem lauter clevere

sich durch, sondern häufig schlicht jene, die gerade anwesend ist

Spezialisten in einer Unzahl enger Nischen Seite an Seite leben? Oder sind die Tier- und Pflanzengesellschaften zufällig zusammengewürfelt, so dass sich nicht der Beste durchsetzt, sondern der, der eben gerade zur Stelle ist? Erste Antworten darauf fanden Wissenschaftler – zumindest für Pflanzen – bei Untersuchungen auf der im Panama-Kanal gelegenen Insel Barro Colorado. Dort steht seit 20 Jahren die Flora auf einem 50-Hektar-Areal unter penibler Observation. Als Stephen Hubbell von der Princeton University und Kollegen dort Samen sammelten und auszählten, fanden sie zu ihrer Überraschung von vielen erwarteten Spezies keine oder nur wenige. Und von fast 60 Prozent der auf der Landfläche dominierenden Bäume fehlten auch Schösslinge.

Die angebotene Interpretation: Stürzt ein altersschwacher Baumriese um und reißt eine Lichtung für neues Leben, dann wartet dort nicht etwa ein großes Spektrum an Kandidaten inklusive der Besten im Boden darauf, das frei gewordene Areal zu besiedeln. Vielmehr werden, so Hubbell, die Lücken hauptsächlich per Zufall besetzt. Nicht der fitteste Wettbewerber für einen Standort komme zum Zug, sondern jene Art, die gerade zufällig anwesend sei, deren Samen etwa ein Tier ausgerechnet hier hat fallen lassen. Das biete auch schwächeren Pflanzen eine Chance – und fördere letztlich die Vielfalt.

Auf der Forschungsstation Barro Colorado stießen Wissenschaftler auch auf einen weiteren Diversitäts-Mechanismus: Besonders oft gehen Keimlinge jener Bäume zugrunde, die an einem Platz gehäuft wachsen. Ursache des Scheiterns sind vermutlich Pflanzenschädlinge und Pilze. Im Effekt wird also reduziert, wer oft vorkommt. Wer hingegen selten ist, erhält die Chance, sich auszubreiten. Die Artengemeinschaft fluktuiert über einen langen Zeitraum und verhindert so die Dominanz einer Spezies, was die Tatsache erklären hilft, daß die Tropen zwar einen immensen Reichtum an Arten produziert haben, deren Populationen jedoch geradezu winzig sind.

Ob die gleiche Dynamik für Tiere gilt, ist bislang unbekannt. Eduard Linsenmair vermutet jedoch, dass die meisten Arten in exklusiven Nischen leben und ihre Gemeinschaften ein Gleichgewicht anstreben.

Nicht jedoch bei Käfern: Als der Würzburger Tropenökologe und seine Mitarbeiter im Kinabalu National Park auf Borneo eine Volkszählung unter Kerfen durchführten, fanden sie keinerlei Gesellschaftsstruktur. Die 1063 Pflanzen fressenden Exemplare, die sie mit einem Insektizid aus den Kronen von 19 Bäumen holten, verteilten sich auf 688 Spezies. 60 Prozent der Arten waren lediglich mit einem Individuum vertreten, 96 Prozent mit weniger als zehn Exemplaren. Die Krabbeltiergesellschaften auf verschiedenen Bäumen variierten scheinbar wahllos.

Eine völlig andere Käfer-Mischung fanden die Würzburger bei einem zweiten Experiment sechs Monate später. „Soviel wir auch arbeiten", konstatiert Linsenmair, „wir entdecken auf jedem Baum die gleiche Menge neuer Arten. Wir wissen nicht, welches die Spezialisten sind. Weil sie so selten sind, gehen sie im Heer der anderen unter."

Zeit, Fläche, Mangel, Evolutionstempo, Zufall, Gleichgewicht oder Chaos – die Vielfalt der Regenwälder hat eine fast ebenso große Diversität an Theorien zu ihrer Erklärung provoziert. Anders als ihr Forschungsgegenstand sind diese Thesen allerdings noch jung. Und so dürfen Biologen hoffen, dass die wissenschaftliche Selektion mit der Zeit die tauglichsten auswählt.

Der Wissenschaftsjournalist **Klaus Bachmann**, 41, schreibt regelmäßig für GEOWISSEN. Doch bei diesem Thema war er gefordert wie schon lange nicht mehr. Schließlich haben selbst Tropenökologen Probleme, die vielfältigen und widersprüchlichen Theorien zum Ursprung der Diversität unter einen Hut zu bringen. Die Illustrationen stammen von **Peter Maltz**.

GEOBIOLOGIE

IM BANNE DER PLA

Regenwälder schmiegen sich wie ein Gürtel um den Erdball. Das war nicht immer so: Oftmals bis auf kleine Flächen zurück, in Warmzeiten dehnte es sich wieder aus. Bis der Mensch vehe

VON ANDREA PELZ

Über viele Jahrmillionen hinweg drifteten die einst zusammenhängenden Erdplatten auseinander. Vor 60 Millionen Jahren, zu Beginn des geologischen Zeitalters Tertiär, legte sich dann eine Art tektonische Ruhe über die Erde: Annähernd hatten die Kontinente ihre heutige Position erreicht.

In der Erdatmosphäre schwebte zu jener Zeit zwei- bis dreimal mehr Kohlendioxid als heutzutage, und dieses Treibhausgas sorgte für hohe globale Temperaturen. Und weil in einer wärmeren Welt mehr Wasser verdunstet, barg die Lufthülle auch mehr Feuchtigkeit, und es regnete mehr.

In diesem Klima entstanden diesseits und jenseits des Äquators die ersten Regenwälder eines Typs, wie er auch heute bekannt ist. Die Ausdehnung dieser Wälder allerdings hat sich über Jahrmillionen hinweg immer wieder drastisch geändert: Während der Eiszeiten schrumpften sie oft bis auf winzige Restareale zusammen. Zu Warmzeiten, etwa im Eozän vor rund 50 Millionen Jahren, reichten sie hingegen bis Mitteleuropa und in weite Teile Nordamerikas.

Das Pulsieren der Erde zwischen Warm und Kalt beruht gemäß einer Theorie, die nach dem serbischen Astronomen Milutin Milanković benannt ist, darauf, dass die Bahn unseres Planeten um die Sonne nicht ganz konstant ist, sondern – durch die Schwerkraft der riesigen Nachbarn Saturn und Jupiter verursacht – über viele tausend Jahre schwankt. Dabei verändert sich erstens der Winkel zwischen der Rotationsachse der Erde und der Ebene ihrer Umlaufbahn um die Sonne in Zyklen von 41 000 Jahren; zweitens variiert in einer Phase von 22 000 Jahren der Zeitpunkt, an dem die Erde während des Jahres der Sonne am nächsten ist; und drittens verformt sich die Erdbahn in noch größeren Zeiträumen von einem Beinahekreis zu einer leichten Ellipse und umgekehrt.

Als Folge schwankt die mittlere monatliche Bestrahlung für einen bestimmten Ort der Erde um bis zu 30 Prozent, was zu außergewöhnlich ausgeprägten Jahreszeiten und langfristig zu einer Eis- oder Warmzeit führen kann.

Zum Höhepunkt der letzten Eiszeit vor 18 000 Jahren beispielsweise schoben sich die Gletschermassen von der Arktis bis in die Gebiete des heutigen New York, Berlin oder London. Die Temperatur in höheren Breiten lag bis zu 15 Grad tiefer als heute – in den Tropen allerdings nur um vier bis sechs Grad.

Entscheidend für den Regenwald war aber vor allem die Luftfeuchtigkeit, denn während einer Kaltperiode binden Gletscher einen Großteil des potenziellen Regens als Eis. Das Klima in den Tropen wurde trockener, die Niederschläge sanken unter eine kritische Grenze. Folge: Der Regenwald brannte häufiger und schrumpfte extrem zusammen. In Afrika und Südamerika gab es nur noch kleine feuchte und grüne Inseln, an die Savanne grenzte.

In den Warmzeiten schmolzen die Gletscher wieder und setzten Wasser frei. Weil sich gleichzeitig die Atmosphäre aufheizte, verdunstete mehr und ging als Regen nieder. Auch in den Tropen nahm die Feuchtigkeit wieder zu, der Regenwald breitete sich erneut aus – während der letzten Zwischeneiszeit in nicht einmal 2000 Jahren. Auf dem Höhepunkt dieser Warmzeit vor 8000 Jahren überzog dichter Regenwald das gesamte westliche Afrika bis an den Rand der heutigen Sahelzone.

Um ein Bild von der damaligen Vegetation zu bekommen, sammeln Wissenschaftler Indizien. Sind in Sedimenten noch organische Reste von Pflanzen vorhanden, kann deren Alter anhand des radioaktiven Zerfalls der darin vorhandenen Elemente bestimmt werden. Das Kohlendioxid der Atmosphäre zum Beispiel enthält das radioaktive Kohlenstoffisotop ^{14}C und den stabilen Kohlenstoff ^{12}C in konstantem Verhältnis. Dieses Isotopengemisch wird über die Photosynthese unablässig von lebenden Pflanzen aufgenommen. Stirbt ein Organismus ab, so wird kein neuer Kohlenstoff mehr eingebaut. Der ^{12}C-Gehalt bleibt konstant, während das ^{14}C schwindet.

Aus dem nach Jahrhunderten oder Jahrtausenden übriggebliebenen ^{14}C und der bekannten Halbwertszeit seines Verfalls lässt sich dann das Alter der Pflanze errechnen. Diese Methode liefert allerdings nur bis etwa 50 000 Jahre zurück genaue Daten, bei älteren Fun-

NETEN

drängten Eiszeiten das Grün ment in die Tropen vordrang

Mittel- und Südamerika

Zum Höhepunkt der letzten großen Eiszeit vor 18 000 Jahren hatte der Regenwald sich in relativ regenreiche Zonen zurückgezogen, in das Hochland von Guyana etwa oder in die Nähe von Flüssen im Innern Amazoniens. Nach Rückgang der Eismassen besiedelten die überlebenden Arten in wenigen tausend Jahren . . .

heute

vor 100 Jahren

vor 8000 Jahren

vor 18 000 Jahren

. . . wieder weite Flächen des Amazonas-Beckens. Vor rund acht Jahrtausenden erreichte hier der Wald seine maximale Ausdehnung. Bis vor einem Jahrhundert änderte sich daran wenig. Seither aber hat die Zivilisation deutlich sichtbare Wunden geschlagen

Die historischen Karten beruhen auf den besten verfügbaren Daten. Vermutlich jedoch existierte zu den angegebenen Zeiten in den Randzonen mehr Wald

AFRIKA

Im Kongobecken hielt sich der Regenwald während der Eiszeit nur in Refugien entlang der großen Flüsse. In der folgenden Warmphase erholte sich der Wald, drängte die Savanne weit nach Norden ab und erreichte seine maximale Ausdehnung. Die Region des heutigen Sahel leidet mittlerweile stark unter Verwüstung

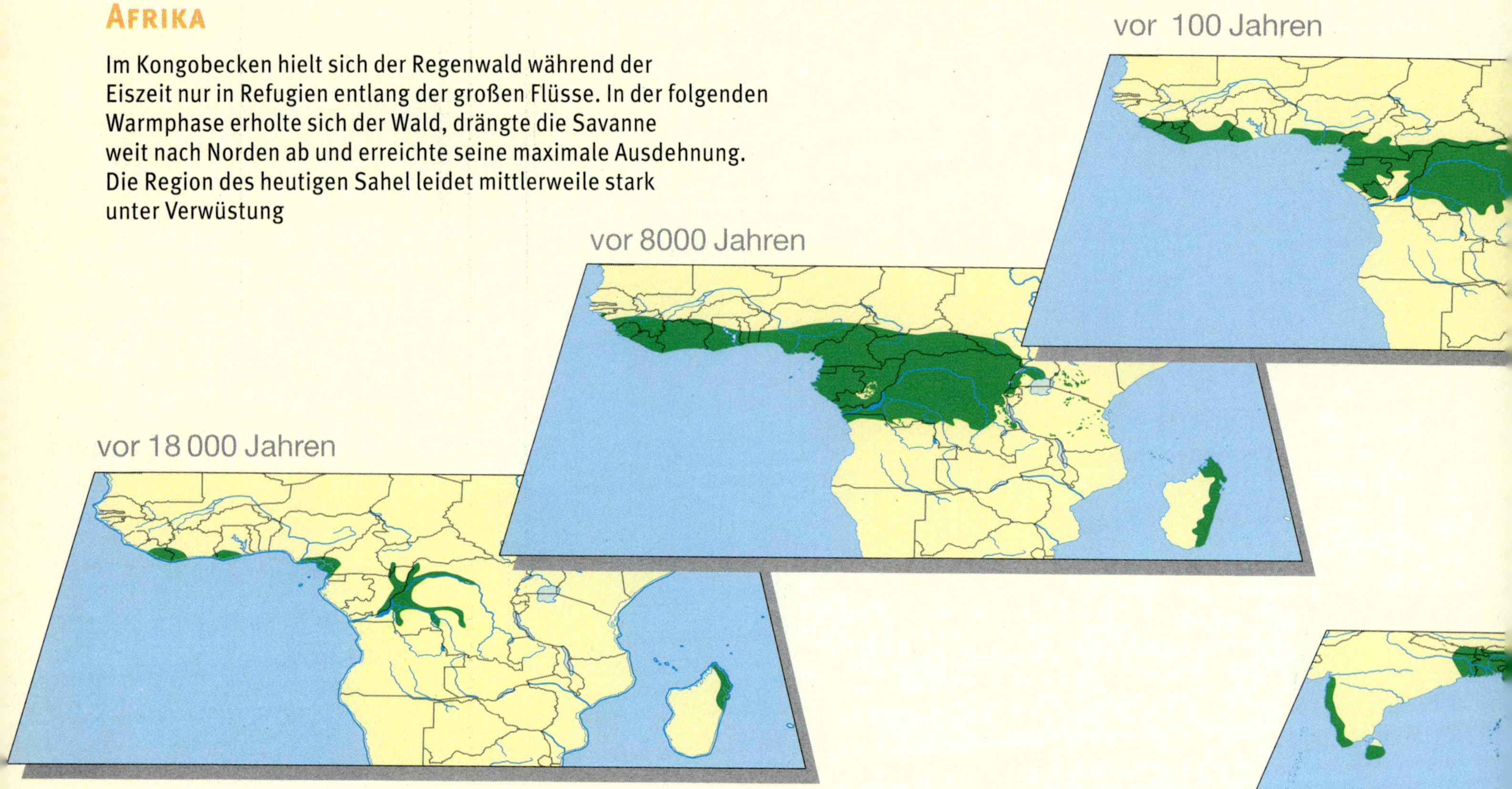

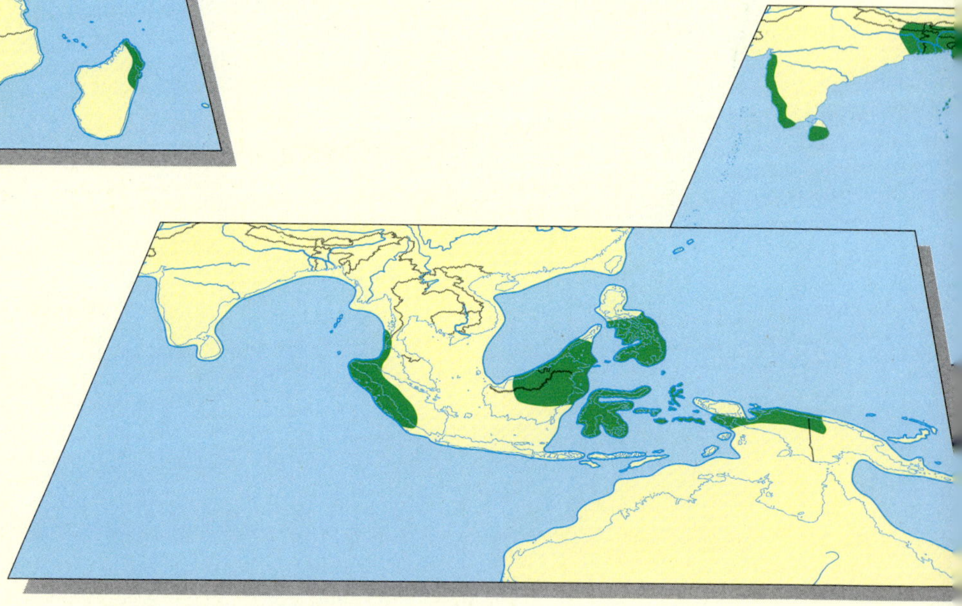

den ist der ^{14}C-Gehalt zu niedrig für eine Bestimmung.

Über die Analyse von Pollen lässt sich die Pflanzenverteilung der Vergangenheit rekonstruieren. Pollen werden alljährlich in Sedimente oder Ablagerungen wie Torf eingebettet und sind wegen ihrer harten Außenschicht weitgehend vor Zersetzung geschützt. Deshalb können Experten die Pflanzenart bestimmen, auch wenn die Spezies bereits ausgestorben ist. Für ihre Untersuchungen bohren Forscher Sedimentkerne, die bis zu Zehntausende von Jahren altes Material bergen. Die darin enthaltenen Pollen sowie ihre relative Häufigkeit geben Hinweise auf die Vegetation früherer Erdzeitalter.

In Fällen, in denen kein organisches Material mehr vorhanden ist – sei es, weil die Epoche schon zu lange zurück liegt oder alles zersetzt ist –, versuchen Wissenschaftler das frühere Klima anhand von Computersimulationen zu rekonstruieren. Daraus schließen sie dann auf die Verbreitung der Pflanzen.

Mithilfe solcher Modelle und der Kohlenstoff-Datierung konnten Forscher die Daten errechnen, auf denen die nebenstehenden Karten beruhen. Demnach verringerte sich die Ausdehnung des Regenwalds seit der Warmzeit vor 8000 Jahren bis zur letzten Jahrhundertwende weltweit nur geringfügig. Dann begann der Mensch massiv in das uralte Ökosystem einzugreifen. Mit der Folge, dass noch nie in der Erdgeschichte so viel Regenwald in so kurzer Zeit von der Erdoberfläche

heute

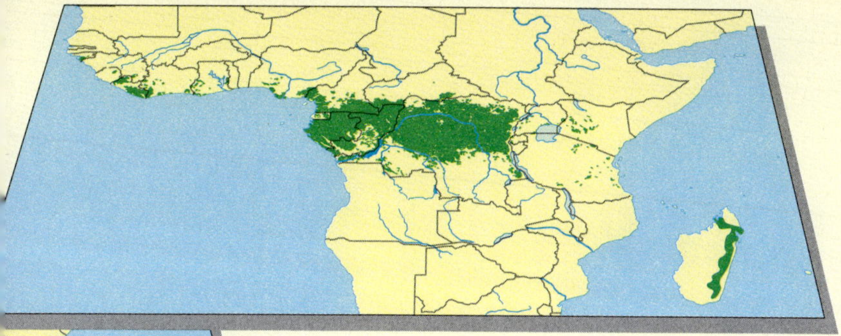

Quellen: Historische Daten nach Jonathan Adams, University of Adelaide; gegenwärtige Daten nach World Conservation Monitoring Center, Weltbank und anderen

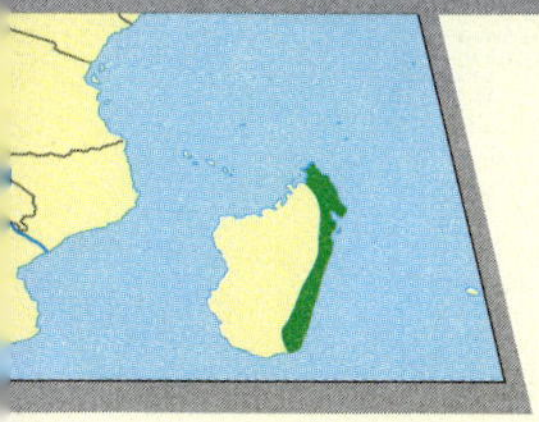

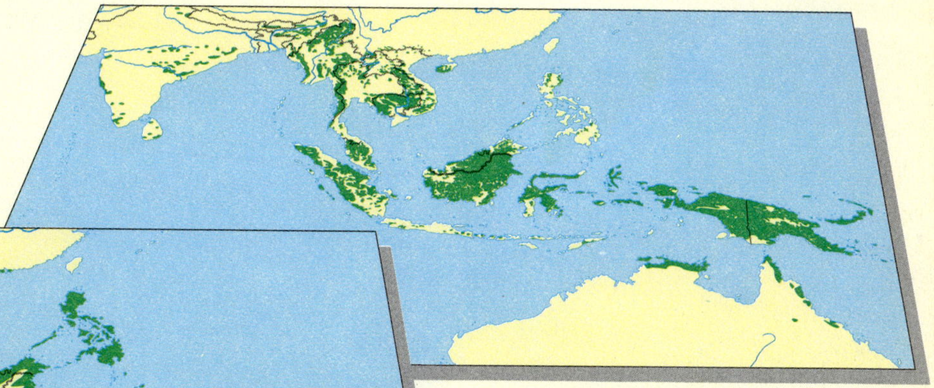

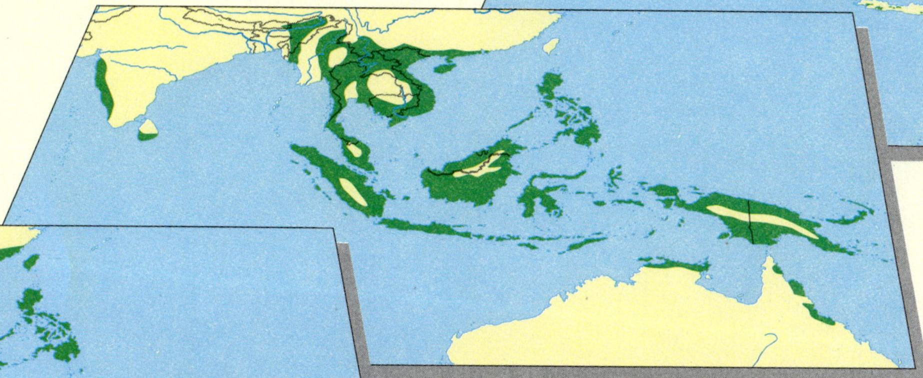

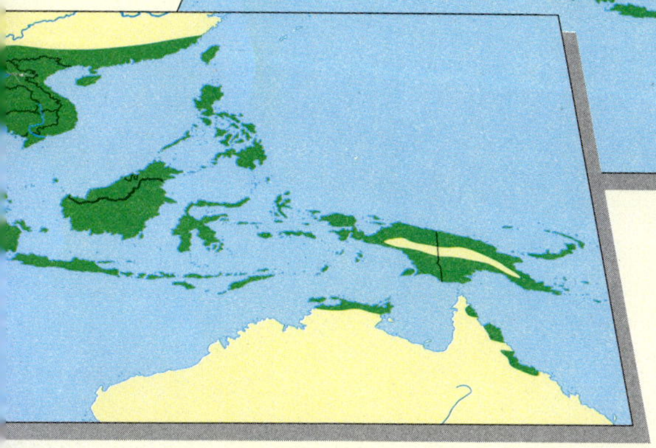

Südostasien

Als in der kalten Epoche vor 18 000 Jahren mächtige Gletscher die hohen Breiten bedeckten und sich der Wald zurückzog, sank der Meeresspiegel um rund hundert Meter, und weite Gebiete der südostasiatischen Inseln wurden miteinander verbunden. Regenwald gab es beispielsweise auf Sumatra und Sulawesi (Celebes). In der folgenden Warmzeit trennte das Meer viele Biotope voneinander, und auf den zahllosen Inseln entstand eine enorme Artenfülle. Heute sind hier die Regenwälder bedroht wie sonst nirgendwo auf der Welt

verschwunden ist wie in den vergangenen Jahrzehnten.

Erst seit Mitte des 20. Jahrhunderts konnten auch abgelegene Regionen mit Raupenfahrzeugen und schweren Lastwagen erschlossen und Straßen in vorher unzugängliche Gebiete gebaut werden. Arme Bauern und reiche Rinderzüchter brannten Urwald ab, um Acker- oder Weideflächen anzulegen, bis heute eine der Hauptursachen für dessen Vernichtung. Sammeln von Feuerholz und massiver Holzexport trugen ebenfalls zum Schwund bei. Seit den sechziger Jahren nahmen Ausmaß und Tempo des Kahlschlags dramatisch zu: In nur drei Jahrzehnten, von 1960 bis 1990, ging ein Fünftel der gesamten tropischen Regenwaldfläche verloren, das entspricht mit 450 Millionen Hektar fast der halben Fläche der Vereinigten Staaten.

Einzelne Länder wie die Elfenbeinküste büßten rund 60 Prozent ihres Waldes ein. Als der Staat zu Afrikas Hauptexporteur für Tropenholz avancierte, verzehnfachte sich die Produktion unverarbeiteter Baumstämme von 400 000 Kubikmeter im Jahr 1958 auf vier Millionen Kubikmeter in den achtziger Jahren. Mittlerweile ist die Holzausfuhr aus dem Land zum Erliegen gekommen, da dort kaum noch erschließbarer Wald vorhanden ist.

In Asien haben Umsiedlungsprogramme, enorme Holzeinschläge sowie Umwandlungen in Ölpalmen-, Gummi- und Nutzholz-Plantagen riesige Primärwaldflächen vernichtet (siehe auch den Borneo-Bericht auf Seite 84). Experten erwarten bei anhaltendem Trend, dass bis 2045 ein weiteres Drittel des heutigen tropischen Regenwalds von der Erde verschwunden sein wird.

Die Zoologin **Andrea Pelz**, 34, lebt als freie Wissenschaftsjournalistin in Hamburg.

BLATTSCHNEIDERAMEISEN

DER TRIUMPH DES KOLLEKTIVS

Wie kleine Segel tragen Arbeiterinnen abgesäbelte Laubstückchen zum Nest – Futter für einen Nahrung spendenden Pilz. Wie bei anderen Ameisen auch, herrscht unter Blattschneidern präzise Arbeitsteilung. Das perfekte Zusammenspiel der Millionen Individuen haben viele Biologen mit dem der Neuronen eines menschlichen Gehirns verglichen. Das daraus geborene komplexe, hochintelligent wirkende Sozialsystem macht die Krabbeltiere zu den eigentlichen Herrschern des Regenwalds

VON CHRISTIAN ZIEGLER UND KATJA UEBERSCHAER; FOTOS: CHRISTIAN ZIEGLER

Schwülwarme Dunkelheit und von tausend tropischen Nachtwesen erzeugte Geräusche umfangen uns. Zikaden zirpen, Glasfrösche schicken – auf Weibchen wartend – ein metallenes Klingen in die Finsternis, und vom nahen Seeufer dringt das monotone Gurren Dutzender Krötenmännchen. Wir richten die gedimmten Lichtkegel unserer Taschenlampen auf den Waldboden. Und da sehen wir ihn – einen handbreiten, wimmelnden Streifen. Abertausende Tiere hasten in einem scheinbar unendlichen, hektischen Strom in beide Richtungen: Blattschneiderameisen der Art *Atta colombica*. Gespannt beobachten wir das krabbelnde Heer, denn wir hoffen, Zeugen einer hochbrisanten Nacht-und-Nebel-Aktion zu werden: des Umzugs einer Königin in ihren neuen Palast.

Wir befinden uns gemeinsam mit Hubert Herz, einem Biologen der Universität Bielefeld, im panamaischen Regenwald auf Isla de Barro Colorado, einer Insel im Gatúnsee, auf der die amerikanische Smithsonian Institution seit 1946 eine Feldstation betreibt. Herz hat 1996 als erster Forscher beobachtet, wie eine komplette Kolonie mit ungefähr zwei Millionen Individuen umsiedelt. Nur wenige Menschen hatten seither das Glück, Majestät „live" auf ihrem Umzug zu bewundern.

Über die Ursachen des gigantischen Unternehmens spekulieren Forscher bislang nur. Von einigen europäischen Ameisenarten ist bekannt, dass sie ihren Bau aufgrund plötzlicher Umweltveränderungen verlegen. Vielleicht hat das die „Blattschneider" ebenfalls zum Aufbruch gedrängt: Womöglich ist der Boden zu feucht geworden oder hat ein Baumsturz den Nistplatz plötzlich direktem Sonnenlicht ausgesetzt. Aber denkbar ist auch, dass Krankheit, Parasitenbefall oder Konflikte mit benachbarten Kolonien solche Wanderungen auslösen.

Hubert Herz beobachtet den Umzug bereits seit mehreren Tagen. Er hat das

RUSH-HOUR AUF DEM HEIMWEG

Tausende von Exemplaren der Art *Atta colombica* strömen mit ihrer Fracht zum unterirdischen Bau. Der »Hunger« von Blattschneiderameisen ist enorm: In manchen Wäldern ernten sie bis zu 20 Prozent der Laubfläche. Entdecken sie eine geeignete Futterpflanze wie dieses Pfeffergewächs, zerlegen sie die Blätter binnen Minuten bis auf die Rippen

neue Nest etwa 80 Meter vom alten entfernt lokalisiert – dabei sind diese Tiere selbst kaum einen Zentimeter lang. Die Baustelle am Fuß eines jungen Baumes ist eine Fläche von gut drei Meter Durchmesser, bedeckt mit frischem Erdaushub, der sich um die vielen Ausgänge häuft; ein Stück Mondlandschaft mitten im Urwald, das in den kommenden Wochen noch beträchtlich wachsen wird.

Unermüdlich kommen Arbeiterinnen aus den Löchern. Jede trägt ein Klümpchen Boden zwischen den Mundwerkzeugen, läuft hinauf zum Kraterrand und wirft ihre Last dort ab. Die Erdbewegungen bei einem solchen Nestbau erreichen unglaubliche Dimensionen: Eine nahe verwandte Art mit etwas größeren Kolonien schichtete schon einmal, wie Forscher errechneten, über 20 Kubikmeter mit einem Gesamtgewicht von mehr als 40 Tonnen um. Edward O. Wilson von der Harvard University und Bert Hölldobler von der Universität Würzburg, die derzeit renommiertesten Ameisenexperten, verglichen diese Leistung mit dem Bau der Chinesischen Mauer.

Von drei Seiten nun strömen tausende Ameisen, jede ein Blattstückchen wie ein kleines grünes Segel tragend, auf den Bau zu. Die handbreiten Erntestraßen verschwinden schließlich in einem der faustgroßen Löcher im Erdboden. Die Fracht stammt in der Regel aus dem Kronendach des Waldes, nur selten beernten die Tiere Pflanzen des Unterwuchses – so zum Beispiel eine stattliche Aronstab-Staude unweit der Kolonie. Auf jedem der großen Blätter sitzen mehrere Dutzend roter Ameisen und schneiden mit ihren Mundwerkzeugen fingernagelgroße Fragmente aus. Innerhalb kurzer Zeit zerlegen sie die Staude bis auf die Blattrippen und transportieren sie ab.

Mutter der Millionen

Die im Vergleich zu Nestarbeiterinnen riesige Königin thront auf einem Pilzgarten in einer unterirdischen Kammer. In zwölf bis 15 Jahren legt sie bis zu 150 Millionen Eier. Eine der kleinwüchsigsten Kasten des Ameisenstaates hat dann den Nachwuchs zu pflegen, etwa die Puppen umzubetten

Die Pflanze hatte das „Pech", von einem Scout entdeckt worden zu sein. Diese Kundschafter suchen die Umgebung des Nestes nach geeignetem Futter ab und legen mit Hilfe von Pheromonen – Geruchs-Botenstoffen – eine Duftspur zur neuen Nahrungsquelle. Je besser die Qualität eines Gewächses, desto höher die Pheromon-Konzentration. Kolleginnen aus der „schneidenden Kaste" folgen der Markierung, finden auf diese Weise schnell geeignete Blätter, ohne selber Zeit mit der Suche verschwenden zu müssen.

Per chemischer Kommunikation koordiniert die Kolonie auch weitaus komplexere Verhaltensweisen. Jede Ameise besitzt mehrere Pheromon-Drüsen, mit denen sie Nachrichten zusammenmischt – aus mindestens 20 „Wörtern". Bei einer Begegnung betasten sich die Tiere gegenseitig mit ihren sensiblen Antennen und tauschen so Informationen aus.

Über kurze Entfernung verständigen sich „Blattschneider" auch über Vibrationen. Stürzt etwa nach einem Tropenregen eine Höhle ein und werden dabei Arbeiterinnen begraben, dann senden diese SOS, indem sie Teile ihres Chitinpanzers gegeneinander reiben. Ihre Genossinnen nehmen die winzigen Erschütterungen mit sehr empfindlichen Vibrationsorganen an den Beinen wahr und graben nach den Verschütteten. Eine einzelne Ameise ohne ihre Kolleginnen ist nichts – eigentlich gar keine richtige Ameise. Gemeinsam, als Kolonie, agieren sie perfekt – wie ein einziger großer Organismus.

Was aber geschieht mit den zigtausend Laubstücken, die wie am Fließband unter der Erde verschwinden? Die Ameisen fressen sie keineswegs auf. Pflanzen bilden zwar ein schier unerschöpfliches Reservoir an Energie. Die liegt jedoch in Form komplizierter Moleküle vor und ist, abgesehen von den Früchten, für kaum ein höheres Lebewesen direkt nutzbar. Viele Mikroorganismen dagegen, Bakterien, Einzeller und auch Pilze, können mit speziellen Enzymen die stabilen pflanzlichen Verbindungen knacken, die Zellulose der Zellwände etwa in Zucker spalten. Alle Blattfresser sind deshalb enge Partnerschaften mit winzigen Helfern eingegangen. Bei den meisten hausen diese Symbionten im Magen oder Darm – bei den Kühen zum Beispiel im Pansen.

Einige Tierarten haben das Problem auf andere Art gelöst – sie sind buchstäblich unter die Landwirte gegangen. Zur „Verdauung" der Blätter kultivieren sie spezielle Pilze. Die bis zu sechs Meter hohen, kegelförmigen Bauten der Termiten beispielsweise in Afrika sind nichts anderes als riesige Klimakammern für deren Nützlinge.

In den Tropen der Neuen Welt verfolgen etwa 210 Ameisenarten diese Strategie, darunter 40 Spezies der „Blattschneider" aus den Gattungen *Atta* und *Acromyrmex*.

Die Vorteile für die Insekten liegen auf der Hand. Doch auch der Pilz gewinnt in der Partnerschaft: ein konstantes Klima, ständige Nahrungszufuhr und Schutz vor Feinden. Die gegenseitige Abhängigkeit geht so weit, dass beide ohne einander nicht leben können.

Wie alt diese Form der Landwirtschaft ist, entdeckten Wissenschaftler erst vor kurzem. Noch vor wenigen Jahren hatten sie das Alter der Symbiose auf etwa vier Millionen Jahre geschätzt. Bernsteinfossilien und genetische Analysen weisen jedoch darauf hin, dass manche Ameisenarten bereits vor 50 Millionen Jahren Pilze züchteten.

Bert Hölldobler und Edward O. Wilson halten die faszinierend komplexe Beziehung für eine Schlüsselerfindung der Tierevolution. Sie ist in der Tat eine beispiellose Erfolgsgeschichte. Heute dominieren Blattschneiderameisen in ihrem gesamten Verbreitungsgebiet in Mittel- und Südamerika die Insektenwelt und sind die bei weitem hungrigsten „Blattvertilger". In manchen Wäldern ernten sie bis zu 20 Prozent der gesamten Laubfläche, mehr als irgendeine andere Tiergruppe.

Grundlage des Pilz-Farming ist das hochdifferenzierte Kastensystem einer Kolonie. Die Tiere sind durch ihre unterschiedliche Statur perfekt an ihre speziellen Aufgaben angepasst – die größten wiegen 300mal mehr als die kleinsten. Zu den stattlicheren zählen Außenarbeiterinnen, die Blattstücke in das unterirdische Nest schleppen. Immer kleinere Kasten von Innenarbeiterinnen schneiden dann das Laub in winzige Schnipsel, versetzen diese mit Enzymen und zerkauen alles zu einem homogenen Brei, mit dem sie schließlich den Pilz füttern.

Eine ausgewachsene Kolonie betreibt in ihrem Ganglabyrinth mehrere hundert Gärten, die ungefähr so groß sind wie eine Pampelmuse und aussehen wie ein grauer Badeschwamm. Eine der kleinwüchsigsten Kasten pflegt die Nahrung spendenden Kulturen und die sich dort entwickelnden Larven. Diese Arbeiterinnen pflanzen unermüdlich Pilzfäden auf frischen Blattbrei und ernten die von ihrem Symbionten produzierten Futterkörperchen, von denen sich Innenarbeiterinnen und proteinhungrige Larven ernähren, während die Außenarbeite-

FUNGIZID UND DÜNGER ZUGLEICH

Den Nahrung spendenden Pilzgärten droht fortwährend Gefahr, vor allem durch einen parasitären Schlauchpilz der Gattung *Escovopsis*. Zu dessen Abwehr tragen Arbeiterinnen am Körper *Streptomyces*-Bakterien, deren Stoffwechselprodukte obendrein die pilzlichen Symbionten düngen

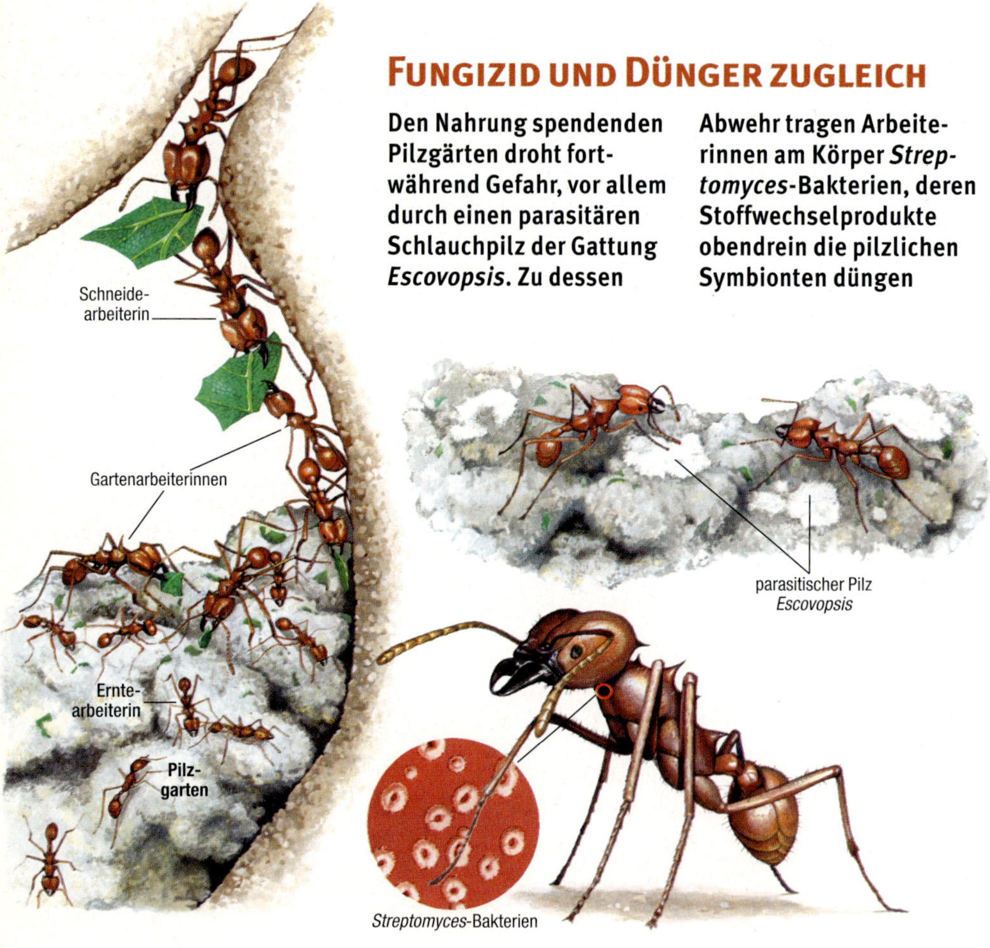

ALLES HÄNGT AM PILZ

Einem Badeschwamm gleicht der Pilzgarten, in den Ameisen der Gattung *Acromyrmex* Blattstückchen schleppen. Von den Nährkörperchen der Pilze leben vor allem Larven und Innenarbeiterinnen. Versagt der Schutz durch die Bakterien, die diese Tiere an Kopf und »Hals« tragen, vermag der Parasit *Escovopsis* eine Kolonie binnen Tagen zu überwuchern

Der neue Palast ist bereitet

Wie ein Stück Mondlandschaft mitten im Regenwald nimmt sich der Neubau einer Kolonie aus. Für das umfangreiche Gänge- und Kammersystem schichten die winzigen Insekten mehrere hundert Kilogramm Erdreich um. Liefern die Pilzgärten ausreichend Nahrung, schleppen die Ameisen die Brut in das neue Nest. Schließlich bezieht auch die etwa hummelgroße Königin, streckenweise von Arbeiterinnen getragen, ihren Palast

rinnen offenbar vorwiegend von Pflanzensäften leben. Die individuenreichste Kaste stellt das Heer der winzigen, Unkraut jätenden „Gärtnerinnen". Sie suchen ständig nach fremden Pilzen und deren Sporen und entfernen diese sofort. Denn bei Schädlingsbefall der Gärten bräche die Kolonie zusammen.

Vom Erfolg der „Blattschneider" versuchen eine Menge Schmarotzer zu profitieren, was ihre Wirte weit mehr gefährdet, als es etwa Ameisenbären oder andere Insektenfresser tun. Eine hochspezialisierte Buckelfliege zum Beispiel schwebt über den Erntestraßen und legt ihre Eier in wehrlose Blatt tragende Arbeiterinnen ab. Einige Tage später schlüpfen in den Ameisen Larven, die ihre Wirte von innen auffressen. Es existiert eigens eine sehr kleine Kaste in den Blattschneider-Kolonien, die versucht, zu große Verluste dieser Art zu verhindern. Diese „Hitchhiker" reiten meist zu mehreren auf den Laubschnipseln von der Futterpflanze bis zum Bau und verteidigen die Trägerinnen gegen Angriffe aus der Luft.

Innerhalb des Nestes schmarotzen Asseln, Silberfischchen, Kakerlaken sowie einige Käfer vom Pilz oder von Ameisenlarven. Sie imitieren den spezifischen Koloniegeruch und gaukeln ihren Wirten per chemischer Tarnung vor, Nestgenossinnen zu sein.

Die größte Gefahr für einen Staat geht indes, wie unlängst der kanadische Biologe Cameron Currie von der University of Toronto entdeckte, von einem Schlauchpilz der Gattung *Escovopsis* aus. Ohne die permanente Gegenaktivität der Arbeiterinnen verwandelt der hochspezialisierte Parasit ihren fruchtbaren Pilzgarten binnen weniger Tage in braunen Matsch. Monokulturen, das zeigt sich auch hier, sind besonders anfällig für Schädlinge, gleich, ob sie unter der Obhut von Menschen oder Ameisen gedeihen.

Im evolutionären Wettlauf mit dem gefährlichen Gegner haben die „Blattschneider" jedoch einen poten-

Die Königin des von uns beobachteten Volkes hat es jedenfalls geschafft. Ihre Kolonie ist so vital, dass sie sogar einen Nestwechsel bewerkstelligt. Auf der Umzugsstraße herrscht seit Stunden reger Betrieb. Um Batterien zu sparen, schalten wir unsere Taschenlampen die meiste Zeit aus und lauschen in die Nacht. Die Krötenmännchen haben ihr sonores Gurren inzwischen aufgegeben. Dafür hat sich eine Eule in unserer Nähe niedergelassen und führt einen schaurig-schönen Dialog mit einer Artgenossin. Während Hubert Herz einen Kontrollgang macht, betrachten wir erneut das nervöse Gewimmel: Arbeiterinnen tragen Larven mehrerer Altersstufen, Puppen sowie kleine Pilzstückchen vorbei. Andere schleppen Kakerlaken, Kurzflügelkäfer und Asseln – der ganze Parasitenclub, der sich als Nestgenossinnen ausgibt, lässt sich von seinen Wirten in die neue Bleibe bringen.

Seit die frisch angelegten Pilzgärten ausreichend Nahrung liefern, haben die Ameisen ihre Brut aus dem alten Bau geholt. Wenn dann endlich in der Nacht der Nächte die Königin und Mutter des großen Volkes in das fertige Nest zieht, ist dies ein äußerst prekärer Moment. Denn der gesamte Staat hängt auf Gedeih und Verderben von ihr ab. Sie allein sorgt für neue Nachkommen. Stößt ihr etwas zu, geht die Kolonie binnen weniger Wochen zugrunde.

Kurz vor Morgengrauen schrecken uns die begeisterten Rufe von Hubert Herz auf. Die Hoheit ist im Anmarsch. Etwa hummelgroß, schaukelt sie die Ameisenstraße entlang. Sie hat sich ein wenig zusammengerollt und wird von einer mächtigen Soldatin getragen. Von hinten schiebt eine Arbeiterin, und rundherum sichert eine Eskorte von Soldatinnen die Strecke. Ein majestätischer Konvoi en miniature zieht an uns vorüber. Wenig später hat die Königin sicher ihren neuen Palast erreicht.

ten Helfer gefunden. Obwohl Wissenschaftler seit mehr als 100 Jahren die Symbiose erforschen, konnte Cameron Currie den vierten Organismus im Bunde erst 1999 identifizieren: ein Bakterium der Gattung *Streptomyces*. Diese Mikroben bedecken wachsartig den Körper vieler Gartenarbeiterinnen. Sie produzieren nicht nur ein Antibiotikum, das den Parasiten *Escovopsis* hemmt, sondern auch bislang noch unidentifizierte Substanzen, die das Wachstum des Futterpilzes fördern. Ein Wundermittel, wie es sich jeder Landwirt wünscht: Es vernichtet das Unkraut und düngt die Feldfrucht – und das ohne Nebenwirkungen.

Bevor Pilzkulturen gedeihen und ein Ameisenvolk mehrere Millionen Individuen zählt, vergeht eine lange Zeit. Sie beginnt im ersten Regen nach der Trockenzeit. Dann schwärmen synchron aus allen Kolonien die geflügelten Königinnen und Drohnen auf der Suche nach einem Geschlechtspartner. Hat eine Königin nach der Begattung durch mindestens fünf Männchen einen geeigneten Platz für ihr Nest gefunden, bricht sie ihre nunmehr unnützen Flügel ab und gräbt in dem von den Niederschlägen aufgeweichten Boden einen etwa 30 Zentimeter tiefen Gang. Diesen erweitert sie am Ende zu einer Kammer von der Größe eines Tennisballs. Aus wenigen Pilzfäden, die sie aus der alten Kolonie im Mund mitgenommen hat, legt sie dort einen neuen Garten an. Dessen Ableger werden sie und ihre bis zu 150 Millionen Töchter in den nächsten zwölf bis 15 Jahren ernähren.

In den ersten drei Monaten füttert die Ameise den Pilz mit Fäkalsekret, die frisch geschlüpften Larven mit Eiern. Bis die ersten Arbeiterinnen den Symbiosepartner mit frischen Blättern versorgen, zehrt die Königin ihre Flugmuskulatur und ihre Fettdepots auf und verliert etwa ein Drittel ihres ursprünglichen Gewichts. Insgesamt ein riskantes Unterfangen: Nur etwa eine von tausend Staatsgründerinnen überlebt das erste Jahr.

Die Biologen **Katja Ueberschaer**, 28, und **Christian Ziegler**, 27, erforschen an der Universität Würzburg die tropische Natur – sie studiert Fledermäuse, er Gliederfüßer in Epiphyten. Daneben arbeitet Ziegler als Fotograf – vor allem von Naturthemen.

DER BOTSCHAFTER

MIT DEM WALD STIRBT

Der Quichua-Indianer Luis Germán Flores ist ein Mittler zwischen Tradition und Moderne: Er versucht, das Wissen der alten Völker Ecuadors ins nächste Jahrtausend zu retten

Ein Schulhof in Quito; zu einer Zeit, als in ganz Ecuador nur auf Spanisch unterrichtet wird und indianische Namen gesetzlich verboten sind. Jeden Montag reihen sich alle Kinder auf, um gemeinsam die Nationalhymne zu singen. Nur ein Junge mit langem Zopf, schwarzem Hut und buntem Poncho muss abseits stehen: Der siebenjährige Germán weigert sich, die Schuluniform zu tragen. Er wird nach Hause geschickt; immer wieder. Er wechselt die Schule, nie aber seine Kleidung.

Sein Vater, ein Weber aus der Sierra, hat den unangepassten Jungen stets darin bestärkt, sein Recht auf eine eigene Identität einzufordern – er gehört zu den Quichua, der größten indianischen Nation Ecuadors. „Im nachhinein", sagt Luis Germán Flores heute, 31jährig, „war das eine gute Zeit für mich. Ich habe die Regeln der Weißen kennengelernt und gleichzeitig zu Hause weiter nach indianischem Vorbild gelebt."

Heute bewegt sich Flores mit großer Selbstverständlichkeit zwischen den Welten: Sitzt mit Medizinmännern zusammen und surft im Internet, baut Hütten im Regenwald und berät die Expo 2000 in Hannover. Und kämpft weiter.

Germán Flores ist Vizepräsident der Stiftung „Omaere", die am Rande der Provinzhauptstadt Puyo in der Amazonasregion Pastaza einen ethnobotanischen Park eingerichtet hat. „Ein Park mitten im Regenwald – als er 1994 eröffnet wurde, haben uns die Leute dort ausgelacht", erzählt Flores. Inzwischen gilt das Projekt in Ecuador als einzigartig. Denn „Omaere" zeigt nicht nur die biologische Vielfalt der Region, sondern verbindet sie mit dem traditionellen Wissen der im Lande lebenden Völker: den Quichua, Záparo, Huaorani und Shuar. Der Park vermittelt, wie seit alters Hütten gebaut und Werkzeuge gefertigt werden, welche Pflanzen heilen-

LUIS GERMÁN FLORES
LOBBYIST FÜR
BEDROHTE AMAZONAS-VÖLKER

UNSERE ERINNERUNG

VON INES POSSEMEYER

de Substanzen enthalten oder welchen rituellen Zwecken sie dienen. „Omaere ist eine lebende Bibliothek, egal ob für Wissenschaftler oder für Kinder, denen hier traditionelle Kenntnisse vermittelt werden, die sie dann selbst weitergeben können", sagt Flores, der selbst Pädagoge und Anthropologe ist.

„Kenntnis" – conocimiento – dieses Wort benutzt er häufig. Er wurde von klein auf von seinem Vater gedrängt zu lernen, weil die Eltern selbst keine Möglichkeit dazu hatten; weil Conocimiento die wichtigste Voraussetzung ist, um dem eigenen Volk zu helfen; weil Wissen nicht nur Macht, sondern vor allem Identität bewirken kann.

Einst gab es für die indianischen Völker fast nur erzähltes Wissen, weitergereicht von Generation zu Generation. Und auch heute noch werden die Parkbesucher, darunter zahlreiche Schulklassen, von Indios begleitet, die ihnen erklären, was bestimmte Pflanzen für sie bedeuten. Für viele ist Omaere nicht nur eine lebendige Bibliothek, die ethnobotanische Kenntnisse sammelt und vermittelt, sondern auch ein sozialer und spiritueller Ort. „Der Regenwald ist untrennbar verknüpft mit unserem kollektiven Gedächtnis, mit unserer eigenen Geschichte", sagt Flores. „Wird er zerstört, erlischt auch unsere Identität."

WEM GEHÖRT DAS GEISTIGE EIGENTUM DER INDIANER?

Diese sieht Flores zunehmend bedroht. Die Kolonialherrscher sind niemals so tief in den „Oriente", das Amazonasgebiet von Ecuador, vorgedrungen wie heute Ölfirmen und Holzfäller. Diese bahnen Schneisen für Pipelines und Straßen, dann folgen unaufhaltsam Fremde und Krankheiten. „Sie vernichten die physischen Grundlagen unserer Zukunft, und sie importieren fremde Werte." Heute gibt es Privateigentum, wo früher das Land unteilbar allen gehörte.

Zahlreiche, den einheimischen Medizinern heilige Berge und Flüsse sind entweiht. Zweimal schon haben sich Heiler aus Ecuador und Kolumbien in Omaere getroffen, um über die Konsequenzen der Regenwaldzerstörung zu beraten. Die Ausrottung ihrer traditionellen Heilkunst war lange auch politisch gewollt: Als angeblich gefährliche magische Praktik stand sie bis 1998 in Ecuador unter Strafe. Deshalb arbeiteten die Mediziner meist im verborgenen. „Viele von ihnen sind inzwischen verstorben, ohne ihre Kenntnisse an ihre Söhne weitergegeben zu haben."

Im Westen wird ihr Wissen dagegen ausgebeutet: „Immer mehr Pharmakonzerne vermarkten unsere medizinischen Erfahrungen mit Heilpflanzen und melden dann auf die Wirkstoffe Patente an – ohne jede Gegenleistung", klagt Germán Flores. Zwar wurde 1992 beim internationalen Umweltgipfel von Rio de Janeiro eine Konvention verabschiedet, die unter anderem die genetischen Ressourcen des Regenwalds und das traditionelle Wissen der eingeborenen Völker schützen soll und von den kommerziellen Nutznießern einen finanziellen Ausgleich verlangt. Diese Biodiversitätskonvention wurde von den Staaten der Andengemeinschaft zwar ratifiziert, doch noch nicht von allen in nationales Recht umgesetzt. Daher hat die Coica, der Dachverband der Amazonas-Völker, ein eigenes Moratorium beschlossen: Seine Mitglieder verpflichten sich, vorläufig kein Pflanzenmaterial an Außenstehende abzugeben.

Wie wenig Gewicht die Konvention bisher hat, weiß Germán Flores aus eigener Erfahrung. Im Rahmen eines Austauschprojektes war er im Sommer 1999 für drei Monate in Deutschland, um im Frankfurter Palmengarten eine Ausstellung zum Thema Biodiversität im Amazonasgebiet vorbereiten zu helfen. Die Kooperation begann mit einem Missverständnis: „Ich wurde gebeten, Pflanzen aus Omaere mitzubringen", erzählt Flores kopfschüttelnd. „Wozu gibt es denn diese Konvention? Den Sinn dieses Abkommens haben viele anfangs nicht begriffen."

Zweifelt er manchmal, ob es richtig ist, überhaupt Wissen nach außen zu tragen? „Nein, durch Isolation erreichen wir nichts. Wir müssen auf jeden Fall unsere Situation öffentlich machen. Wir wollen unsere Kenntnisse teilen, wenn wir damit anderen helfen können." Vielleicht, hofft er, wird so das Verständnis für die Forderungen der Indianer gestärkt. Vielleicht lassen sich aus deren Wissen Lehren für die Zukunft ziehen.

Deshalb sucht Germán Flores die Öffentlichkeit: Omaere wurde als Projekt für die Expo 2000 ausgewählt, Flores ist einer von vier Beratern der dortigen Ausstellung der indigenen Völker. Weltweit ist Omaere im Internet virtuell zu besichtigen (www.ecuanex.apc.org/omaere/), und auch die Datenbank des Parks soll eines Tages im Netz zu finden sein.

In der 1998 in Kraft getretenen neuen Verfassung Ecuadors werden die heiligen Stätten der traditionellen Mediziner geschützt und die indianischen Sprachen in ihren jeweiligen Gebieten als Amtssprachen anerkannt. Ecuador hat sich zum „multikulturellen" Staat erklärt. „Es bewegt sich viel", sagt Flores, „doch noch immer sehen viele Weiße und Mestizen in uns Indios arme, schmutzige Landarbeiter."

Seit drei Jahren hat Germán Flores einen Sohn. Er hat ihn „Ankally" genannt. Das ist Quichua und heißt „Rebell".

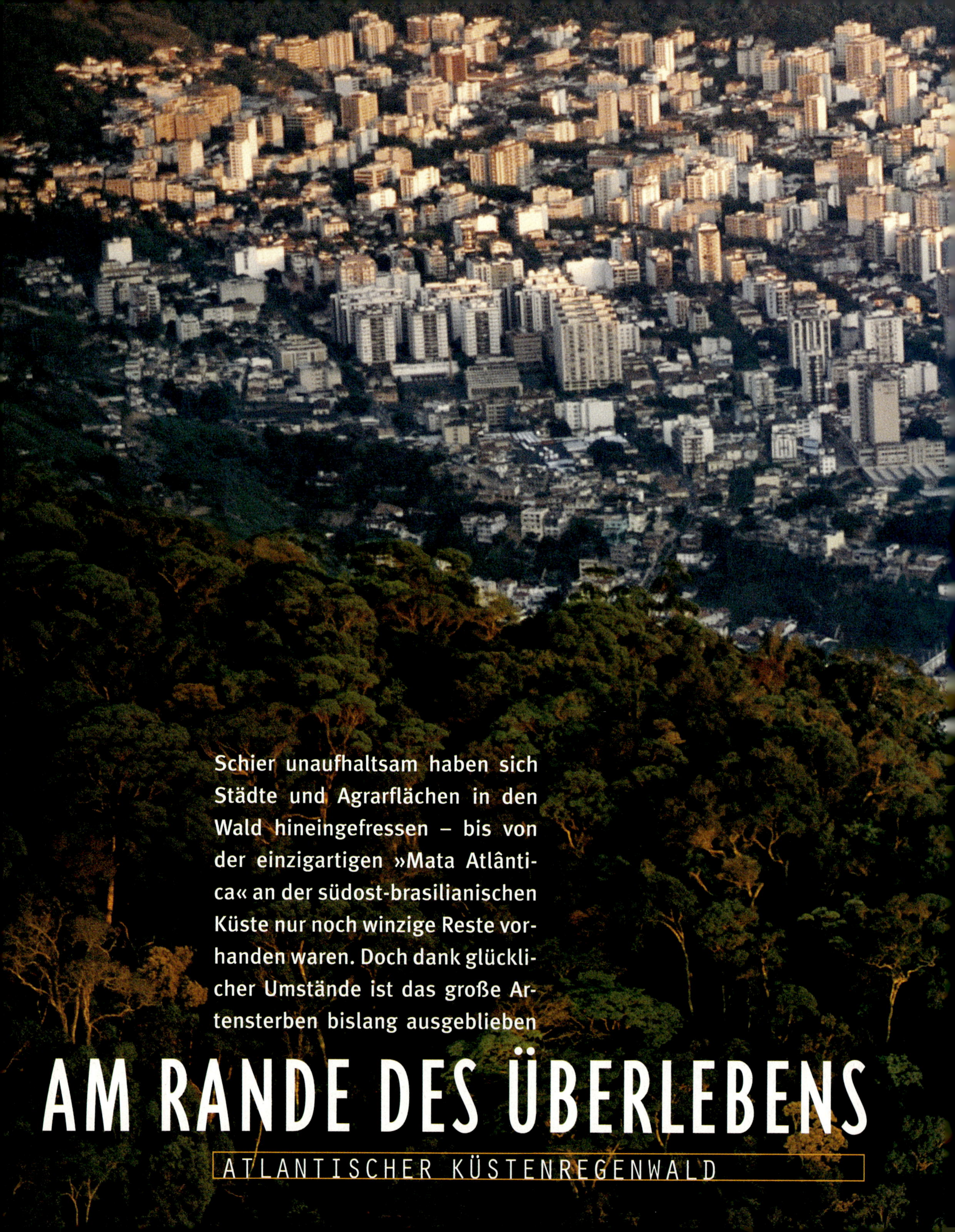

Schier unaufhaltsam haben sich Städte und Agrarflächen in den Wald hineingefressen – bis von der einzigartigen »Mata Atlântica« an der südost-brasilianischen Küste nur noch winzige Reste vorhanden waren. Doch dank glücklicher Umstände ist das große Artensterben bislang ausgeblieben

AM RANDE DES ÜBERLEBENS

ATLANTISCHER KÜSTENREGENWALD

VON JOSEF REICHHOLF

Das Summen seines irrwitzig schnellen Flügelschlags verrät den Kolibri. Wie ein Fahrstuhl saust der Winzling am Stamm einer Bracaatinga-Mimose hinauf und hinab. Immer wieder. Wenige Meter entfernt treibt ein zweiter das gleiche merkwürdige Spiel. Daneben ein dritter. Eine ganze Gruppe Kolibris ist versammelt, obwohl die kleinen Vögel längst hätten fortgezogen sein müssen. Denn schon seit Wochen finden sie hier im Bergregenwald der Serra do Mar in Südostbrasilien keine Nektar liefernden Blüten mehr. Jetzt, im feuchtkühlen Südwinter, hüllen dicke Wolken die Landschaft in gespenstischen Nebel.

Die Sonne, die kurz durchdringt, erhellt den Grund für das Verhalten der Kolibris: Aus der Baumrinde ragen haarfein weißliche Wachsfäden heraus, an deren Spitze sich ab und zu ein Tröpfchen bildet. Mit Hilfe einer Messerklinge läßt sich der Urheber zutage fördern: eine Schildlaus. Sie saugt zuckerhaltigen Pflanzensaft und leitet, was sie nicht verwerten kann, nach draußen.

Dank dieses Honigtaus können die sonst auf Nektar spezialisierten Vögel mehrere Monate in den blütenlosen Bergregenwäldern überwintern. Die Schildläuse profitieren ihrerseits vom Hunger der Kolibris. Würden all ihre Ausscheidungen auf die Rinde tropfen, so wüchsen dort bald Bakterien und Pilze und überwucherten womöglich auch die unbeweglichen Sauginsekten.

Was aber, wenn die Bracaatinga-Mimose ausstürbe oder so selten würde, dass die geringe Zahl der Schildläuse die Kolibris nicht mehr ernähren könnte? Risse der Verlust einer Spezies unweigerlich eine Reihe weiterer, mit ihr verbundener Arten ins Verderben?

Es grenzt an ein Wunder, dass dieses Schicksal der Mimosen-Lebensgemeinschaft bislang erspart geblieben ist. Denn von der Mata Atlântica, dem ursprünglich gut eine Million Quadratkilometer umfassenden Regenwaldstreifen an der Küste Südostbrasiliens, sind nur noch zwei bis fünf Prozent übriggeblieben. Alles andere wurde gerodet, in Kulturland umgewandelt oder – zu etwa zehn Prozent – durch Eukalyptus- und Kiefernplantagen ersetzt. Wo sich einst eine dichte grüne Decke die Hänge hinaufzog, da leben heute fast zwei Drittel der Einwohner Brasiliens; denn hier schlägt das wirtschaftliche Herz dieses Riesenlandes.

Keine Frage, die dramatische Schrumpfung bedrängt viele Organismen des atlantischen Regenwalds, eines der artenreichsten Gebiete Südamerikas und in seiner Biodiversität den ungleich größeren Wäldern Amazoniens durchaus ähnlich. 1990 veröffentlichte die Zoologische Gesellschaft Brasiliens eine nationale „Rote Liste“ der vom Aussterben bedrohten Tiere, die allerdings die Unzahl schwindender Lebensformen im amazonischen Tiefland mangels genauer Kenntnisse nicht berücksichtigt. Von den aufgeführten 202 Arten kommen allein 171 in den Resten der Mata Atlântica vor.

Tatsächlich haben hier bislang fast alle Spezies überlebt – lediglich sieben gelten definitiv als ausgestorben. Dies widerspricht allen Erwartungen und stellt Biologen vor ein Rätsel. Nach Lehrbuchwissen wäre bei

Baumozelot *Felis wiedii*

Blaubrustpipra *Chiroxiphia caudata*

Morpho-Falter

Lanzenotter *Bothriopsis bilineata*

Mausopossum *Thylamys sp.*

Baumfrosch *Phyllomedusa sp.*

Buntfalke *Falco spaverius*

Im Wald ist tierisch was los

Typisch für die Mata sind Endemismen – also Arten, die nur hier vorkommen. Wie zum Beispiel 80 Prozent der Primatenspezies, darunter auch das Goldköpfige Löwenäffchen *Leontopithecus chrysomelas*

WO MENSCH UND WILDNIS KOLLIDIEREN

Der Serra-dos-Órgãos-Nationalpark nördlich von Rio ist eines der letzten urwüchsigen Mata-Fragmente. Industrielle Landwirtschaft reicht direkt an das Iguaçu-Reservat heran. Nach der Abholzung reißt die Erosion tiefe Wunden ins Land wie hier in der Region von Belo Horizonte

solch einer Verinselung mit immensen Verlusten zu rechnen. Schrumpft ein Lebensraum um 90 Prozent, wird nach einer Faustregel, abgeleitet aus der Besiedlung von Meeresinseln, die Hälfte der Arten ausgelöscht. Weshalb folgen die Geschöpfe der Mata Atlântica nicht dieser Regel? Weshalb sind sie so unerwartet lebenstüchtig?

Eine Antwort könnte in der Geschichte dieses Waldes liegen. Über Jahrmillionen erstreckte er sich als Saum entlang der Küste mehr oder weniger weit landeinwärts – im Grunde ein riesiger Waldrand. Randbewohner aber leben meist in zwei Welten – im Wald und im offenen Buschland zum Beispiel. Das macht härter im Nehmen, wenn die Lebensbedingungen sich ändern. Und genau das ist während der letzten zwei bis drei Millionen Jahre immer wieder geschehen: Kalt- und Warmzeiten wechselten sich auf der Erde ab und wirkten sich in den Tropen vorwiegend als Trocken- und Feuchtperioden aus (siehe Seite 26).

Der atlantische Wald schrumpfte dabei zu vielen winzigen Inseln, die durch Savannen und grasige Bergflanken voneinander getrennt wurden. Es blieben jene Arten übrig oder entwickelten sich fort, die robust auf die Veränderungen reagieren und in Mini-Populationen überleben konnten. Die klimatisch bedingte Fragmentierung damals war der Härtetest für die menschengemachte Waldvernichtung von heute.

Womöglich sind aber auch die Artenverluste im 20. Jahrhundert viel größer, als es scheint. Vielleicht haben wir gar keine korrekte Vorstellung vom früheren Reichtum der Mata Atlântica. Für den Zustand vor der Abholzung gibt es freilich einen wissenschaftlichen Zeugen: Der deutschstämmige Biologe Fritz Müller, der in der zweiten Hälfte des 19. Jahrhunderts in Blumenau und Umgebung lebte, war wie kein anderer mit den Tieren und Pflanzen der Region vertraut. Und seine Briefe, zusammengefasst in einem mehr als 600 Seiten starken, weitgehend vergessenen Buch, belegen eine schier unglaubliche Artenvielfalt aus früher Zeit.

So besuchten im April 1874 Exemplare von mehr als 40 Tagfalterarten einen einzigen blühenden *Vernonia*-Busch in Müllers Garten. In ganz Deutschland, die Alpen ausgenommen, leben gerade dreibis viermal mehr Tagfalterspezies. Viele jener *Vernonia*-Besucher entstammten dem Waldrand, und sie wechseln auch heute bei Bedarf in Gärten und Siedlungen. Sogar bis in Riesenstädte wie Rio de Janeiro dringen sie vor, durch dessen Straßen mitunter phantastisch schillernde Morpho-Falter gaukeln.

Ähnlich verhalten sich Verwandte jener Kolibris, die den Winter dank der Schildläuse in den Bergen überstehen. Sie ziehen ins Tiefland am Atlantik, wo sie in der kühleren Jahreszeit reichlich Blüten finden und an eigens von Menschen aufgehängten und mit roten Plastikblüten markierten Röhrchen Zuckerwasser tanken.

Solche tropischen Siedlungsfolger gleichen den Arten, die auch bei uns in die Städte eingewandert und dort zu erstaunlich starken Populationen herangewachsen sind. So brüten in Berlin fast drei Viertel aller in Deutschland vorkommenden Vogelspezies. Und in Nürnberg zählten Biologen mehr wildwachsende Pflanzenarten als auf gleicher Fläche im Umland. Im Gegensatz zu ausgedehnten Monokulturen mit Kaffee, Zuckerrohr und Soja ermög-

Was auch immer
das neue Jahrhundert bringt.

Ein Dokument der Vernichtung

Die einst eine Million Quadratkilometer umfassende Mata Atlântica ist bis auf Reste geschrumpft. Immerhin stehen viele heute unter Schutz

licht die Verzahnung von Waldresten, Kulturland und Siedlungsgebieten auch in der Mata Atlântica dem Gros von Flora und Fauna das Fortbestehen. Die hohe Habitat-Vielfalt zieht eine große Biodiversität nach sich.

Doch es muss ein weiterer Faktor im Spiel sein, der verhindert, dass die Populationen in den Waldfragmenten eine sonst für das Überleben notwendige minimale Größe unterschreiten. Das gleiche Problem stellt sich auch in Mitteleuropa. Denn dort existieren ebenfalls nur winzige wirklich urwüchsige Flecken, und eigentlich dürften die knapp zwei Prozent Naturschutzflächen nicht ausreichen, um die ursprüngliche Vielfalt zu erhalten. Dennoch sind bislang keine allzu bedeutenden Verluste eingetreten.

Dies liegt vor allem daran, dass etwa in Deutschland nur sehr wenige endemische Arten leben, also solche, die ausschließlich hier heimisch sind. So können sich Populationen immer wieder durch Zuzügler auffrischen.

Anders die Mata Atlântica. Sie steckt voller gebietstypischer Spezies: 160 Vogelarten, darunter 15 Kolibris, existieren allein in diesen Wäldern, desgleichen 168 Froscharten. 80 Prozent der hier vorkommenden Affenarten und -unterarten, unter ihnen Goldlöwenäffchen und große Spinnenaffen, sogenannte Murikis, sind endemisch. Diese „Ur-Einwohner" können ihre Bestände nicht aus Immigranten auffrischen, sondern müssen sie aus eigener Kraft sichern.

Dazu bedurfte und bedarf es günstiger Lebensbedingungen. Diese finden sich tatsächlich in der Mata Atlântica – im Gegensatz zu Amazonien. Dort mangelt es den Böden weiträumig an Nährstoffen, so dass die pflanzlichen Primärproduzenten und in der Folge auch die Tiere je Art in verschwindend geringen Individuenzahlen vorkommen – die meisten Vogelspezies mit ein bis zwei Brutpaaren pro Quadratkilometer.

Im Küstenwald dagegen liefert verwittertes Gestein ausreichend Nährsubstanzen, und deshalb sind die meisten Arten weit häufiger anzutreffen. Außerdem erzeugen die Amazonas-Wälder die benötigten Niederschläge großteils durch eigene Verdunstung. Dies funktioniert nur, wenn die grüne Decke großflächig geschlossen ist. Der Regen für die Mata zieht indes vom Südatlantik heran.

Somit haben bislang wohl drei glückliche Umstände Flora und Fauna im Küstenwald vor dem großen Sterben bewahrt: Das Meer liefert das Wasser, das die Lebensgemeinschaft braucht; der Boden hält genug Mineralien bereit, und viele Pflanzen und Tiere kommen als zähe Randbewohner mit den Schrumpfungen ganz gut zurecht.

Aber wie weit ist das System tatsächlich noch belastbar? Wann bricht es zusammen? Brasilianische Wissenschaftler fanden heraus, dass die Vogelarten des Waldinneren derzeit am stärksten gefährdet sind. Sie werden nur überleben, wenn ausgedehnte Flächen unter Schutz gestellt werden.

Immerhin: Während die „nur" von Indianern bewohnten Wälder Amazoniens bei vielen Brasilianern nicht besonders geschätzt werden, wurden bei der Erhaltung der Mata Atlântica bedeutende Fortschritte erzielt. 1990 waren 205 Naturreservate mit insgesamt 48 307 Quadratkilometern ausgewiesen – eine Fläche etwa so groß wie Niedersachsen. Allerdings sind nur 16 der Rückzugsgebiete mit über 100 Quadratkilometern groß genug, um als langfristig sicher zu gelten. Das Gros ist sehr klein geraten, zu klein möglicherweise für Tropenverhältnisse. Doch das weiß heute niemand genau.

Vielleicht ist ja die Artenfülle in den Resten der Mata Atlântica keineswegs so gut aufgehoben, wie es zur Zeit aussieht. Vielleicht dauert Aussterben einfach nur länger. Manche Spezies könnten, auch arg dezimiert, jene 50 bis 100 Jahre seit Beginn der Waldvernichtung so eben gerade durchgehalten haben.

Daher operieren nicht nur brasilianische Naturschützer nach der Devise: retten, was noch zu retten ist. Auch international kommt der Mata Atlântica höchste Priorität zu. Auf einer vom WWF International zusammengestellten Liste der 232 zur Erhaltung der Biodiversität bedeutendsten Regionen der Erde steht der große Saumwald ganz oben.

Dr. Josef Reichholf, 54, Biologieprofessor und Leiter der Abteilung Ornithologie an der Zoologischen Staatssammlung in München, hat die Mata Atlântica auf mehreren Forschungsreisen selbst erkundet.

Das 3-Liter-Auto ist ein guter Anfang.

• Es gibt Erfindungen, von denen alle Menschen etwas haben. Heute und in Zukunft. So, wie vom neuen Lupo 3L TDI® – dem ersten vollwertigen 3-Liter-Auto der Welt.

Für uns übrigens ein Grund mehr, auch im neuen Jahrhundert da weiterzumachen, wo wir im alten aufgehört haben: mit der Entwicklung technologischer Innovationen – für eine bessere Zukunft.

Die wollen Sie nicht verpassen? Dann lieber heute als morgen zu Ihrem Volkswagen Partner. Oder unter: www.volkswagen.de ins Internet. Das wäre doch schon mal ein guter Anfang.

Abb. zeigt Lupo 3L TDI mit Sonderausstattung.

ÜBER KLIMA-
SCHUTZ
ENTSCHEIDET
NICHT
DIE POLITIK.
JETZT INFO-PAKET
ANFORDERN!
Per Karte. Oder www.lichtblick.de. Oder 0180-2-660 660.
12 Pf/Anruf
...UND WEITERSAGEN!
Leonhard & Kern

DER GRÜNE DOM VON HANNOVER

TROPEN-INSZENIERUNG

Pünktlich zur Expo 2000 öffnet in den Herrenhäuser Gärten zu Hannover ein ganz besonderer Bau seine Pforten. Ein Haus, in dem der ganze Kosmos Regenwald im Kleinformat Platz findet. Ein Ort, an dem Besucher die Komplexität des grünen Hirns wie auf einer Expedition begreifen lernen

Noch bevor sich die elegante Dachkonstruktion der englischen Architekten Gordon Wilson und Ray Hole über dem Dom schloss, hatten die Gartenbauer Baumtorsi in das Regenwaldhaus gesetzt – als Wuchsbasis für Kletter-, Schling- und Aufsitzerpflanzen

VON MANFRED PIETSCHMANN;
FOTOS: HEINER MÜLLER-ELSNER

Hallo, Professor Frank?... Wo sind Sie?“ Der Besucher schlägt eine Plane zurück; dahinter liegt das Wohn- und Arbeitszelt des Forschers. Eine unaufgeräumte Hängematte unter dem Moskitonetz, ein Terrarium mit Regenbogenboa, ein von Protokollheften und Notizzetteln übersäter Schreibtisch – alles macht den Eindruck, als wäre der Gelehrte eben noch hier gewesen. Aber Professor Frank ist seit Monaten verschollen. Irgendwo da draußen, irgendwo im brasilianischen Regenwald.

Draußen – das ist in diesem Fall das Innere eines Pflanzenhauses mit rund 1000 Quadratmeter Fläche in Hannover, initiiert vom Verein „Freunde der Herrenhäuser Gärten e.V.“, finanziert und konzipiert gemeinsam von der Volkswagen AG, dem Filmtheater-Unternehmen CinemaxX und GEO. Das „Regenwaldhaus“ – so heißt das neue Gebäude gegenüber dem berühmten Barockgarten offiziell – soll als Projekt der „Expo 2000“ und dauerhaft darüber hinaus seinen Besuchern in einer völlig neuartigen Weise die Vielfalt und Schönheit, aber auch die Verletzlichkeit der tropischen Regenwälder demonstrieren.

Nicht wie üblich mit einer Galerie typischer Pflanzen und Hinweisschildern, die außer den botanischen Namen vielleicht noch die Herkunft der Gewächse verraten. Sondern mit einer in sich geschlossenen Geschichte der französischen Ausstellungs-Designer Créamuse, in die der Besucher gleich beim Betreten des Hauses hineingesogen wird. Eine Geschichte um den Sonderling Professor Frank, der vom Gegenstand seiner Forschung, dem tropischen Regenwald, buchstäblich verschluckt worden ist ...

Natürlich werden in dem Gebäude, das von weitem aussieht wie ein aus der Erde wachsender überdimensionaler Autoscheinwerfer, Pflanzen zu sehen sein: rund 5000 an der Zahl, die insgesamt 1000 Arten repräsentieren; dazu Tiere wie Pfeilgiftfrösche, Schlangen, Fledermäuse, eine ganze Kolonie von Blattschneiderameisen oder frei fliegende Schmetterlinge. Wer jedoch auf dem spiralförmig angelegten Weg unter dem Laubdach echter Urwaldbäume durch den Dom spaziert,

In Florida großgezogen, in Holland angewachsen und nach Hannover verlegt: Palmen, Lianen, Trichterpflanzen und Orchideen wuchern und blühen in einem Biotop, das dem brasilianischen Bergregenwald nachempfunden ist. Schmetterlinge, tropische Vögel, Frösche, Blattschneiderameisen und Fledermäuse leben hier in ihrer eigenen Welt

wird mehr mitnehmen als biogeographisches Datenmaterial. Mit allen Sinnen auf Empfang geschaltet, wird er auf den Spuren des Professors die Botschaften der Pflanzen und Tiere entschlüsseln, als würden diese zu ihm sprechen – spannende Informationen über das Werden und Vergehen im tropischen Regenwald, über das Geben und Nehmen im fein austarierten Zusammenspiel der Arten, über das verletzliche Gleichgewicht eines einzigartigen Lebensraums.

Manche rätselhaften Dinge geben ihr Geheimnis auf Berührung preis, andere durch optische Reize. Und die verblüffenden Fähigkeiten einer Fledermaus kann jeder Besucher über den Umweg der eigenen Unfähigkeit kennenlernen: So würden 20 Schritte in einem dunklen Flur als schmerzhafte Erfahrung enden, wäre der freiwillige Proband nicht wie eine Fledermaus mit Ultraschallnavigation ausgerüstet. Geleitet durch die hohe oder niedrige Frequenz von Pieptönen aus dem Kopfhörer erkennt er Hindernisse und findet selbst mit geschlossenen Augen den Weg in den Dom.

Als Vorbild des Kunstbiotops dient eine 1000 bis 1600 Meter hoch gelegene Bergregenwaldzone der „Mata Atlântica", der Waldformation an der Küste Brasiliens (siehe Bericht auf Seite 42). Das Kronendach des Bergregenwaldes ist weit weniger dicht und hoch als im Amazonas-Becken, wo die Bäume bis zu 50 Meter Höhe erreichen. So flutet mehr Licht durch die unteren Zonen und ermöglicht Pflanzenwachstum, wo im Tieflandregenwald nur vegetationsarmes Halbdunkel herrscht.

Deshalb formen nicht nur die hohen Laubhölzer, die durch 28 imposante Exemplare etwa von *Euterpe*-Palmen und Deckeltopfbäumen, Würgfeigen und Mahagonibäumen vertreten sind, den Charakter des Regenwaldhauses, sondern auch diverse Unterholzgewächse: Bambus, Dutzende unterschiedlicher *Philodendron*-Arten und weit über 50 Farn-Spezies.

Am üppigsten wächst allerdings die Epiphyten-Flora des Bergregenwaldes. Diese Pflanzen, die auf Bäumen sprießen, machen in einigen Arealen fast die Hälfte allen Bewuchses aus. Entsprechend reichhaltig ist das Regenwaldhaus mit Epiphyten ausgestattet, vor allem mit Bromelien und Orchideen.

Die Entscheidung, einen Bergregenwald abzubilden, hatte allerdings auch einen ganz praktischen Grund: Die Besucher müssen nicht unter dem drückend heißen Klima des Tieflandregenwaldes leiden, sondern können bei angenehmen Temperaturen zwischen 24 und 28 Grad Celsius durch das tropische Gehölz spazieren.

Wahrscheinlich hätte sich das ehrgeizige Ziel, dem großen Vorbild Mata Atlântica so nahe wie möglich zu kommen, ohne Gordon Wilson und Ray Hole gar nicht realisieren lassen. Denn die beiden englischen Architekten lieferten den genialen Entwurf für das Gebäude, das, von Innen betrachtet, einem riesigen, in die Erde gesteckten und mit Folie abgedeckten Blumentopf gleicht. Äußerlich ragt nur die Kunststoffkup-

pel mit ihrem stählernen Tragwerk aus dem Boden – ein Oval von 38 Meter Durchmesser. Dass sich dahinter – oder besser darunter – ein kapitales Stück Regenwald verbirgt, vermutet auf den ersten Blick kein Mensch.

Erst beim Betreten des Doms an dessen tiefstem Punkt löst sich das Rätsel. Terrassenförmig erhebt sich rundum eine Kunstlandschaft mit Wasserfall und Teich, in der die verschiedenen Vegetationszonen des Regenwaldes auf engstem Raum präsentiert werden. Auf der untersten Etage bietet Dämmerlicht das ideale Ambiente für Bodenpflanzen und deren Bewohner. Je weiter der Besucher dem spiralig ansteigenden Weg folgt, desto größer und heller wird der Dom.

Über einen Turm, der sich unter dem Zenit des transparenten Foliendaches erhebt, gipfelt die Tour im lichten Kronenbereich des Regenwaldes, bevor die Besucher in einem Simulator eine Rückreise von Brasilien nach Hannover erleben. Dort angekommen, können sie sich in einem Laden mit Literatur und anderen Materialien zum Thema eindecken oder im Café brasilianische Lebensart spüren.

Mit dem Palmenhaus, das vor einem halben Jahrhundert an der Stelle des Regenwaldhauses stand, hat das neue Projekt soviel gemein wie ein Multiplex-Kino mit einer Lochkamera. Mit allen Finessen modernen „Edutainments" – edu- für education (Bildung), -tainment für entertainment (Unterhaltung) – zieht der grüne Dom von Hannover die Besucher in den Bann einer virtuellen Abenteuerreise, die sie kaum wieder vergessen werden.

DER MANN IM SCHATTEN DARWINS

EVOLUTIONSTHEORIE

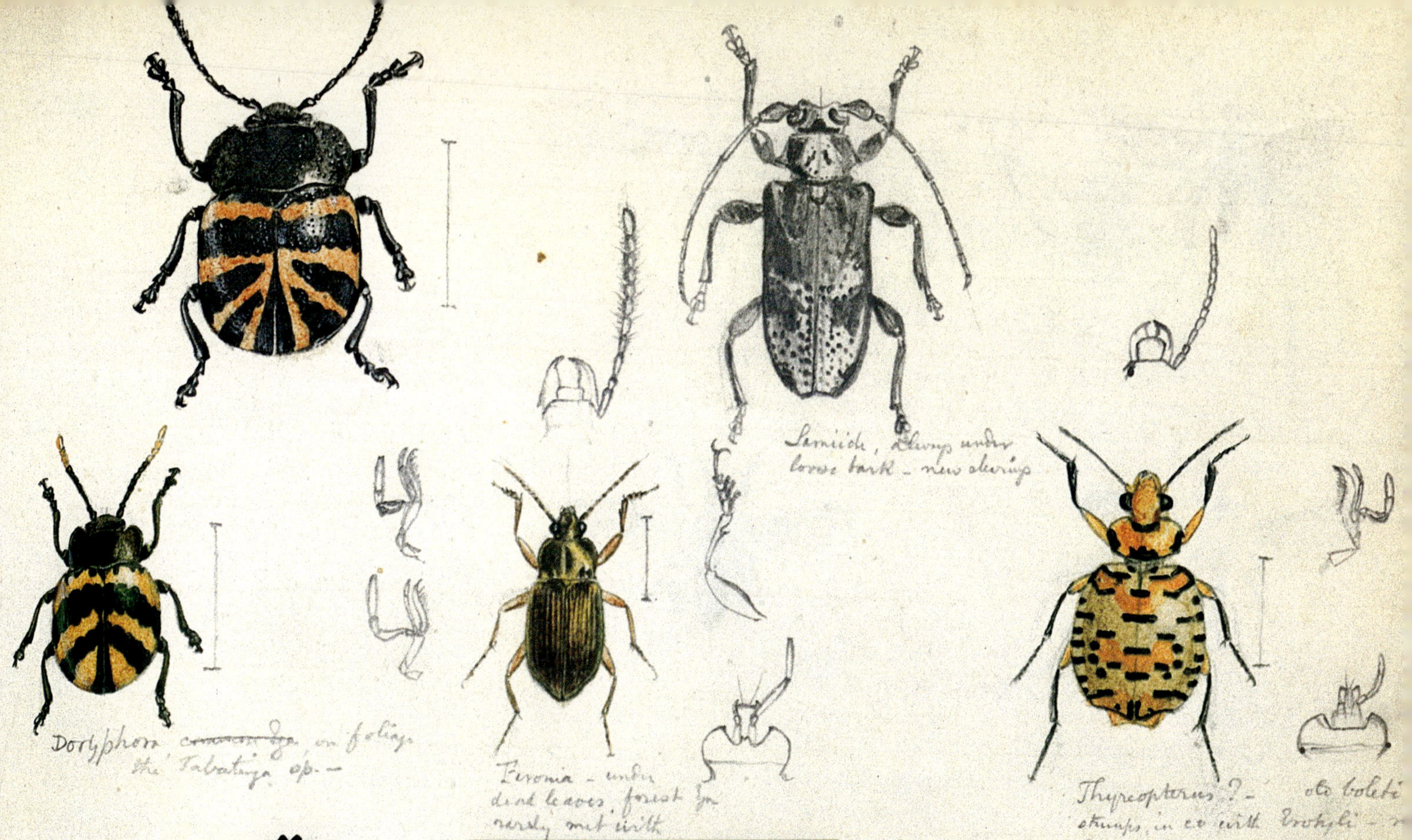

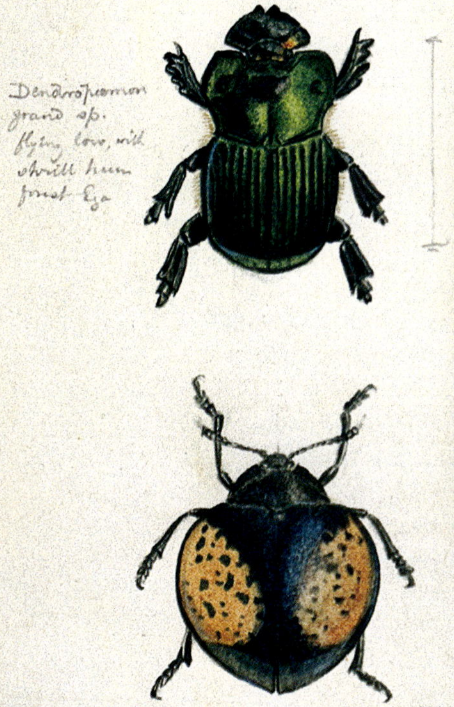

Wie kaum ein anderer Naturforscher vor ihm tauchte der Waliser Alfred Russel Wallace ein in die Lebensfülle der Regenwälder. Über viele Jahre sammelte, zeichnete und beschrieb er. Seine Studien machten ihn zum Begründer der Tiergeographie und führten ihn, unabhängig von Charles Darwin, auf die Spur der Evolutionsgesetze

AUF OFFENER SEE GESCHAH DAS UNGEHEURE

VON CLAUS-PETER LIECKFELD

Juni 1858. Auf seinem Landsitz Down in der englischen Grafschaft Kent empfängt der 49-jährige Naturforscher Charles Darwin einen Brief. Das Schreiben hat eine Reise um die halbe Erde hinter sich. Als Absender trägt es den Namen eines Mannes, von dem in Wissenschaftlerkreisen bekannt ist, dass er irgendwo am Ende der Welt Käfer aufspießt – Alfred Russel Wallace. Kein studierter Kollege, sondern ein Autodidakt, der sein beeindruckendes Naturwissen im Wortsinne gesammelt hat.

Der Inhalt des 20-seitigen Briefes schmettert Darwin nieder. Seit rund 20 Jahren trägt er seine Theorie von der Artenentstehung im Kopf – ohne sich damit an die Öffentlichkeit gewagt zu haben. Und jetzt flattern ihm seine Ideen per Brief von der Molukken-Insel Ternate auf den Schreibtisch – so „bewundernswert und klar formuliert", dass Charles der Große erwägt, Wallaces Ausführungen „Über die Tendenz der Varietäten, unbegrenzt vom Original-Typus abzuweichen" publik zu machen. Und zwar ohne eigene Kommentare und Ergänzungen ... oder doch lieber mit?

Mit! Auf Drängen des Geologen Sir Charles Lyell und des Botanikers Joseph Hooker entschließt Darwin sich, einen Extrakt seines weitgehend fertig konzipierten Großwerks „Über die Entstehung der Arten" hinzuzufügen. Dies wird dazu beitragen, dass die Menschen fortan von Darwinismus sprechen und nicht von Wallaceismus, wenn sie ihre eigene Stammesgeschichte erklären wollen.

*

Rund 15 Jahre zuvor hatte der 1823 als Sohn eines verarmten Anwalts in einem walisischen Tal geborene Alfred Russel Wallace ebenfalls vor einer lebensentscheidenden Frage gestanden. Sollte er eine annehmbar bezahlte Stelle als Zeichenlehrer an der Collegiate School in Leicester, die er nach einer Ausbildung als Landvermesser erhalten hatte, aufgeben, einfach fallen lassen für einen Traum? Wallace und der etwa gleich alte Henry Bates, den er dort kennen gelernt hatte und der später als Insektenforscher und wissenschaftlicher Zeichner berühmt werden sollte, grübelten 1844 gemeinsam darüber nach, wie sich aus ihrer Passion für die tropische Natur ein Broterwerb machen ließe.

Wallace hatte einen Einfall: Warum nicht eine wissenschaftliche Amazonas-Expedition mit dem Verkauf seltener, spektakulärer Schmetterlinge und Käfer finanzieren? Es gab genug verrückte Sammler, die für Exotica bereitwillig beträchtliche Summen zahlten. Großgrundbesitzer und Industriebarone schmückten ihre Herrenzimmer und Rauchsalons mit blauschillernden Morphofaltern und riesigen Atlasspinnern. Sie streiften ihre Zigarrenasche in Muschelschalen ab, deren Baumeister nicht einmal die Experten im Britischen Museum kannten. Kurzum, ein stabiler Wundermarkt.

Am 26. April 1848 verließ ein Transatlantik-Segler Liverpool. An Bord waren Wallace und Bates. Ein weiterer Ex-Lehrer, Richard Spruce, und Wallaces Bruder Herbert folgten ein Jahr später. Die wissenschaftlichen Sammler machten Pará, die damalige Hauptstadt des Amazonasgebietes, zum Basislager. Um den Ertrag ihrer Expedition zu steigern, gingen sie nach kurzer Zeit getrennte Wege.

Es lief gut. Bereits nach zwei Monaten hatten sie, wie sie ihrem Londoner Agenten meldeten, 553 Schmetterlingsarten, 450 Käfer und 400 andere Insekten erbeutet. Henry Bates entdeckte einen Verkleidungstrick der Natur, der später nach ihm benannt wurde, die Batessche Mimikry: Ungiftige Schmetterlinge zum Beispiel imitieren bis ins Detail das Warnkleid giftiger Arten und halten damit Fressfeinde davon ab, sie zu verspeisen. Ein Phänomen, das vorzüglich zu Darwins und Wallaces wenige Jahre später veröffentlichter Theorie passen sollte, nach der „the fittest" – und das kann auch heißen: die „Findigsten" – mehr Chancen im Überlebenskampf haben.

In Pará stapelten sich bald exquisite Kollektionen nie gesehener Tiere und Pflanzen. Derweil tauchte Wallace – immer weiter sichtend und sammelnd – in eine Lebensfülle ein, in die sich damals kein Forscher ungestraft begeben durfte. Doch ihm zwangen Malaria-Anfälle nur kurze Pausen auf, ihn hinderten dick geschwollene Füße nur ausnahmsweise am Fortkommen.

Am 12. Juli 1852, nach vier Jahren in der „grünen Hölle", verließ Wallace schließlich an Bord des Zweimasters „Helen" Brasilien. Im Bauch des Schiffes ruhte ein biologischer Schatz. Dann, auf offener See, geschah das Ungeheure: Die „Helen" fing Feuer. Wallace und die anderen Passagiere flüchteten sich in ein Boot und trieben zehn Tage auf dem Meer, bis ein vorüberfahrender Dampfer sie rettete. Die Resultate einer bis dahin einzigartigen Forschungsarbeit waren als Aschewölkchen über dem Atlantik verweht.

Doch Wallace ließ sich nicht erschüttern. Brasilien war für ihn erst das Präludium. Mit lediglich fünf Pfund Barschaft zurück in England, schrieb und veröffentlichte er 1853 seinen Reisebericht „A Narrative of Travels on the Amazon and Rio Negro" und bereitete seine nächste Expedition vor. Die Erkundung Neuguineas sowie des Malaiischen Archipels – des heutigen Malaysias, Indonesiens und einiger umgebender Inseln – in den Jahren 1854 bis 1862 sollte die Reise zu den Geburtsorten zweier Theorien werden: Eine, die über die Entstehung der Artenvielfalt, wird vom Genius Darwins überstrahlt, die andere,

GEFIEDERTE SCHMUCKSTÜCKE

Auf Neuguinea fing Wallace den prachtvollen Sichelschwanz-Paradiesvogel – hier eine Zeichnung des Ornithologen John Gould

die der Tiergeographie, verbindet sich unmittelbar mit dem Namen Wallace.

Der Naturforscher hatte wohl schon einige tausend Kilometer unter Segeln, im Einbaum, auf Ochsenkarren und zu Fuß in der pazifischen Inselwelt zurückgelegt, als sich ihm eine Erkenntnis aufdrängte, und er schrieb: „Auf diesem Archipel gibt es zwei deutlich umschriebene Faunen, die sich so auffällig voneinander unterscheiden wie die Afrikas von der Südamerikas und deutlicher als die Europas von der Nordamerikas, aber da gibt es nichts auf der Landkarte oder in der Insel-Topographie, das ihre Grenzen markiert."

Die Grenze, unter Biogeographen heute als „Wallace-Linie" bekannt, verläuft am Rand des asiatischen Festlandssockels durch die Meerenge zwischen Bali und Lombok und setzt sich nördlich in der Makassarstraße zwischen Borneo und Sulawesi fort. Westlich davon finden sich die typischen Tiere des asiatischen Kontinents mit Nashornvögeln und Orang-Utans, östlich liegt die Welt der Beuteltiere wie dem Tüpfelkuskus.

Wallace destillierte aus den damals noch spärlichen Erkenntnissen der Geologen die richtige Erklärung: In Kaltzeiten banden Gletscher so viel Wasser, dass der Spiegel der Weltmeere

REICHTUM ZWISCHEN BUCHDECKELN

In ihren Notizbüchern hielten Wallace und sein Freund Henry Bates die Vielfalt tropischer Arten mit Illustrationen und detaillierten Beschreibungen fest. Bates' Aufmerksamkeit galt, wie die aufgeschlagenen Seiten zeigen, vor allem den Insekten

IM FIEBER FAND ER DAS GESETZ VOM URSPRUNG DER ARTEN

sank. Lauftiere und schwache Flieger konnten dann über die vorher relativ flache und nun trockengefallene Java-See die großen und kleinen früheren Inseln erreichen. Die Wallace-Linie markiert den in die Tiefe abfallenden Südostrand der Flachmeerzone – über sie hinaus führte auch in Eiszeiten keine Landbrücke.

Aber ein Forscherleben hält nur wenige Momente der Freiheit für geistige Höhenflüge bereit. Meist ist die Zeit ausgefüllt mit zähem Klein-Klein. Einen seiner fast 3000 Arbeitstage der „Molukken-Reise“, die 125 000 Präparate, darunter auch die von Fischen und Vögeln, einbrachte, beschrieb Wallace so: „Aufstehen um halb sechs, Bad und Kaffee. Ordnung in die Insekten vom Vortag bringen, aufräumen … Um acht Uhr Frühstück. Um neun geht es raus in den Dschungel … bis drei Uhr nachmittags. Zu Hause Kleiderwechsel. Dann setzen wir uns an die Arbeit, töten die Insekten, spießen sie auf. Charles (Wallaces Assistent) kümmert sich um Fliegen, Wespen und Wanzen; die Käfer traue ich ihm nicht zu. Um vier Uhr Dinner, und dann nochmals bis sechs an die Arbeit. Kaffee. Dann Lesen oder Gespräche, oder wenn besonders viele Insekten zu bearbeiten sind, nochmals bis acht an die Arbeit. Danach Bettruhe.“

Wallace hatte gehofft, sein Assistent werde ihm viel der lästigen Alltagsroutine abnehmen. Doch Charles, der minderjährige Sohn eines Londoner Zimmermanns, entwickelte sich keineswegs zur souverän agierenden rechten Hand des Forschers. In einem Brief an seine Schwester, die sich daheim um Ersatz kümmern sollte, offenbarte Wallace eine Menge von dem, was ein Forschungsreisender am Ende der Welt vor 150 Jahren können musste. „Erzähl mir nicht immer, dass er ‚ein netter junger Mann‘ ist“, anwortete er auf einen Personalvorschlag, „ich wüsste lieber, ob er auch mal eine Woche lang von Reis und Salzfisch leben kann … Kann er auf einem Brett schlafen? Kann er 20 Meilen am Tag laufen? Kann er arbeiten, denn Sammeln ist manchmal echte Knochenarbeit? Kann er ein Stück Holz gerade durchsägen? Bitte ihn, Dir irgend etwas zu basteln, eine kleine Schachtel aus Karton, einen Holzpflock oder einen Flaschenstöpsel, und dann sieh Dir genau an, ob er so etwas exakt machen kann.“

All das konnte Wallace besser als sein Helfer – und vieles mehr. Der Brite war dabei äußerst zäh. Harte Schläge, etwa Malaria-Attacken, erwähnt er nur, wenn sie zu etwas gut waren. Wie jener in die Wissenschaftsgeschichte eingegangene Fieberschub vom Februar 1858. „In der fraglichen Zeit litt ich unter harten Fieberattacken“, schrieb Wallace rückblickend in seinem berühmtesten Werk „The Malay Archipelago“ von 1869, „und jeden Tag während des Schüttelfrostes und der anschließenden Hitzewallungen musste ich mich mehrere Stunden lang hinlegen. In dieser Zeit hatte ich nichts zu tun, als über irgend etwas nachzudenken.“

Wallace ging damals das „Principle of Population“ durchs fiebernde Hirn. In diesem 1798 erschienenen Band hatte der Geistliche und Historiker Thomas Malthus, einer der Väter der Nationalökonomie, dargelegt, dass Krankheit, Unfälle, Krieg und Hungersnot für die Menschheit Wachstumskontrollen seien. Wie aber funktioniert das bei Tieren, fragte sich Wallace. Wer oder was kontrolliert sie? Warum erwischt es viele, aber nicht alle? Waren etwa die Spezies, von denen es nur noch Versteinerungen gab, nicht tüchtig genug gewesen, um mit allen Herausforderungen einer sich wandelnden Umwelt fertig zu werden?

Mit solchen Fragen nahm der Forscher direkten Kurs auf „survival of the fittest“ – das berühmteste aller Darwinworte, das in der Form „the fittest would survive“ ursprünglich von Wallace stammt. Der spürte schon auf seiner feuchtheißen Insel die Wucht der Idee: „Je mehr ich darüber nachdachte, desto mehr wuchs meine Überzeugung, dass ich schließlich das langgesuchte Gesetz der Natur gefunden hatte, das die Frage nach dem Ursprung der Arten beantwortet.“ Sobald die Fieberschübe abklangen, fasste Wallace seine Erkenntnisse zusammen. Den Aufsatz „On the Tendency of Varieties to Depart Indefinitely from the Original Type“ schickte er, von einem knappen Brief eingeleitet, nach England an einen ihm bekannten wissenschaftlichen Briefpartner – an den wohl einzigen, von dem zu hoffen stand, dass er sich für derlei Dinge interessierte: Charles Darwin.

Nachdem dieser sich vom Schock der Lektüre erholt hatte, stimmte er zu, dass der Essay des Kollegen Wallace und eine Essenz seiner eigenen Studien am 1. Juli 1858 in der hochangesehenen Londoner Linné-Gesellschaft verlesen wurden. Keiner der beiden Autoren war anwesend. Darwin trauerte um seinen an Scharlach gestorbenen Sohn Charles. Wallace weilte auf Neuguinea. Die Premiere ohne Hauptdarsteller ersparte beiden den Ärger über die anfangs flaue Reaktion des Publikums.

Charles Darwin beteuerte hinterher, er habe mit seiner Parallel-Veröffentlichung nicht etwa einem Konkurrenten zuvorkommen wollen. „Ich habe mich nie darum gekümmert, ob die Menschheit mich oder Wallace für den originaleren hielt; und sein Essay half ohne Zweifel bei der Rezeption der Theorie.“ Wallace seinerseits versuchte nach seiner Heimkehr 1862 nie, den Schatten eines Plagiatverdachts auf Darwin zu werfen; im Gegenteil, er prägte sogar den Begriff „Darwinismus“ und überließ das Ruhmespodest dem Mann aus Kent.

Die beiderseits gepflegte Freundschaft hatte allerdings einige Prüfungen zu bestehen. Wallace, der in den letzten 50 seiner 90

Lebensjahre mehr und mehr zum Wissenschaftsautor wurde, wählte für seine Geisteskämpfe zeitweise eine unpassende Arena. Am 16. September 1867 las Darwin in der Zeitung, dass sein Weggefährte sich vor Gericht an die Seite des „Doktors“ Henry Slade, eines berühmt-berüchtigten Schwindlers, gestellt hätte. Der empfing angeblich schriftliche Nachrichten seiner verstorbenen Frau auf einem magischen Brettchen.

DER SPIRITISMUS LIESS IHN NICHT MEHR LOS

Genau genommen hatte sich Wallace nicht für Slades Fähigkeiten zur Geisterbeschwörung verbürgt, sondern (nur) für den Mann, „der so unfähig sei, einen Betrug zu begehen wie ein Naturwissenschaftler, der mit Ernst nach der Wahrheit forscht“. Eine glatte Fehleinschätzung. Einem Taschenspieler gelang es später, Slades Trick perfekt nachzuspielen. Und an Wallace blieb mehr als nur ein Geruch von Spiritismus hängen.

Als Darwin später eine Staatspension für seinen Freund erwirken wollte, fand er anfangs keine Unterstützung. Letztlich bekam Wallace aber doch eine bescheidene finanzielle Hilfe. Diese ermöglichte es dem engagierten Schriftsteller, weiter Artikel und Bücher zu schreiben – um die 10 000 veröffentlichte Seiten. Er zog gegen das Impfen und gegen Kohle-Exporte zu Felde und focht immer wieder vehement für die „Zuchtwahl“ beim Menschen – was damals noch nicht so schauerlich klang wie heute.

Wallace wollte die von Darwin und ihm postulierte Fort- und Höherentwicklung nicht auf die Biologie der Pflanzen und Tiere beschränkt wissen. Unterliegt nicht auch die kulturelle Sphä-

SPRECHENDER FISCH

Der Dornwels, den Wallace am Rio Negro zeichnete, gibt angeblich einen Laut von sich, wenn Fischer ihn aus dem Wasser holen

MEISTERHAFTE FALTER

Mit einfachen Mitteln schuf Bates im amazonischen Regenwald erstaunlich lebensnahe Schmetterlingszeichnungen

re einer Evolution, fragte er. Und braucht eine geistige Evolution nicht neue, bessere Menschen? Beim Lieblingsthema seiner späten Jahre erscheint Wallace wild hoffnungstrunken. In einer Art sozialistischem Utopia würden die Frauen, da war er sicher, so gut ausgebildet und so vernünftig geworden sein, dass sie nur die allertrefflichsten Gatten erwählten.

Prophetisch dagegen Wallaces Ahnung vom Schicksal seiner geliebten Tropeninseln: „Sollte der zivilisierte Mensch jemals diese fernen Länder erreichen und Moral und Licht – physikalisches und aufklärerisches – in diese Rückzugsgebiete jungfräulicher Wälder bringen, dann wird er unweigerlich die fein ausbalancierten Beziehungen der organischen und anorganischen Natur zerstören, wird Rückgang und schließlich Verschwinden jener Geschöpfe bewirken, deren wunderbare Struktur und Schönheit nur er allein schätzen und genießen kann.“

Wäre man kleinlich, müsste man anmerken, dass Wallace Orang-Utans und Paradiesvögel, die er genauer untersuchen, ausstopfen und verkaufen wollte, skrupellos aus den Bäumen schoss. Auch große Geister haben ihre Widersprüche.

Als Wallace am 7. November 1913 im 91. Lebensjahr starb, stand der Vorschlag im Raum, ihn neben Charles Darwin in der Westminster Abbey beizusetzen. Aber Wallaces letzter Wille richtete sich nicht auf Nachruhm: Er hatte sich längst seinen Ort für die Ewigkeit ausgesucht – einen kiefernbeschopften Hügel auf dem Broadstone-Friedhof nahe Bournemouth, durch den im Herbst die Meereswinde kämmen.

Claus-Peter Lieckfeld, 51, ist Spezialist für Naturthemen. Weitere eindrucksvolle Illustrationen tropischer Lebewesen finden sich in dem von Frederking & Thaler und GEO gemeinsam herausgegebenen Werk „Der verzauberte Blick“, der die Geschichte früher Expeditionen erzählt und auch Wallace und Bates ein Kapitel widmet. (DM 98,–; Bestellung unter Nr. G 0517 beim GEO Versand-Service, Postfach 600, 74170 Neckarsulm

Im letzten größeren Regenwaldgebiet Ugandas wachsen die Mahagoni-Riesen noch in den Himmel. Seltene Arten wie Schimpansen oder der Kastanienliest haben hier eine letzte Zufluchtsstätte. Damit dies so bleibt und auch die heimische Bevölkerung ihren Frieden mit der Umwelt macht, hat GEO mit zwei Partner-Organisationen ein neues Schutzprojekt gestartet

PROJEKT BUDONGO FOREST

WALDSCHUTZ

Mit Axt und Feuer dringen Siedler in den Budongo Forest vor, kultivieren das Land und leben von dem, was sie dort anbauen. Diese Form des Wanderfeldbaus ist so uralt wie harmlos – solange die Bauern nach ein paar Jahren weiterziehen und der gerodete Wald die Chance hat, sich zu regenerieren. Heute jedoch treiben Bevölkerungswachstum und Flüchtlingsströme viel zu viele Menschen in den Budongo Forest. Aus den Wandernden sind Sesshafte geworden, die, ohne es zu wissen, ihre eigene Zukunft ruinieren

Der Wald steht ihnen nur im Weg

TEXT UND FOTOS VON REINER KLINGHOLZ

Vor drei Jahren war Anton Oringio am Ende. Schon lange konnte der 55-jährige Bauer aus der Nil-Provinz im Nordwesten Ugandas seine Familie nicht mehr von dem ernähren, was seine Felder hergaben, denn karg und trocken war sein Land über die Jahre geworden. Und wenn die Ernte doch einmal reichlich ausfiel, kamen marodierende Rebellen, plünderten und zündeten ihm die Hütte über dem Kopf an. Oringio wollte nur noch fort.

Er zog nach Süden. Tagelang saß er zwischen Ballen und Bündeln auf überladenen Lastwagen, die träge wie Kamele über das Land schwankten. Nachts schlief er am Straßenrand. Schließlich erreichte er den Flecken Busingiro am Budongo Forest. Hier ließ der rotbraune, fruchtbare Boden alles wachsen, was man ihm anvertraute, und im Wald ragten die Bäume so hoch in den Himmel, wie Oringio es noch nie gesehen hatte. Die Sonne brütete nicht so heiß wie im Norden, und die Leute sagten, hier falle der Regen immer dann, wenn er nötig sei.

Oringio nahm seine Machete, borgte sich eine Axt, trieb eine Schneise ins Unterholz und setzte das Gestrüpp in Brand. Zufrieden sah er, wie sich das satte Grün in stumpfe Asche verwandelte. Er begann, armdicke Pfähle zu schlagen und damit eine Hütte zu bauen, verknotete die Stangen mit Bambusfasern, verschmierte die Wände mit einem Brei aus Lehm und Stroh und deckte das Dach mit Elefantengras. Auf das brandgerodete Land pflanzte er Mais, Maniok und Tabak. Nach der ersten Ernte fuhr er zurück in den Norden, um Frau und Kinder zu holen.

„Die Frau starb bald, nachdem sie hier angekommen war", sagt Oringio. „Sie hatte gerade das achte Kind geboren." Der Muslim Oringio nahm sich eine neue Frau, und weil er inzwischen kein Habenichts mehr war, noch eine zweite. Mehr Kinder kamen hinzu. Wie groß seine Sippe mit allen Kindeskindern, Schwiegertöchtern und -söhnen heute ist, kann Oringio nicht so genau sagen. „Sie wohnen überall hier", sagt er und zeigt einmal im Kreis herum.

Wie Oringio und die Seinen sind in den vergangenen Jahren Tausende in die Region zwischen der ugandischen Distriktshauptstadt Masindi und dem Albert-See gezogen. Flüchtlinge aus den notorischen Bürgerkriegszonen an den Grenzen des Landes stranden hier, aber auch ganz gewöhnliche Migranten auf der Suche nach Land. Und weil sich die ugandische Bevölkerung obendrein vermehrt wie fast keine andere auf der Erde, ist der zusammenhängende Wildwuchs-Gürtel, der sich einst vom Herzen Ugandas bis nach Burundi und Malawi durch Ostafrika gezogen hat, bis auf kleine Reste geschrumpft.

Der größte davon ist der Budongo Forest, ein Gebiet so groß wie der Stadtstaat Berlin. Heute steht er unter Natur-

schutz. Die Sägewerke, in denen bis vor wenigen Jahren die Mahagoni-Riesen zu Brettern zerschnitten wurden, sind verlassen und rosten ihrem Verfall entgegen. Lianen würgen die Kessel der alten Dampfmaschinen, als wollte der Budongo Forest Rache nehmen an den Vernichtungsgeräten.

„Das Problem ist also weniger der geschützte Teil des Waldes", sagt Council Dickson Langoya, ein Forstwirt vom nahe gelegenen Nyabyeya Forestry College. „Kritisch sind die Pufferzonen" – jene Areale also, in denen auch Oringio seine Hütte errichtet hat. Sie sollen den Budongo Forest eigentlich an dessen Flanken absichern, stehen selbst aber nicht unter Schutz.

„Hier liegen die ‚Hot Spots'", sagt Langoya und malt mit rotem Filzstift Warnsignale auf die Landkarte. „Dort betreiben die Menschen sogar schon auf Hügeln Ackerbau. Niemand hat das früher getan, und deshalb weiß auch keiner, wie man Terrassen anlegt, um das Land vor der Erosion zu schützen. Der Boden verliert nach ein paar massiven Regenfällen seine Krume, und die Siedler müssen bald erneut auf Landsuche gehen. Deshalb ist auf lange Sicht sogar das Schutzgebiet gefährdet."

„Immerhin gibt es verdammt viel zu tun", sagt Langoya mit einer Mischung aus afrikanischer Gelassenheit und pragmatischem Aktivismus. Mit Gesinnungsfreunden hat er eine Entwicklungsorganisation namens Bucodo gegründet. Deren Ziel: „Mother Budongo" retten. Unterstützt vom Verein „GEO schützt den Regenwald“ und der „Deutschen Stiftung Weltbevölkerung“ will Bucodo den Waldfrevel bremsen, die Menschen überzeugen, dass kleinere Familien vernünftiger sind, und neue, umweltverträgliche Einkommensquellen für die Bewohner der 29 Dörfer rund um den Wald schaffen.

Aber wo anfangen mit solch herkulischem Werk?

„Bis heute steht der Wald den Menschen im Weg“, sagt Langoya. „Wenn wir ihn erhalten wollen, müssen wir dafür sorgen, dass die Leute ihn ernst nehmen.“

Schöne Worte. Aber wird ein Siedler wie Oringio sie begreifen? Dessen Problem nämlich sind nicht die gefällten, sondern die verbliebenen Bäume; denn die werfen Schatten auf seine Felder. Ab und zu entfacht er ein Feuer rund um die längst toten Stämme und hofft, dass sie irgendwann umstürzen. Holz hat er eher zuviel, weshalb in und vor seiner Hütte sieben Feuer brennen – 24 Stunden lang. Auf einem rösten Frauen und Kinder Maiskolben, auf dem nächsten köchelt der Maniokbrei, zwei weitere qualmen in dem Verschlag zum Trocknen und Konservieren der Tabakblätter, und die anderen brennen auf den Feldern, um nachts die Bush pigs und Paviane zu verjagen, die in Rudeln über den Mais herfallen. Rund eine Tonne Holz löst sich so Tag für Tag in Rauch auf.

„Diese Menschen haben nie ein Verständnis für Ökonomie gehabt“, sagt Langoya. „Für sie hat Holz keinerlei Wert – dabei ist schon in der nächsten Stadt das Brennholz knapp. Also müssen wir zwei Dinge erreichen: den Leuten im Wald beibringen, dass man trotz Fülle weniger Holz verbrauchen sollte. Und gleichzeitig Verkaufsideen für Brennholz entwickeln.“

Einfache Lehmöfen etwa bieten enorme Vorteile gegenüber offenen Feuerstellen: Sie sind weit sparsamer, der Qualm verpestet nicht die Hütten, sondern entweicht durch ein Rohr ins Freie, und die Kochtöpfe stehen sicherer. Doch

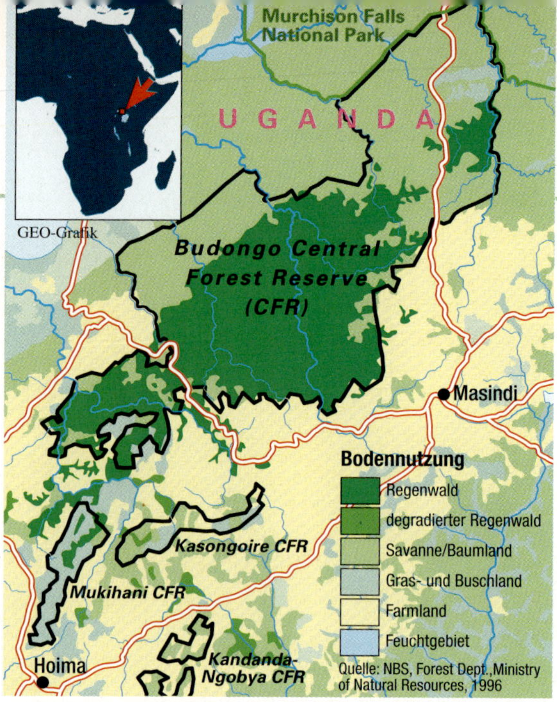

825 Quadratkilometer des Budongo Forest stehen unter Schutz. Im Norden grenzt der Wald an den größten Nationalpark Ugandas. Gute Voraussetzungen dafür, dass die Ranger den Schülern auch in Zukunft noch an Ort und Stelle Grundkenntnisse in Sachen Ökologie vermitteln können

Aufklärung zielt vor allem auf die nächste Generation

die Umstellung vom Lagerfeuer zum Herd kommt einer Kulturrevolution gleich. Als einer Frauengruppe ein Lehmofen demonstriert wird, findet er äußerst kritische Beachtung. Eine der Frauen fragt, wo man das Holz hineinstecken solle, und dann, wo denn der Rauch bleibe. Und die Antwort, „der zieht durch den Kamin ab“, macht sie nur mißtrauischer: „Woher kann der Rauch denn überhaupt wissen, dass er durch den Kamin soll?“

Andere Ideen funktionieren besser. Die der Selbsthilfe zum Beispiel. Wie überall auf der Welt wissen auch am Budongo Forest die Landbewohner, dass man gewisse Aufgaben nur gemeinsam bewältigen kann. Dörfliche Gruppen und Räte sind das Resultat solcher Kooperationen. Im Zeitalter der Entwicklungshilfe heißen diese Gruppen nur anders: „Community Based Organisations“, kurz „CBOs“.

In jeder der 32 kleinen Gemeinden rund um den Budongo Forest existieren solche Zusammenschlüsse. Sie zählen meist ein Dutzend oder mehr Mitglieder, die Geld in einen Topf einzahlen, aus dem dann Projekte zum Nutzen der Gruppe finanziert werden. Einige der Organisationen arbeiten erfolgreich, andere weniger, manche scheitern ganz.

Bis vor kurzem konnten die CBOs kaum Erfahrungen austauschen und wenig neue Ideen verwirklichen. Erster Schritt innerhalb des Projektes von GEO und DSW war deshalb ein Zusammenschluss der erfahrensten Organisationen zu einem Dachverband, den Bucodo leitet. Binnen weniger Wochen haben sich rund 50 Selbsthilfegruppen mit etwa 500 Einzelmitgliedern zusammengefunden, eine Satzung zu Papier gebracht und ein

Komitee aus zwei Frauen und drei Männern gewählt. Von den eingesammelten Mitgliedsbeiträgen hat Bucodo ein Grundstück erworben, auf dem derzeit ein Haus mit Büro errichtet wird. Hier soll das GEO/DSW-Projekt betreut und verwaltet, sollen Fachleute für Familienplanung und Landwirtschafts-Berater ausgebildet werden, die dann allen CBOs unter die Arme greifen.

Eine der Gruppen ist die „Garasoya Saving and Credit Group", ein Sparclub, der bereits zu einer kleinen Bank gediehen ist. Jeder, der dieser CBO beitritt und Beitrag zahlt, ist kreditwürdig. Manche kaufen sich Hühner von dem geliehenen Geld, verkaufen die Eier auf dem Markt und zahlen das Geld nach wenigen Monaten vertragsgemäß zurück. Andere legen das Geld in Hirse an und brauen damit Bier, oder sie erwerben Fisch am Albert-See, um ihn einen Tagesmarsch später am Budongo Forest mit 40 Prozent Gewinn loszuschlagen.

„All das sind winzige, aber wichtige Schritte zu ökonomischem Denken, das den meisten Selbstversorger-Bauern so fremd ist", sagt Langoya. „Bislang kommen viele Leute gar nicht auf die Idee, Geld zu verdienen. Andere produzieren Dinge, für die es überhaupt keinen Markt gibt. Das stört sie nicht einmal, weil Arbeitszeit keinen Geldwert besitzt."

Ihre Lektion bereits gelernt haben die Frauen der „Budongo United Women's Association". Aktionserfahren seit acht Jahren, kaufen sie mit geliehenem Geld direkt nach der Ernte billige Hirse ein

GEO SCHÜTZT DEN REGENWALD e.V.

und werfen sie ein halbes Jahr später auf den Markt, wenn der Bedarf und somit der Preis angezogen haben. Sie haben ein kleines Restaurant eröffnet, einen Laden mit gebrauchter Kleidung; und sie haben Land gekauft, das sie mit Kaffee, Maniok und Bohnen bestellen. Der Verein ist mittlerweile so robust, dass er auch Misserfolge wegstecken kann: Ein Fischteich wurde in der zweiten Saison von einer Algenpest ruiniert. Jetzt starten die Frauen einen neuen Versuch.

Manche CBOs betreiben Schulen für Erwachsene und Jugendliche, die ihre Ausbildung abgebrochen haben. Die „Busingiro Adult Literary School" unterrichtet drei Klassen unter Bäumen und in einer mit Palmwedeln gedeckten Baracke. Mit Engelsgeduld buchstabiert der Lehrer „ma, me, mi, mo, mu…". Die 30-jährigen Erstklässler sitzen auf Steinen und antworten im Chor.

Die Schulleiterin Margret Totero bringt der zweiten Klasse Rechnen bei. Manchmal muss sie in fünf Sprachen gleichzeitig unterrichten, denn am Budongo Forest herrscht aufgrund der massiven Zuwanderung eine babylonische Sprachverwirrung: Allein in Nyakafunyo, einem Kaff mit 64 Familien und einem kleinen Laden, der das afrikanische Standardsortiment aus Stoffen, Seife, Bier, Kerosin und Kochfett feilhält, werden 17 Sprachen gesprochen – 54 im ganzen Distrikt Masindi.

Auch Council Dickson Langoya hat seine eigene Erfahrung: Dank bescheidener EU-Mittel hat er mit Kollegen am Budongo Forest ein Ökotourismus-Projekt aufgebaut. An zwei Orten sind strohgedeckte Rundhütten entstanden, in denen Touristen Unterkunft finden, ein Zeltplatz und ein Informationszentrum. Lokale Ranger führen Besucher zur Hauptattraktion des Budongo Forest – zu einer der größten Schimpansen-Populationen Ostafrikas. Fremde, die allein unterwegs sind, wären in dem dichten Wald verloren und bekämen vermutlich nie eines der scheuen Tiere zu Gesicht.

Bank unter Bäumen: Der Garasoya-Sparclub verwaltet die Konten der Mitglieder und vergibt Kredite zum Aufbau kleiner Geschäfte. In der Erwachsenenschule von Busingiro holen die Erstklässler verpasste Chancen nach. Und in der »Budongo United Women's Association« wird über den Anbau auf den gemeinsamen Feldern diskutiert. Mit diesen und anderen Selbsthilfegruppen will die ugandische Hilfsorganisation Bucodo vor allem Ausbildung und Selbstbestimmung der Frauen fördern, Einkommen schaffen, Familienplanung erleichtern und Waldschutz betreiben

Am besten funktioniert Hilfe über Selbsthilfe

Geresomu Mohamusa beobachtet die Menschenaffen seit zehn Jahren. Er weiß, wo ihre bevorzugten Futter- und Schlafplätze zu finden sind, und vermag schon aus der Ferne am Geräusch zu unterscheiden, ob Schimpansen, Rotschwanz-Meerkatzen, Stummelaffen oder andere Primaten unterwegs sind. Der Urwald birgt auf nur 825 Quadratkilometern 465 Baumarten, 289 Schmetterling- und 332 Vogelspezies, darunter seltene Eisvögel und, einzigartig in Ostafrika, den Großfuß-Buschdrosseling. Ein Paradies für Ornithologen, die zum Beispiel in ganz Deutschland theoretisch maximal 288 Vogelarten beobachten können.

Zwar zählt Uganda nicht gerade zu den bevorzugten Zielen des internationalen Fremdenverkehrs. Trotzdem hofft Langoya, dass sein Land dem Image von Aids und Bombenanschlägen entrinnen, und mehr Touristen in das friedliche Gebiet am Budongo Forest locken wird. Damit seine Leute ein bisschen verdienen; damit die Bevölkerung den Wert

des Waldes begreift und den Druck auf Holzdiebe vergrößert; aber auch, damit die Forst- und Umweltverwaltung in der Hauptstadt Kampala den Waldschutzgedanken ernster nimmt: „Je mehr Fremde uns besuchen, um so geringer wird die Gefahr, dass die Regierung den Holzeinschlag im Schutzgebiet irgendwann wieder zulässt."

Über das Netzwerk der CBOs, die in allen Gemeinden aktiv sind, will Bucodo möglichst viele Menschen erreichen, um bis an die „Graswurzeln" der Gesellschaft vorzudringen. Die größte Herausforderung ist dabei die Familienplanungs- und Gesundheitsaufklärung; denn in den Dörfern rund um den Budongo Forest gibt es so gut wie keine ärztliche Versorgung. Offizielle Plakate der Regierung gelangen zwar vereinzelt in die Region. Der Erfolg der Propaganda – „Kleine Familien sind gute Familien!", „Sex ohne Kondom ist eine Sache von Tod oder Leben" – ist jedoch zweifelhaft: Mit durchschnittlich mehr als sieben Kindern pro Frau verzeichnet der Masindi-Distrikt ein selbst für Dritte-Welt-Verhältnisse enormes Bevölkerungswachstum. Nicht einmal die Hälfte aller Bewohner weiß über Aids Bescheid, dabei ist rund ein Viertel HIV-infiziert.

„Den meisten Menschen ist der Zusammenhang zwischen Bevölkerungswachstum, Armut und Naturzerstörung gar nicht klar", sagt Langoya. Wenn ein Bauer erklärt, eine Frau sei soviel wert wie zehn Kühe, dann erwartet er logischerweise, daß dieser Reichtum Früchte trägt. Dass seine Kinder womöglich

Unter den sieben Primatenarten im Budongo Forest sind die Schimpansen die Stars. Führer des Schutzprojektes, wie Geresomu Mohamusa, kennen viele der rund 800 scheuen Menschenaffen so gut, dass sie ihnen Namen gegeben haben. Im Wald dient eine kleine, von der englischen Universität Oxford betriebene Station als Basis für ökologische Forschung; Sabrina Grobler zeichnet Schimpansenlaute mit dem Richtmikrofon auf, um das Sprachvermögen unserer nächsten Verwandten zu untersuchen

Die grösste Attraktion sind die Schimpansen

gar kein Ackerland mehr besitzen werden, sieht er nicht.“

Eine kleine Umfrage unter Dorfbewohnern zeigt, wie verbreitet diese Auffassung ist: Zwischen sieben und zwölf Kinder wünschen sich die Frauen. Bis zu 20, beziehungsweise „so viel Gott gibt“, die Männer. Immerhin: Als die Umfrage später in Abwesenheit der Männer wiederholt wird, sinkt das Ergebnis der Frauenumfrage auf einen Mittelwert von fünf Kindern.

Um den direkten Kontakt mit den Frauen aufnehmen zu können, wird Bucodo sowohl traditionelle Hebammen wie auch Krankenschwestern und Dorfgesundheitshelfer aus- und fortbilden. Sie sollen alle Dörfer mit Hilfe, Aufklärung und Mitteln zur Familienplanung versorgen. Dies ist der wichtigste Teil des Entwicklungsprojektes, denn Sexualität und Aids auch nur zu erwähnen gilt als tabu. Aids-Opfer bleiben weitgehend unsichtbar, denn wer an dem Virus erkrankt, stirbt mangels ärztlicher Versorgung meist schnell. Nur indirekt werden die verheerenden Folgen der Epidemie deutlich: „Wir müssen unsere Komitees häufig neu besetzen“, räumt der Chef einer Landwirtschafts-Kooperative ein. Und dann erzählt er, dass von der sechsköpfigen Gründermannschaft der erst drei Jahre alten Gruppe nur noch einer lebt.

Gefährdet sind vor allem junge Mädchen. Erste Erfahrungen mit Sexualität sammeln sie mit zwölf bis 14 Jahren, wobei „der Erstkontakt meist durch ein Familienmitglied zustandekommt“, wie eine nationale Studie die gängige Vergewaltigung durch Väter, Brüder oder Onkel verbrämt. Viele der Mädchen werden schon auf der Grundschule schwanger. Danach brechen sie die Ausbildung ab und sind erst recht nicht mehr für Aufklärung erreichbar.

Um diesen Jugendlichen die Zusammenhänge zwischen Mensch und Natur gleich vor Ort klarzumachen, hat das Ökotourismus-Projekt ein eigenes Programm entwickelt: Regelmäßig führen die Ranger Schulkinder in den Budongo Forest. Dort erzählen sie Geschichten über Nahrungskette, Treibhauseffekt und Artenvielfalt, erklären, wie ein Regenbogen entsteht, und was Photosynthese bedeutet – und machen Spiele, anhand derer die Kinder begreifen, wie im Wald das eine vom anderen abhängt. Demnächst will Bucodo auch die Themen Aids und Verhütung in das Programm aufnehmen.

„Jede Familie hat wenigstens ein Kind in der Schule“, sagt Council Dickson Langoya. „Und weil die Kinder zu Hause alles erzählen, was sie bei uns erleben, erreichen wir so theoretisch die ganze Bevölkerung.“

Dass am Budongo Forest die Eltern von den Kindern, ja sogar von Mädchen lernen, mag für die dortige Bevölkerung ungewohnt sein. Für die Zukunft bleibt aber fast keine andere Wahl. Denn in einer Region, in der die mittlere Alterklasse derzeit ihre produktivsten Mitglieder durch Aids verliert, müssen alle auf die nächste Generation bauen. „Die ganz Jungen sind unsere Zukunft“, sagt Langoya. „Und auch der Wald hat ohne sie keine Chance.“

GEO-Redakteur **Dr. Reiner Klingholz**, 46, ist Vorsitzender des Kuratoriums von „GEO schützt den Regenwald“.

Nicht nur für Siedler,
Entdecker und andere
Strategen!
Deutscher Spiele Preis
1. Platz 1999
TIKAL
M. KIESLING / W. KRAMER
Ravensburger
Spiel des Jahres
1999
KRITIKERPREIS
Spiel des
Jahres 1999
Spiele von Ravensburger. Gute Idee.
Ravensburger

GEO-LESER HELFEN DEM REGENWALD

Seit 1990 hat »GEO schützt den Regenwald e.V.« 50 Projekte in Südamerika, Afrika und Asien initiiert oder unterstützt. Finanziert durch Spenden von Förderern, versucht der Verein vor allem, es den Menschen in Regenwaldgebieten zu ermöglichen, die Natur in eigener Verantwortung zu bewahren. Der Erfahrung folgend, dass sich ein Wald nicht durch Menschen abwehrende Zäune retten lässt, sind die Projekte darauf angelegt, ein Gleichgewicht zwischen den Bedürfnissen der Bevölkerung und der Umwelt zu schaffen. Unabhängige Fachleute bescheinigen der Arbeit von »GEO schützt den Regenwald« eine überdurchschnittliche Effizienz. So wird das »Projekt Nepal« als mustergültig auf der Expo 2000 präsentiert.

Weitere Informationen über »GEO schützt den Regenwald« finden Sie im GEO-Explorer: www.geo.de/projekte/regenwald

Bewohner des Himalaya-Dorfes Landruk planen ein Wasserkraftwerk, das sie

Kleiner Verein – große Erfolge

Projekt Ndoki: Unterstützt von GEO, wurde im afrikanischen Kongobecken der Nouabalé-Ndoki-Nationalpark errichtet. In dem noch weitgehend ungestörten Gebiet leben Waldelefanten, Gorillas, Schimpansen, Bongos, Ducker und Waldbüffel.

Projekt Nepal: Unter den Gipfeln des Annapurna unterhält GEO gemeinsam mit der »Deutschen Stiftung Weltbevölkerung« ein Projekt, das den Wald schützt, Brachflächen aufforstet, Hebammen und Krankenschwestern ausbildet und neue Einkommensquellen erschließt.

Projekt Quetzal: Im Bergregenwald Guatemalas liegen die letzten Brutgebiete des Quetzal. Mit Hilfe dieses Projektes konnten Anbaumethoden und Erträge der Bauern so verbessert werden, dass diese nunmehr weniger Wald brandroden müssen.

bald schon mit Strom versorgen wird

Lichtblick für Landruk

Auch Vereine brauchen Glück: So wurde das neueste Projekt von »GEO schützt den Regenwald« in Nepal nur möglich, weil sich der Ökostrom-Anbieter »LichtBlick« mit einer großen Spende maßgeblich daran beteiligt hat. Derzeit laufen die Vorbereitungen für den Bau eines Kleinstwasserkraftwerkes für das Dorf Landruk im nepalesischen Himalaya. Einzige Energiequelle für die Bewohner, die von traditioneller Terrassenbau-Landwirtschaft und vom Trekking-Tourismus leben, ist bislang das Holz aus dem Bergregenwald. In Dorfnähe hat deshalb der Wald gelitten, was die Erosion fördert und Erdrutsche verursacht.

Da Regenwasser und Gefälle im Hochgebirge reichlich vorhanden sind, bietet sich die Wasserkraft als umweltfreundlichste Alternative zur Holzfeuerung an. Das neue Kraftwerk wird die Gasthäuser und kleinen Hotels von Landruk mit Strom für die Kochherde versorgen und sämtlichen Haushalten Licht verschaffen. Derzeit machen Schulkinder noch im fahlen Schein einer Kerze ihre Hausaufgaben.

In rund 2000 Meter Höhe werden die Dorfbewohner den Bach Timulti Khola umlenken und das Wasser über eine Druckleitung zu einem 150 Meter tiefer gelegenen Turbinenhaus führen. Ein Stauwerk ist dank des ganzjährig stabilen Zuflusses nicht nötig. Das Kraftwerk wird nach Fertigstellung von einem speziell ausgebildeten Dorfkomitee gewartet und verwaltet. Die Einnahmen aus dem Stromverkauf fließen in die Instandhaltung der Anlage. Lokaler Partner in diesem Projekt ist die erfahrene und international ausgezeichnete nepalesische Umweltschutz-Organisation ACAP, mit der GEO bereits andernorts im Himalaya erfolgreich zusammenarbeitet. Parallel zum Bau des Kraftwerkes wird ACAP solarthermische Anlagen zur Warmwasserbereitung in Touristenunterkünften installieren und in einer großen Studie die Tier- und Pflanzenwelt in den hinter Landruk gelegenen, schwer zugänglichen Monsunwäldern erfassen.

Informationen über LichtBlick, den Hauptsponsor für das »Projekt Landruk«, sind unter 0180-2-66 06 60 beziehungsweise www.lichtblick.de zu erhalten.

Projekt Tepui: Im Dreiländereck Venezuela–Brasilien–Guyana erheben sich über 3000 Meter hoch die Tepui-Tafelberge. GEO hat hier Forschungs- und Waldschutzstationen finanziert, von denen aus die Besucher in ökologisch stabile Zonen des Regenwaldes geleitet werden.

Projekt Aras: Unter Sammlern gelten Hyazinth-Aras als fliegende Edelsteine. Deshalb sind die Tiere mit dem tiefblauen Gefieder in ihrer brasilianischen Heimat akut bedroht. Ein Schutzprojekt hat aus ehemaligen Wilderern Papageienschützer gemacht. Diese ziehen heute Jungvögel auf, die nicht allein überleben könnten und führen Besucher durch die Tafelberglandschaft der »Cerrado«.

GEO SCHÜTZT DEN REGENWALD e.V.

- GEO kann nur helfen, wenn Sie uns helfen.
- Spenden für »GEO schützt den Regenwald e.V.« fließen vollständig in die Projekte vor Ort. Sämtliche Verwaltungskosten werden von GEO getragen.
- Schon für 200 Mark lassen sich beispielsweise Feldstecher anschaffen, mit denen die Wächter des brasilianischen Ara-Reservats nach Wilderern Ausschau halten können.
- 9000 Mark kostet das Aufforsten von 100 000 Bäumen im nepalesischen Bergregenwald.
- Mit 300 Mark ist in der Annapurna-Region eine Hebamme auszubilden und mit Mitteln zur Familienplanung auszurüsten.

Bitte überweisen Sie noch heute Ihre Spende auf folgendes Konto:
»GEO schützt den Regenwald e.V.«
Deutsche Bank Hamburg
Konto-Nr. 0 544 544
BLZ 200 700 00

1 Schlange bewegt den Kopf und sucht dabei mit Infrarotsensoren ihres Grubenorgans die Umgebung nach einer Fledermaus ab

2 Fledermaus stößt Rufe im Ultraschallbereich aus, um Beute zu orten

3 Nachtfalter reflektiert Ultraschallimpulse und wird dadurch für Fledermaus »sichtbar«

4 Froschmännchen quakt nach einer Partnerin

5 Pheromone, vom Falterweibchen ausgesandte flüchtige chemische Botenstoffe, locken das Männchen an

6 Räuberische Geißelspinne erkundet mit ihren bis zu 50 Zentimeter langen Tastbeinen die Nachbarschaft und erwischt ein Falterweibchen

7 Vogelspinne nimmt über spezielle Sinneshaare Luftschwingungen wahr, die Frosch und Leuchtkäfer auslösen

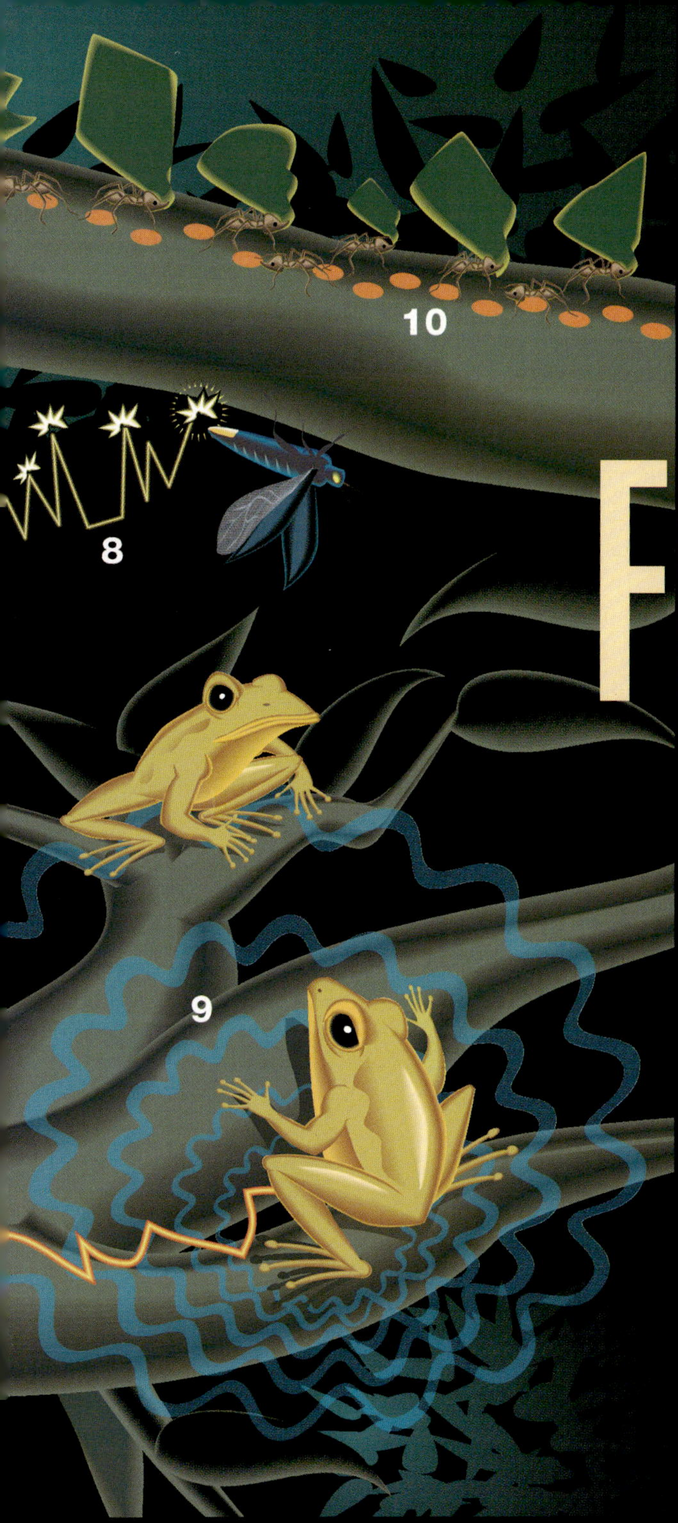

HIGHLIFE IN DER FINSTERNIS

SINNESLEISTUNGEN

Wenn es dunkel wird unterm Kronendach, geht für den Menschen das Licht aus. Aber viele Kreaturen des Waldes erwachen dank andersartiger, sensibler Wahrnehmungsorgane erst jetzt zum Leben

8 Leuchtkäfermännchen sendet Lichtsignale zur Partnersuche
9 Froschweibchen trampelt auf Untergrund und verrät dadurch Männchen, aber auch Vogelspinne seinen Aufenthaltsort

10 Blattschneiderameisen markieren mit Pheromonen den Weg zu Nahrungspflanzen

VON GUNNAR SCHILLING

Wenn es Nacht wird im Regenwald, dann schrumpft die Welt für das „Augentier" Mensch zusammen. Wesen, die nicht selber leuchten oder lärmen, bleiben ihm verborgen. Doch für viele Bewohner des grünen Kosmos beginnt jetzt der eigentliche Tag: Dank raffinierter Sinnesleistungen starten sie im Dunkeln zum Beutezug, gehen auf Partnersuche und sind auch in der Finsternis in der Lage, ihr Territorium zu verteidigen.

> So ein Feuerbaum ist attraktiver als ein einsames Licht

Meister der nächtlichen Jagd sind Fledermäuse. Wie die mitunter nahezu blinden Flattertiere einen Weg durchs Gewirr von Ästen und Blättern finden und wie sie dabei gar fliegende Insekten schnappen können, blieb lange rätselhaft. Erst Jahre nachdem der Mensch selber ein künstliches Echoortungssystem, ein Sonar (*So*und *na*vigation and *r*anging), entwickelt hatte, entdeckte der amerikanische Biologe Donald Griffin 1938, dass die Flugsäuger sich nach dem gleichen Prinzip orientieren: Sie stoßen Rufe im Ultraschallbereich jenseits der menschlichen Hörgrenze aus, „merken" sich deren Intensität und Frequenz und vergleichen diese Daten mit jenen des Echos, das von Gegenständen in der Umgebung zurückkommt.

Die meisten der weltweit rund 875 Fledermausarten (Microchiroptera) sind auf Abstandsmessungen spezialisiert. Sie nehmen ihre Beute mit einem Trommelfeuer von bis zu 200 Ultraschallpulsen pro Sekunde ins Visier. Und um zu vermeiden, dass sich die Wellenzüge von Signal und Echo zu einem undifferenzierbaren Klangbrei vermischen, beginnen die Tiere in einer Art Zirplaut bei einer hohen und enden bei einer niedrigen Frequenz. Aus der Zeit bis zum Eintreffen des Widerhalls bestimmen sie die Entfernung eines flatternden Flugobjektes – manchmal auf wenige Millimeter genau.

Andere Fledermausarten arbeiten mit längeren Pulsen konstant hoher Frequenz. Die Tiere nutzen dabei den Doppler-Effekt: Bewegt sich eine Schallquelle auf einen Beobachter zu, erhöht sich die Frequenz leicht; entfernt sich das lärmende Objekt, verringert sie sich. Aus dem gleichen Grund hört sich die Sirene eines vorbeibrausenden Polizeiwagens beim Näherkommen höher, beim Wegfahren tiefer an. Flugsäuger „errechnen" aus dem Doppler-Echo eines Insekts dessen Geschwindigkeit und Bewegungsrichtung sowie Details über Größe, Oberfläche und Gestalt. Fledermäuse der Gattungen *Rhinolophus, Hipposideros* und *Pteronotus* erkennen somit ihre favorisierte Speise schon am Flügelschlag.

Im evolutionären Wettlauf haben allerdings auch die Gejagten Überlebensstrategien entwickelt. Einige hören ihre Jäger mit eigenen Ultraschall-Empfängern ab. Geraten sie in die Peilung einer Fledermaus, veranstalten sie jähe Flugmanöver oder lassen sich blitzschnell zu Boden fallen. Die Tigermotte *Melese loadamia* verfügt sogar über einen Ultraschall-Sender, mit dem sie Angreifern offenbar abschreckende Signale entgegenschickt.

Im Gegensatz dazu hat die Liane *Mucuna holtonii* eine Konstruktion hervorgebracht, die in jedem Fall die Aufmerksamkeit einer bestimmten Fledermaus erregen soll. Die Pflanze trägt auf einem Blütenblatt einen akustischen Rückstrahler, der die Ortungsrufe der Spezies *Glossophaga commissarisi* perfekt zurückwirft. Derart angelockt und mit Nektar für seinen Besuch belohnt, belädt sich das Tier unfreiwillig mit den Pollen der Liane, trägt diese zu einer anderen Blüte und sorgt so für die Bestäubung der Pflanze.

Aber nicht nur ober-, sondern auch unterhalb der menschlichen Hörschwelle erfüllen Geräusche den nächtlichen Regenwald. Elefanten etwa kommunizieren, was lange unbekannt war, in diesem langwelligen Schallbereich. 1984 hatte die amerikanische Verhaltensforscherin Katy Payne bei einem Zoo-Besuch ein Vibrieren in der Luft gespürt, als eine Herde Dickhäuter zur Fütterungszeit den Wärter begrüßte. Die Vermutung, dass die grauen Riesen neben den vernehmbaren Trompetentönen auch „Infraschall" ausstoßen, bestätigte sich, als Payne sie mit speziellen Mikrofonen belauschte.

Ihren eigentlichen Zweck erfüllen die tiefen Stimmen jedoch erst in freier Wildbahn. Egal ob im dichten Urwald oder in der offenen Savanne – Infraschall breitet sich aufgrund seiner großen Wellenlängen wie Donnergrollen kilometerweit aus. Er ist daher für die allein oder in Kleingruppen lebenden Tiere das ideale Medium zur Pflege ihrer sozialen Beziehungen. Elefantenkühe locken an den wenigen Tagen ihrer Empfängnisbereitschaft die sonst respektvoll Abstand haltenden Bullen mit einer Serie dröhnender Rufe an. Benachbarte Herden koordinieren über den Niederfrequenz-Kanal ihre Wanderungen und warnen einander vor Gefahren.

Kehlkopf und Innenohren der grauen Riesen eignen sich ausgezeichnet für Sendung und Empfang der langen Wellen. Den „Weltrekord" hält ein zentralafrikanischer Waldelefant, der noch Töne mit nur fünf Schwingungen pro Sekunde aussendet und wahrnimmt; meist äußern die Tiere allerdings Laute zwischen 18 und 22 Hertz. Einiges am phänomenalen Ferngehör der Elefanten ist den Wissenschaftlern noch unklar – etwa wie die Tiere Richtung und Entfernung eines rufenden Artgenossen bestimmen.

Andere Regenwaldgeschöpfe erschließen sich dank eines Extrasinns eine für den Menschen unbekannte Sicht der Welt: Sie sehen zum Beispiel Infrarotlicht, das wir als Wärme nur spüren können. Grubenottern, Boas und Pythonschlangen können daher ihre Beute, bis zu 42 Grad Celsius warme Säugetiere und Vögel, in der nächtlichen Pflanzenkulisse leicht ausmachen.

Wie mit Lichterketten geschmückt, erstrahlen Bäume auf indonesischen Inseln. Abertausende von Leuchtkäfern haben sich dort auf Partnersuche versammelt und signalisieren mit ihrem Hinterleib: Mann sucht Frau. Zwar ist längst geklärt, nach welchem chemischen Prinzip die Insekten das Bio-Licht erzeugen. Doch wie die Grammatik der funkelnden Monologe funktioniert, weiß bislang noch niemand

Bei den Grubenottern verweist schon der Name auf das infrarotempfindliche Organ. Jeweils zwischen normalem Auge und Nasenloch dieser giftigen Reptilien befindet sich ein Hohlraum, an dessen Grund Wärmerezeptoren in einer hauchdünnen konkaven Membran sitzen. Zwar funktionieren solche Grubenorgane nur wie eine simple Lochkamera, lichtbeugende Elemente wie Hornhaut und Linse fehlen. Als Paar leisten sie dennoch Erstaunliches. Infolge der sich leicht überschneidenden Gesichtsfelder sieht die Schlange auch im Infrarotbereich räumlich und kann ihre Beute in völliger Dunkelheit genau lokalisieren. Die tropische Dreieckskopfotter *Agkistrodon rhodostoma* erkennt noch aus knapp 70 Zentimeter Entfernung eine Maus, die zehn Grad wärmer ist als die Umgebung. Aus unmittelbarer Nähe registrieren Grubenottern sogar Temperaturunterschiede von drei Tausendstelgrad.

Die Natur liefert Ingenieuren sehr oft die besten Ideen

Während Menschen solche Abläufe völlig verborgen bleiben, sehen sie in den Tropen immerhin die Lichtsignale vieler Tiere – ohne deren genaue Bedeutung zu erahnen. Etwa jene des Gefunkels, das manche Insekten, Algen, Pilze und Bakterien in warmen Nächten veranstalten. Ein besonders eindrucksvolles Schauspiel bieten Leuchtkäfer an asiatischen Küsten. Tausende Männchen versammeln sich dort in Mangrovenbäumen zur Balz. Zunächst blinken sie noch regellos durcheinander. Doch schon bald stimmen sie ihre Locksignale präzise aufeinander ab. Schließlich gleicht die Mangrove einem Weihnachtsbaum, dessen Kerzchen im Sekundentakt an- und ausgeschaltet werden. Tiere einer Art sitzen dabei jeweils auf einem Baum und morsen in einem typischen Rhythmus. Wissenschaftler vermuten, dass Weibchen dadurch leichter passende Partner aufspüren können. Restlos geklärt sind die Lichtspiele indes noch nicht.

Gelöst ist dagegen das Rätsel der Lichterzeugung. Bereits Ende des 19. Jahrhunderts extrahierte der französische Wissenschaftler Raphaël Dubois aus verschiedenen Organismen die für die Biolumineszenz entscheidenden Stoffe: das „Luciferin“ (lat. lucifer = lichtbringend) und das dazugehörige Enzym „Luciferase“. Das Bio-Leuchten entsteht bei einer chemischen Reaktion, bei der Luciferin in energiereiches Oxiluciferin verwandelt wird. Dieses strahlt bis zu 98 Prozent seiner Energie hocheffizient als Licht ab, nur wenig geht als Wärme verloren. Bei einer Glühbirne verhält es sich genau umgekehrt: Sie wird daher heiß, Leuchtkäfer dagegen bleiben kalt.

So wenig wie auf Augen und Ohren, kann der Mensch sich im dunklen Regenwald auf seinen dritten „Fernsinn“ verlassen: das Riechen. Zwar reizen man-

Neid macht erfinderisch: Millionen Jahre Zeit hatte die Natur, um die Sinnesorgane der Regenwaldgeschöpfe zu perfektionieren. Deren Effizienz fordert »Bioniker« heute zur Nachahmung heraus. Deshalb können auch Menschen dank technischer Tricks nunmehr per Ultraschall »sehen« oder wie Glühwürmchen auf chemischem Weg Licht erzeugen. Im Vergleich jedoch zeigen die natürlichen Vorbilder sich den Ingenieurstücken meist deutlich überlegen

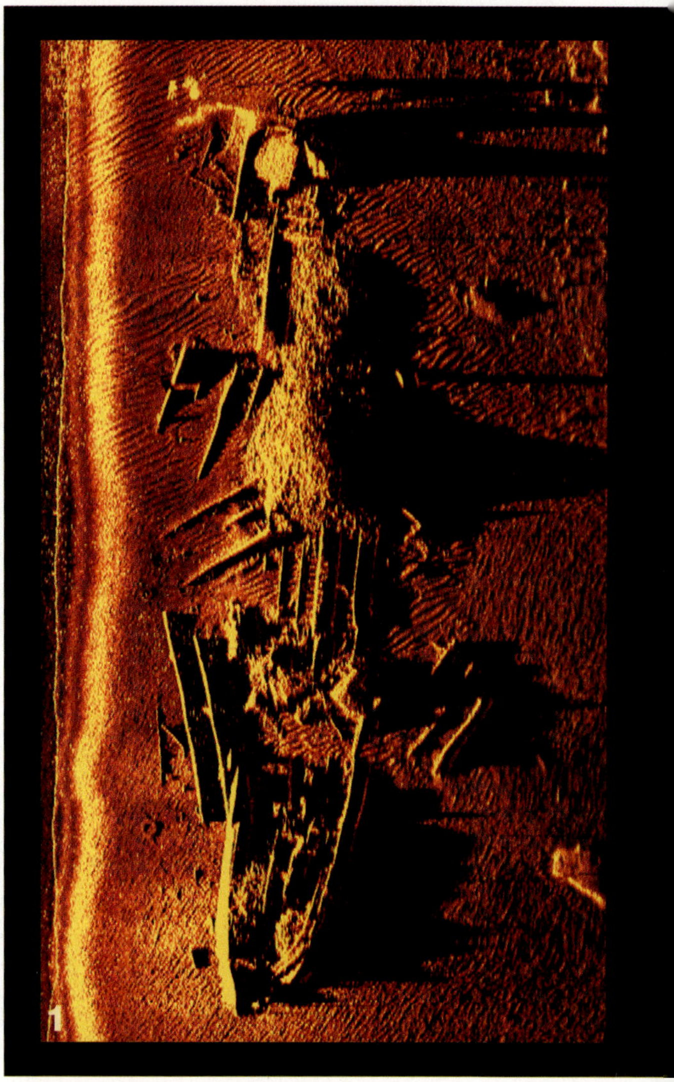

1 Mit modernen Echolotgeräten ist das dreidimensionale Bild eines Schiffswracks zu erzeugen. Grundprinzip des Verfahrens: Aus den Laufzeiten, die Schallwellen vom Sender zum Objekt und zurück benötigen, errechnet ein Computer Entfernungen

2 Da Ultraschall Körpergewebe durchdringt, ohne Schaden anzurichten, können Mediziner mit Hilfe der Sonographie die Entwicklung eines Fetus im Mutterleib sehr gut überwachen – ein Verfahren, das die vorgeburtliche Diagnostik revolutioniert hat

4 Infrarot-Kameras offenbaren Wärmelecks in Gebäudefassaden: Gelbe Farbtöne signalisieren hohe Temperaturen, blaue niedrige

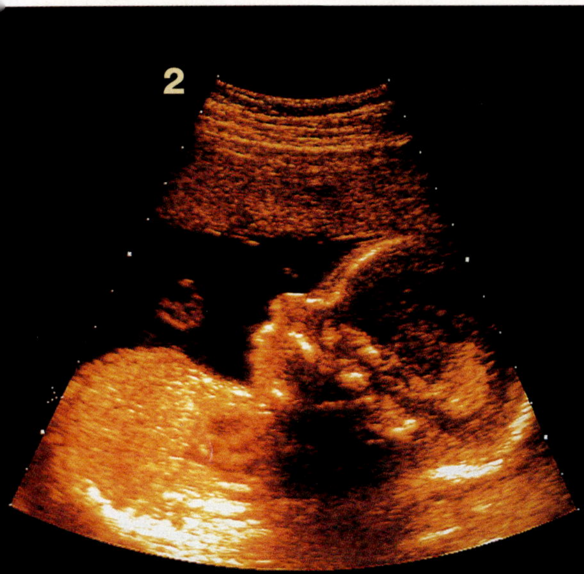

3 Im Chemielabor dem natürlichen Modell nachgebildet: Pheromone locken Schadinsekten wie hier den Japankäfer in eine Falle, aus der sie nicht entkommen können

5 Leuchtstäbe, die wie Glühwürmchen Licht durch chemische Reaktionen erzeugen, werden heute beispielsweise als Notsignale eingesetzt

che Blütendüfte und Modergerüche die Nase. Doch eine Menge feinerer Aromen bleibt uns verborgen. Dabei kommunizieren Pflanzen und Tiere vielfach über chemische Botenstoffe – sei es, um Artgenossen zu warnen, Spuren zu legen oder Partner zu locken.

Unser Wissen über solche Pheromone stammt vor allem aus Studien an Insekten. Als besonders variantenreich entpuppte sich dabei der molekulare Wortschatz sozial lebender Ameisen, Bienen, Wespen und Termiten. Wie die Insektenforscher Edward O. Wilson und Bert Hölldobler annehmen, verwenden Ameisen bis zu 20 verschiedene Signale, um das hektische Leben in einer Kolonie aufrechtzuerhalten, und die meisten davon sind Duftnoten.

In den Mangrovenwäldern Panamas etwa mobilisiert die Art *Azteca trigona* mittels zweier Pheromone ihre Truppen im Fall einer Bedrohung: Zunächst versprühen Kundschafter ein nur wenige Zentimeter weit reichendes Signal. Anschließend legen die Ameisen eine Spur, die noch aus mehreren Meter Entfernung Scharen von Arbeiterinnen anlockt und in die Abwehrschlacht führt. Erstaunliches vollbringt auch *Paraponera clavata*: Die größte Ameise Zentralamerikas meldet per Duftstoffdosis Menge und Güte einer Nahrungsquelle.

Die Effizienz solcher Bio-Systeme erweist sich besonders dann, wenn Menschen versuchen, sie technisch nachzuahmen. Das Fledermaus-Sonar etwa arbeitet immer noch rund dreimal präziser als die besten von Ingenieuren erdachten Geräte. Und Grubenorgane von Schlangen sind zehnmal empfindlicher als Infrarot-Kameras.

Der Physiker und Wissenschaftsjournalist **Dr. Gunnar Schilling**, 41, aus Stahnsdorf bei Berlin setzt sein Wissen über die Sinnesleistungen tropischer Tiere auch für das Regenwaldhaus in Hannover (siehe Seite 52) ein: Er arbeitet dort an Multimedia-Präsentationen zum Thema Bionik mit.

DIE WIPFELSTÜRMERIN

BOTANISIEREN, DEM

Mit dem Kletterseil ins Kronendach. Mit den Kindern in den Wald. Im Kostüm zur Benefiz-Gala. Margaret Lowman führt ein Dreifach-Leben. Als Forscherin, Mutter und Direktorin des Botanischen Gartens in Sarasota, Florida

Vielbeschäftigte Frauen neigen zur Anlage temporärer Müllkippen. Auf ihnen schwemmt der Alltag sein Treibgut an – jene Gegenstände, die eigenwillig der pedantischen Ordnung entwischen, in denen die Überlastete eigentlich lebt. Autos bieten sich als Orte der Häufchenbildung besonders an. Margaret Lowman, Leiterin der Forschungsabteilung des Botanischen Gartens in Sarasota, Florida, schmeißt das angebissene Tunfisch-Sandwich auf die Mini-Halde unter der Windschutzscheibe. Der Rest der Mittagspause, die eine Konferenz mit dem Assistenten war, landet neben einer Zimtschnecke, auf einer Ausgabe von „Science", auf Notizzetteln, neben der Haarbürste, der Spanisch-Lehrkassette, mit der sich noch die letzte unproduktive Minute vertreiben lässt. Zeit rennt. Leben ist Sprint. Zehn Minuten zu Fuß sind es vom Büro zum Garten, drei im Auto: macht sieben auf der Habenseite…

Seit zwei Tagen ist Lowman neue Direktorin des Gartens, den die Industriellengattin Marie Selby vor 25 Jahren der Stadt Sarasota vermacht hat. Die Sammlung tropischer Flora ist ein botanisches Kleinod, „Selby's" zudem ein renommiertes Zentrum der Bromelien- und Orchideen-Forschung.

Von ihrer Ernennung hat die 46-Jährige per Mobiltelefon auf dem Flughafen von Los Angeles erfahren. Da war sie, übermüdet und mit einem gefräßigen Blutegel am Körper, auf dem Heimweg von einer Expedition im australischen Regenwald. Natürlich habe sie sich gefreut über die Nachricht, sagt sie, fast unwillig, aber wichtiger sei – diese Frau ist vor allem praktisch –, „dass ich mit dem Direktorenposten ein effektives Werkzeug in der Hand habe, um meine Naturschutzarbeit voranzubringen". Denn botanische Gärten, diese etwas altbackenen Orte des Müßig-

MARGARET LOWMAN

KEINE FORSCHUNG OHNE NATURSCHUTZ. KEIN NATURSCHUTZ OHNE GELD

HIMMEL NAH

VON JOHANNA WIELAND

gangs für Menschen jenseits der Pensionsgrenze, brauchen, findet Lowman, neue Aufgaben: Schulprogramme, Natur-Kindergärten, Umwelterziehung, und eine Millisekunde lang wie außer Atem, sagt sie „noch ein Job mehr!" – Fundraising. Denn Selby's ist mit seinem Jahresetat von zwei Millionen Dollar auf die Großzügigkeit privater Spender angewiesen – und somit auf den parkettsicheren Charme und die Geschicklichkeit der Direktorin, Herzen für Pflanzen zu erwärmen und Tresore zu knacken.

Lowmans Lieblingswort ist „to juggle" – jonglieren. Der Direktorinnen-Posten ist ein weiterer Ball, den sie in der Luft halten muss in ihrem Lebensspiel, Tätigkeiten in Einklang zu zwingen, die sich eigentlich gegeneinander sperren: dreckig und schwitzend auf der Jagd nach botanischer Erkenntnis durch die Regenwaldwinkel der Welt zu kriechen – und zwei Kinder großzuziehen. Stundenlang an einem Seil im Kronendach zu hängen – und zu fürchten, dass am Fuß des Baumes ein Baby brüllt, weil es Hunger hat, nass ist oder der Schnuller im Unterholz verschwunden ist.

BABY AM BODEN. MAMA IM BAUM

Lowmans Kinder mussten – oft – mit in den Wald, denn „die Entscheidung Familie oder Wissenschaft konnte ich nie treffen". Eddie, heute ein 14jähriger pubertierender Schlaks, geht 1985 mit vier Monaten auf seine erste Expedition. Seine Großmutter schiebt ihn im Buggy über Regenwaldpfade und ist sich nach der Begegnung mit einer Python nicht mehr ganz sicher, ob der Berufsalltag ihrer Tochter dem Gedeihen ihrer Enkel zuträglich ist.

Auf der Strecke bleibt Lowmans erste Ehe mit einem erzkonservativen Schafzüchter im australischen Outback. Die Söhne überleben den Forscherdrang der Mutter – mit Gewinn: Eddie kann mit drei Vogelstimmen identifizieren, James weiß schon im Kindergarten, dass die Beeren von Nachtschattengewächsen giftig sind und sein Freund deshalb nach dem Genuss der Früchte von *Solanum dulcamara* ins Krankenhaus gehört. Als die beiden Jungs im Alter von acht und sechs Jahren im Regenwald von Belize zum erstenmal über eine 25 Meter hohe schwankende Hängebrücke laufen, schließt allerdings auch die Mutter kurz die Augen...

Denn Margaret Lowman hat die Plattform in den Bäumen mitkonstruiert. Changierend zwischen Koketterie und Ironie nennt sie sich „die Großmutter der Kronendachforscher". Eine Handvoll Wissenschaftler mit dem verwegenen Indiana-Jones-Flair ist Anfang der achtziger Jahre in die Lebenszone zwischen Himmel und Erde aufgebrochen – in eine neue, exotische Welt und zu einer Grenze des Wissens. Denn oben in den Wipfeln brummt das Leben und zeigt sich in kaum erforschter Vielfalt.

Lowman arbeitet über Blattwachstums-Dynamik, und Buschhühner köteln ihr auf den Kopf. Sie studiert das Fressverhalten von Larven und fällt vom Baum. Sie grübelt über die Interaktion von Insekten und Pflanzen nach und flüchtet vor Giftschlangen. Dabei bedient sie sich der „boy's toys", der Jungs-Spielzeuge: schießt in Australien mit Schleudern Kletterseile in die Bäume, hockt in Panama auf einem Kran, schuftet in Kamerun, einzige Frau unter drei Dutzend Männern, auf einem Luftkissen über allen Wipfeln.

Und sie schreibt das Buch „Life in the Treetops" über ihr Doppelleben „als Mama und Feldforscherin"; über den, wie sie findet, typisch weiblichen Versuch, zwei Leben in eine Zeit zu pressen. „Männer brauchen die stille Studierstube. Ich kann wissenschaftliche Daten auswerten *und* mit den Jungs über Lego-Häuschen sprechen."

Die eleganten Pensionärinnen mit den feinknittrigen Gesichtern, die sich im Schatten des ausladenden Banyan-Baumes im Garten versammelt haben, sind hingerissen von soviel zweifelsfreier weiblicher Dynamik, von soviel handfestem Lebensmanagement. Einmal im Monat treffen sich die Damen, um „interessante Dinge zu tun und interessante Menschen zu treffen", wie eine sagt, damit die Verbindung zum Leben jenseits des dauersonnenbestrahlten Rentnerdaseins nicht abreißt. Und Margaret Lowman ist das pralle, das interessante Leben.

Zart, aber drahtig, gespannt wie eine Sprungfeder, steht die Direktorin vor der Runde, businesslike im blau-gestreiften Kostüm, nur der kleine Frosch am Revers wirkt seltsam kindlich. Sie parliert über ihren Blutegel („Harmlos!" sagt sie. „Ihhh!" stöhnen die Damen.), erzählt, was eine Frau macht, wenn sie hoch oben im Wipfel mal muss („Runtersteigen! Die Männer... na ja!" Die Damen kichern.). Sie wird missionarisch, wenn es um Kinder und Natur geht („Ihre Enkel brauchen das kleine Grün im Hof!" Die Damen nicken.). Und sie bettelt entwaffnend direkt für den Botanischen Garten: „Er gehört Ihnen allen. Er lebt von Ihnen."

„Ich könnte ihr stundenlang zuhören!" wispert eine ihrer Freundin zu, die Damen gehen schließlich, die Beitrittserklärung zum Verein der Gartenfreunde in der Hand: „Was meinst du, 50 Dollar im Jahr sind nicht viel, selbst 500 nicht... ich muss mal mit meinem Mann sprechen!"

Der neue Ball im Jongleurspiel der Margaret Lowman ist in der Luft.

BORNEO-REPORT

IM TABULA RASA NAMEN DES FORTSCHRITTS

Ein in sich geschlossenes Naturwunder, Regenwälder von ungeheurer Pracht und Fülle des Lebens: Das war Borneo vor drei Jahrzehnten. Doch dann mündete der Aberglaube, sowohl die Überbevölkerung wie das Wirtschaftswachstum durch Zerstörung des natürlichen Lebensraums steuern zu können, in ein beispielloses Desaster. GEO-Reporter Uwe George, der Borneo 1969 lieben lernte, erlebte jetzt dort Waldverwüstung in einem Ausmaß, gegen das auch der Naturschutz keine Chance hat

Kahlschlag im malaysischen Borneo-Staat Sabah: Hier sollen Plantagen für sogenannte Nutzpflanzen entstehen

Ein halbwüchsiger und ein erwachsener Orang-Utan fliehen panisch vor Flammen und Rauch. 1997/98 brach im Regenwald Borneos – durch Abholzung und Brandrodung über Jahrzehnte geschwächt – die verheerendste Feuersbrunst der Geschichte aus. In einem einzigen Jahr kamen mindestens 5000 Menschenaffen um. Heute beträgt deren Bestand auf Borneo nur noch höchstens 20 000 Exemplare

VON UWE GEORGE

Europäische Seefahrer kannten Borneo schon im 16. Jahrhundert. Doch während des größten Teils der Zeit seither blieb die riesige Große Sunda-Insel für das Abendland ein fernes, geheimnisvolles Paradies. Mit Sultanspalästen, Gold, Sago, Pfeffer, essbaren Vogelnestern, bunten Federn, Elfenbein vom Nashornvogel, edlen Hölzern und anderen exotischen Kostbarkeiten, mit denen man handeln konnte.

Für mich war Borneo die Schatzinsel meiner Kindheit und Jugend. Verschlungen habe ich damals die Reisebeschreibungen berühmter Naturforscher wie etwa des Engländers Alfred Russel Wallace oder seines Landsmanns und Ornithologen John Whitehead; ebenso begeistert haben mich die Berichte des Botanikers und Singapur-Begründers Stamfort Raffles und des schwedischen Ethnologen Carl Bock, der 1878 auf der Suche nach „wilden Waldmenschen" mehr als 1000 Kilometer durch die Dschungel Borneos gezogen war.

Endlich, 1969, betrat ich dann selber, in Begleitung zweier englischer Naturforscher, erstmals die Insel – und erlebte auf einer mehrtägigen Wanderung in deren Norden, im malaysischen Bundesstaat Sabah, auch zum erstenmal einen tropischen Regenwald. Es war so ziemlich alles anders, als ich es mir bis dahin vorgestellt hatte. Nichts war zu hören von dem oft beschriebenen ohrenbetäubenden Kreischen oder Brüllen im Laub verborgener Kreaturen. Der Unterwuchs war licht und leicht zu passieren, nur die hakenbewehrten Triebe der Pflanzen, die sich die Bäume empor dem Licht entgegenrankten, behinderten da und dort unseren Vormarsch. Die säulenartigen Stämme, die erst in ungefähr 40 Meter Höhe ihre untersten Äste zu gewaltigen Kronen trieben, und das Dämmerlicht am Grunde des Waldes vermittelten mir das Gefühl, mich im Inneren einer gewaltigen, hölzernen Kathedrale aufzuhalten.

Die schwülwarme Luft war so feucht, dass ich sie wie eine Flüssigkeit empfand, und meine gesamte Kleidung schon

Im Sinne mancher zeitgenössischer Wirtschaftsideologen ist der tropische Regenwald unproduktiv. So legte Malaysia an dessen Stelle in den letzten Jahrzehnten riesige Ölpalmen-Plantagen samt Ölmühlen und Arbeitersiedlungen an. Doch solche Monokulturen sind besonders anfällig für Pflanzenschädlinge und Feuersbrünste

nach einer halben Stunde Fußmarsch schweißgetränkt war. Kein erfrischender Lufthauch gelangte durch das lückenlose Kronendach hinab. Es roch nach Moder und Fäulnis. Der Wald wirkte verlassen – eine Umwelt, die mir einförmiger erschien als die mir schon damals wohlbekannte Sahara. Allenfalls ein paar bunte Vogelfedern oder die sekundenkurz aufblitzende, irisierende Farbenpracht eines Schmetterlings zeugten davon, dass ich mich inmitten eines der vielfältigsten Lebensräume der Erde befand.

Tatsächlich vollzieht sich der größte Teil des Lebens im Regenwald hoch oben im Kronendach. Dort bemerkte ich denn auch eine Schlange, die über eine beträchtliche Distanz durch die Luft von einer Baumkrone in eine andere glitt: eine Schmuckbaumnatter, eine der legendären fliegenden Schlangen Borneos. Wenn sich diese Reptilien von Ast zu Ast schnellen, ziehen sie ihren Bauch ein und spreizen Rippen und zwei Schuppenleisten so, dass sich unter dem jetzt konkaven Leib ein Luftkissen bildet. Ihren Gleitflug kann die Schmuckbaumnatter mit schlängelnden Bewegungen sogar steuern.

Mehrfach schreckten uns kleine Flugdrachen – Echsen, die perfekt an Farbe und Borkenmuster der Bäume angepasst sind, in deren Kronen sie leben. Kommt man ihnen zu nahe, spreizen sie, ebenfalls mit Hilfe enorm verlängerter Rippen, leuchtend bunte Hautsegel und gleiten zum nächsten Baum, wo sie erneut so gut wie unauffindbar sind.

Dann, am dritten Tag unserer Wanderung, erlebten wir, weshalb wir diese strapaziöse Exkursion hauptsächlich unternommen hatten: Im Tiefland-Regenwald Borneos sah ich meinen ersten Orang-Utan. Ein kräftiges Männchen randalierte hoch oben in einer Baumkrone, anscheinend verärgert über unser Eindringen in sein Revier, und bewarf uns gezielt mit harten Früchten.

Wie die Steppen- und Wüstenbewohner leben die roten „Waldmenschen" und viele andere Spezies im Regenwald Borneos als Nomaden. Es ist auch hier die Umwelt, die all diese Tiere zum Vagabunden-Dasein zwingt. Denn trotz der ungeheuren Artenvielfalt finden sie nur wenige geeignete Futterbäume. Manche Bäume sind geradezu versteckt in der großen Diversität und wohl nur in weni-

Mit jeder Flut wandern Fische und Krabben zwischen das Wurzelwerk des »Gezeitenwaldes«, um hier zu fressen oder zu laichen

Vor der großen Zerstörung durch industriellen Holzeinschlag und Brandrodung war die ganze Insel Borneo ein interaktives System, das vom Austausch zwischen Regenwald und Ozean lebte. Mit diversen Mangrovenarten drang der Wald weit ins Meer hinaus. Das Gewirr ihrer Stelz- und Atemwurzeln bot nicht nur zahllosen Tieren Heim- und Brutstätte, sondern vermochte auch den Schlick zu binden und vergrößerte somit unablässig den Lebensraum des gesamten Systems

EINHEIT VON REGENWALD UND OZEAN

1 Nashornvogel
2 Riesengleiter
3 Orang-Utan
4 Schmuckbaumnatter
5 Flugfrosch
6 Nashorn
7 Nasenaffe
8 Schlammspringer
9 Wasserwaran
10 Winkerkrabbe
11 Leuchtkäfer
12 Grüne Meeresschildkröte
13 Zackenbarsch
14 Riesenmuschel

gen hundert Exemplaren über die ganze riesige Insel verbreitet.

Diese Artenfülle ist das Resultat einer immer subtileren Anpassung an die jeweiligen Bedingungen, einer unablässigen evolutionären Auseinandersetzung zwischen Pflanzen und Tieren im Zusammenwirken mit der wechselvollen Klimageschichte über die Jahrmillionen. Auch an der Grenze zum Ozean macht diese Anpassung nicht Halt: Mangroven haben sich an den tropischen Meeresküsten die Zone zwischen den Linien tiefsten und höchsten Wasserstandes als Lebensraum erschlossen.

Die Botaniker nennen solche Ausläufer der Regenwälder „Gezeitenwälder". Und nirgendwo auf der Erde haben diese sich üppiger entwickelt als an den flachen Küsten Sumatras und Borneos. Auf Borneo bilden aufeinander folgende Mangrovenzonen mitunter einen 20 bis 30 Kilometer breiten Gürtel, genährt von den Ablagerungen der Flüsse, die rundum die gebirgige Insel entwässern.

Bei Ebbe stapfte ich über den Schlick, kämpfte mich durch das Gewirr bizarr geformter Wurzeln, in der Hoffnung, einen der hier heimischen scheuen Nasenaffen zu Gesicht zu bekommen. Millionen farbenprächtiger Krabben wimmelten über den schlammigen Boden; ein großer Wasserwaran floh vor mir in das Wurzeldickicht. An den Ästen der *Rhizophora*-Mangroven hingen dicke kugelförmige Früchte, die unten eine etwa 50 Zentimeter lange speerförmige Wurzel ausgebildet hatten. Stieß ich dagegen, fielen sie herab und bohrten sich in den Schlick. Auf solche Weise pflanzen sich diese Mangroven selber aus.

Das vielarmige Stelz- und Atemwurzelwerk fungiert als Fänger des mit den Flüssen herabgespülten Erdreichs. Sobald die Wurzeln Fuß gefasst haben, beginnt es sich zwischen ihnen zu sammeln. Allmählich wächst neues Land, aus dem Watt wird fester Boden, während sich weit draußen im Wattenmeer Pionierarten immer weiter vorwagen. Die Mangroven verhindern, dass Meeresströmungen das herbeitransportierte Verwitterungsmaterial wegschwemmen – und sorgen so dafür, dass das sich abtragende Borneo ständig in die Breite wächst.

Mit den Festland-Regenwäldern dieser Insel sind die Mangroven auf vielfältige

SUMPFWALD

In diesem Biotop zwischen Festlands- und Gezeitenwald gedeihen zahlreiche *Nepenthes*-Arten, deren kannenförmige Fangorgane Insekten und andere Kleintiere festhalten und verdauen

TIEFLANDWALD

Am lichtlosen Grund treibt die Rafflesia ihre riesige Blüte. Ansonsten unsichtbar, verzichtet diese Pflanze auf Photosynthese. Sie lebt stattdessen als Parasit in den Wurzeln von Lianen

Weise ökologisch vernetzt. Die ebenso schmackhafte wie nahrhafte Regenwaldfrucht Durian ist dafür ein Beispiel. Eine einzige Nektar schlürfende Fledermausart, nämlich *Eonycteris speleae*, besorgt die Bestäubung der Durianblüten. Da diese Pflanzen aber nur in Abständen von Jahren blühen und fruchten, sind die Fledermäuse auch auf andere Blütenbäume als Nektarlieferanten angewiesen, und da nutzen sie insbesondere den Mangrovenbaum *Sonneratia alba*.

Die Mangrovenwälder mit ihrem Wurzelgeflecht und ihrer reichen Fruchtproduktion bieten unzähligen Meeres- und Landtieren Nahrung und Lebensraum. Führt die Flut ihre Feinde herbei, fliehen Schlammspringer genannte Fische über die Stelzwurzeln bis in die Kronen der Mangroven. Und sie ersticken dort nicht, weil sie in ihrer Mundhöhle Meerwasser mit sich führen, dessen Sauerstoffgehalt sie häufig auffrischen.

Diese Gezeitenwälder dienen vielen Fisch- und Krabbenarten als Laichplätze oder Kinderstuben. Etwa 80 Prozent aller kommerziell wichtigen Meerestiere vor den Küsten von Sabah sind auf solche amphibische Biotope angewiesen.

Somit sind die Regenwälder Borneos nicht nur durch den Wasserkreislauf mit dem Ozean verbunden, sondern auch über ihre Pflanzenmasse. Und dieses interaktive Wald-Ozeansystem war mir damals einer der eindrucksvollsten Beweise dafür, dass es sich bei unserem Planeten um einen einzigen hochkomplex vernetzten Organismus handelt.

*

Im September 1999 bin ich wieder auf Borneo. Aber was bei meinem Besuch 30 Jahre zuvor einer abenteuerlichen Expedition bedurfte, ist nunmehr ein Kinderspiel: die Begegnung mit dem roten „Waldmenschen“. Im Schutzgebiet von Sepilok im malaysischen Sabah reihe ich mich ein in die Menschenschlange aus vielen hundert Touristen. Ein Holzsteg führt in den Wald, zu einer Plattform, von der dicke Kunststoffseile nach allen Seiten ausgespannt sind. Punkt zehn Uhr schwingen sich Orang-Utans an den Seilen entlang auf die Plattform und erhalten dort von einem Ranger ihre tägliche Milch- und Bananenration.

Die Besucher sind begeistert und entfachen über ihre stammesgeschichtlichen Verwandten ein Blitzlichtgewitter. Abgedrängt etwa in die sechste Reihe, betrachte ich die Affen auf den Monitoren etlicher Camcorder um mich herum. Und während deutsche Ökotouristen eifrig notieren, was sie sehen und erfahren, erkundigen sich chinesische Besucher, ob man das Fleisch dieser großen Affen verzehren könne und welchen Effekt solcher Genuss wohl hätte.

Tags darauf geht in einem anderen Reservat, im Kinabalu National Park, einer meiner alten Träume in Erfüllung. Bestialischer Gestank, wie von einem verwesenden großen Tier, dringt mir in die Nase. Nach ein paar Metern stehe ich vor einer riesigen roten, seltsam blattlosen Blüte, die bedeckt ist von schwarzen

ABHOLZUNG AUS STAATSRÄSON

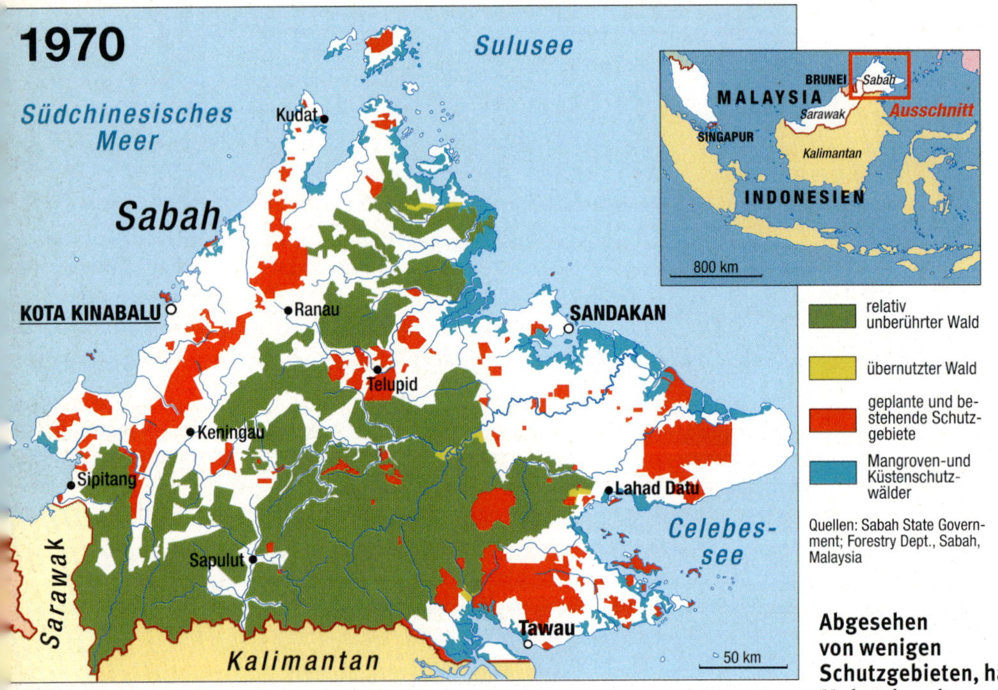

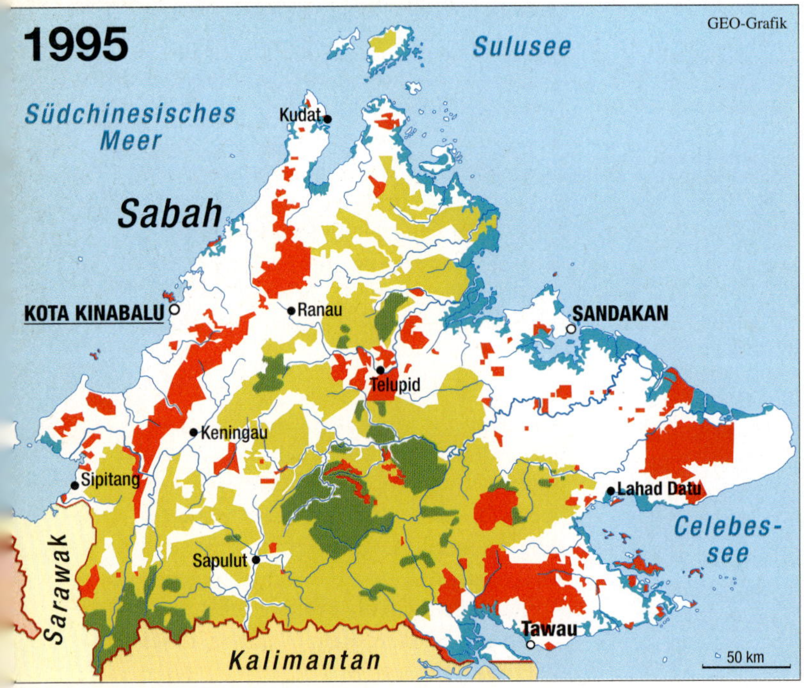

Abgesehen von wenigen Schutzgebieten, hat Malaysia seine gesamten Regenwaldbestände in Sabah, seinem Teilstaat im Nordosten Borneos, als »Productive Commercial Forest Reserves« ausgewiesen – also praktisch als Nutzholzplantagen. Folgerichtig wurden in nur 25 Jahren rund 85 Prozent des ursprünglichen Waldes von Axt und Kettensäge heimgesucht. Die offiziellen Refugien für Flora und Fauna sind dagegen winzig – viel zu klein für manche Arten, die nur in Biotopen bestimmter Mindestgrößen existieren können

Fliegen und Käfern. Der Gestank provoziert Brechreiz, trotzdem bin ich begeistert von der ersten Rafflesia, die ich sehe. Vor 30 Jahren hatte ich zwar einmal eine ihrer kohlkopfgroßen Knospen am Waldboden entdeckt, doch bis zur Entfaltung der stinkenden Blütenpracht vergehen dann stets noch Monate.

Die Rafflesia verzichtet darauf, sich am allgegenwärtigen Kampf der Pflanzen um einen Platz an der Sonne zu beteiligen. Sie bildet weder Stamm und Zweige noch grüne Blätter aus, sondern lebt als Parasit in Form weniger Zellfäden in der Wurzel oder zwischen Rinde und Holzkörper der Lianengattung *Cissus*. Nur wenn ihre Blüte aus der Wirtspflanze hervorbricht, um sich von Aas suchenden Insekten bestäuben zu lassen, tritt sie in Erscheinung.

Hier im Reservat steht „das größte Wunder des Pflanzenreichs", wie dieses Gewächs von ihrem Entdecker Stamford Raffles beschrieben worden ist, unter Schutz, und die Rafflesia vor mir ist von einem Stacheldrahtzaun umgeben, damit Touristen ihr nicht zu nahe kommen. Ein Ranger erklärt neugierigen Besuchern, dass sich aus der Saat der Rafflesia ein vorzüglicher Tee brauen lasse, der Frauen nach einer Schwangerschaft rasch wieder liebeswillig mache.

Auch im Kinabalu National Park wird dem Besucher eine didaktisch eindringliche Einführung in die Wunder des Waldes geboten: Ich wandele in 50 Meter Höhe auf schwankenden, an Seilen aufgehängten Stegen durch die Baumkronen, eine Welt, die vor 30 Jahren völlig unzugänglich war. Auf Schautafeln werden die Tier- und Pflanzenarten sowie ökologische Zusammenhänge beschrieben.

Und doch: All diese so aufwendig touristisch erschlossenen Naturschutzgebiete, in denen sich ein Großteil der natürlichen Sensationen Borneos in wenigen Tagen erleben lässt, sind schieres Blendwerk. Sie täuschen über das ökologische Desaster hinweg, das sich gegenwärtig in Südostasien abspielt.

Schon beim Flug von Kuching, der Hauptstadt des malaysischen Borneo-Bundesstaats Sarawak, nach Kota Kinabalu, der Hauptstadt Sabahs, fällt auf, dass das einst lückenlose Mosaik des Regenwaldes verschwunden ist. Stattdessen überzieht ein gelbes Gespinst die Landschaft: die Logging Roads – Pisten, über die der abgeholzte Wald abtransportiert worden ist. Wenn es unter mir noch lückenlos grün wird, dann überfliegen wir meist eine der riesigen Ölpalmen-Plantagen. Die Flüsse schimmern nicht mehr schwarzgolden von Humussäure, sondern treiben ockergelb dahin, getrübt von den Sedimenten, die der Regen aus dem verwüsteten Land spült. Kleine Siedlungen sind zu Städten mutiert, und statt der Baumriesen erblicke ich vielerorts die Goldkuppeln von Moscheen.

Dass es hier auf Borneo zu einer solchen Waldvernichtung in einer derart kurzen Zeitspanne kommen konnte, beruht im wesentlichen auf zwei politischen Entscheidungen Indonesiens und Malaysias Ende der sechziger, Anfang der siebziger Jahre. In Indonesien ordnete der damalige Diktator Suharto ein gewaltiges Umsiedlungsprojekt an, „Transmigrasi" genannt. Denn etwa zwei Drittel der damals 165 Millionen Indonesier drängten sich auf Java und dem benachbarten Madura, also auf relativ kleinen Inseln, die nur rund sieben Prozent der Gesamtfläche des Landes ausmachen. Kalimantan hingegen, der indonesische Teil Borneos, etwa eineinhalbmal so groß wie Deutschland, nimmt rund ein Viertel der indonesischen Gesamtfläche ein und beheimatete damals lediglich fünf Prozent der Indonesier.

Etwa 1,5 Millionen Familien, also mindestens sechs bis acht Millionen

Hunderte von Touristen kommen täglich in das Schutzgebiet von Sepilok im malaysischen Sabah und bestaunen dort die letzten roten »Waldmenschen«. Doch das Reservat ist bei einer Fläche von lediglich 44 Quadratkilometern mit fast 300 Orang-Utans heillos übervölkert

Menschen, sollten deshalb auf andere Inseln, so auch nach Kalimantan und Irian Jaya, den indonesischen Teil Neuguineas, umgesiedelt werden. Finanziert wurde die gigantische Völkerwanderung von der Weltbank, dem United Nations Development Program und weiteren Hilfsorganisationen; um die Realisierung kümmerte sich unter anderem die Deutsche Gesellschaft für Technische Zusammenarbeit (GTZ).

„Indonesien", so damals der Projektleiter Wolfgang Wiesner, „muss aus politischen und wirtschaftlichen Gründen umsiedeln. Squatter, wilde Siedler, haben ohnehin schon eine Menge Land in Beschlag genommen. Und wir müssen den Menschen zeigen, mit welcher Art von Bewirtschaftung sie auf dem einmal gerodeten Land überleben können, damit die Armen eine echte Chance haben, die wilde Landnahme beendet wird und die Regenwälder geschützt werden."

Die Experten der GTZ hätten es besser wissen müssen. Denn dass in Kalimantan auf Borneo traditionell nur 13, in Irian Jaya auf Neuguinea gar nur drei Menschen auf einem Quadratkilometer siedelten, hat seinen Grund: Die beiden Rieseninseln bestehen – im Gegensatz zu den anderen, vulkanischen und damit sehr fruchtbaren Inseln des Sunda-Archipels wie Java – aus Gesteinen und Sedimenten, die, obwohl großflächig von üppigem Regenwald bewachsen, arm an mineralischen Nährstoffen sind. Die einst geringe Bevölkerungsdichte dieser Regionen spiegelt also nur die geringe Tragfähigkeit der verarmten Böden wider.

Folgerichtig wurde „Transmigrasi" zum größten Misserfolg sogenannter Entwicklungspolitik. Das Projekt ging buchstäblich in Rauch und Flammen auf. Binnen kurzem brach jede geordnete, ökologisch zu vertretende Landnahme durch Misswirtschaft, Korruption und insbesondere durch die Populationsdynamik der Siedlergemeinden zusammen, die auf dem Neuland schneller denn je an Kopfzahl wuchs.

Die Gier der Besitzenden und die Armut der Landlosen zerstörte in wenigen Jahren die Wälder, nicht zuletzt bereicherte sich hier der vielhundertköpfige Suharto-Clan. Ein nicht nur auf Borneo zu beobachtender, hier aber besonders schlimmer Kreislauf begann: Zunächst wurden möglichst große Stämme wertvollen Holzes mit Bulldozern aus dem Dschungel geholt – ein Raubbau, der den Restwald für Brände anfällig macht. Denn durch die Lücken und Schneisen reißt das Kronendach auf und die sonst darunter gespeicherte Feuchtigkeit entweicht. Auf dem mit Holzabfällen bedeckten Boden fressen sich die Brandrodungsfeuer der Kleinbauern oft unkontrollierbar in den Wald.

Was nach der Plünderung übrig bleibt, hat keinen kommerziellen Wert mehr. Aus den Flächen ist nur noch kurzfristig Gewinn zu schlagen: wenn Pflanzer Ölpalmen-Plantagen darauf anlegen – und zu diesem Zweck auch den Restwald niederbrennen. Oft auch haben die Pflanzer Feuer bewusst außer Kontrolle geraten lassen, um Waldvölker, Kleinbauern und wilde Siedler zu vertreiben.

NATURPARKS AUF BORNEO SIND NICHTS ALS POTEMKINSCHE DÖRFER

In den Jahren 1982/83 geriet der geschwächte Wald großflächig in Brand. Und dann, während der großen El-Niño-Dürre von 1997/98, entfachte sich in Kalimantan die verheerendste Feuersbrunst in geschichtlicher Zeit, so gewaltig, dass keine technische Maßnahme zur Bekämpfung ausreichte. Ätzender Qualm legte sich monatelang wie ein giftiger Nebel über ganz Südostasien – bis hin nach Thailand und zu den Philippinen. Zehntausende mussten mit Atemwegserkrankungen behandelt werden. Wie inzwischen auch Experten der GTZ bestätigen, sind in den letzten zwei Jahren 5,2 Millionen Hektar Wald und Plantagen – eine Fläche, die größer ist als die Schweiz – durch Feuer vernichtet worden, zehnmal mehr, als die indonesische Regierung zugibt.

Zu den ersten Opfern zählten die roten „Waldmenschen": Tausende kamen in den Flammen um. Wo die Orangs auf der Flucht vor Feuer und Qualm in die Lichtungen der Siedler flohen, wurden sie von denen als Nahrungskonkurrenten abgeschlachtet. Dann, 1999, fielen auch die Menschen übereinander her. Ureinwohner, allen voran Angehörige der Dayak-Stämme, metzelten Hunderte von Maduresen nieder und vertrieben Zehntausende der verhassten Kolonisten. Stammeskrieger nahmen alte Traditionen wieder auf, wonach die Enthauptung des Gegners, das Blut des Rivalen, den eigenen Körper stärkt. Ohren, Nasen und andere Körperteile ihrer Feinde werden seither wieder als Halsketten getragen.

Ebenfalls schon in den siebziger Jahren, etwa zur gleichen Zeit, als die Regierung in Jakarta das Transmigrasi-Projekt verfügte, degradierte die malaysische Regierung in Kuala Lumpur ihre Regenwälder zur Rohstoffquelle. Mit den Erlösen aus dem Holzexport sollte das Land ins Industriezeitalter katapultiert werden.

Zwar versuchten deutsche Fachleute, in Malaysia eine nachhaltige Forstwirtschaft aufzubauen. Bis heute ist jedoch unter Experten umstritten, ob tropische Regenwälder wie die Forste der gemäßigten Zonen überhaupt wirtschaftlich zu nutzen sind, ohne sie zu zerstören.

Ohnehin wurden die deutschen Spezialisten bald von den Ereignissen überrollt. Malaysias Politiker verbaten sich jedwede Kritik an dem Waldmassaker mit dem Hinweis darauf, dass Industrienationen wie die USA oder Kanada mit ihren Urwäldern genauso umgegangen seien. Je mehr sich internationale Umwelt- und Menschenschutzgruppen für den Erhalt der malaysischen Wälder einsetzen, etwa derer, die dem Volk der Penan in Sarawak Heimat bieten, desto mehr forcierte Malaysias Regierung die Abholzung, um das Problem auf diese Weise loszuwerden (siehe GEO Nr. 10/1986).

Reinhold Glauner, Direktor eines EU-Projekts bei der Forstverwaltung in Sandakan in Sabah, beklagt, dass die Wälder in Sabah jährlich 600 Millionen malaysische Ringgit (etwa 300 Millionen Mark) erwirtschaften müssen. Seit Jahren wird versprochen, dass diese Erträge durch Einkünfte aus dem Export von Industriegütern und dem Tourismus ersetzt werden sollen. Doch seit Malaysia wie auch seine Nachbarländer in eine tiefe Wirtschaftskrise gestürzt ist, nimmt der Druck selbst auf die Restwälder zu.

Es steht also zu befürchten, dass auch sie in naher Zukunft verschwinden und mit ihnen ihre gesamte Flora und Fauna. Denn selbst die von Malaysia ausgewiesenen Naturschutzgebiete bieten den bedrohten Tier- und Pflanzenarten keineswegs ein ausreichendes Refugium. Die meisten sind nur Potemkinsche Dörfer und Amüsierparks für Touristen. Von je-

Die einst klaren Flüsse Borneos, auf denen riesige Flöße aus Tropenholzstämmen abgeschleppt werden, sind trüb von abgeschwemmtem Erdreich. Denn die Waldzerstörung führt zu enormer Bodenerosion. Die Satellitenaufnahme vom Delta des Mahakam in Kalimantan zeigt, welche Massen von Sedimenten sich heute ins Meer wälzen und dort Mangrovenwälder und Riffbiotope ersticken

nem wunderschönen Wanderweg etwa hoch oben in den Baumkronen am Mount Kinabalu aus fällt mitunter schon heute der Blick auf weithin gebrandschatztes Land.

Das Orang-Utan-Schutzgebiet ist Reinhold Glauner zufolge nur noch 44 Quadratkilometer groß und mit fast 300 Menschenaffen heillos überbevölkert; denn eine solche Fläche reicht allenfalls für 20 Orangs aus. So aber haben die roten „Waldmenschen" keine Chance auf ihr arttypisches Nomadenleben, sondern sind Gefangene ihres Reservats, eines hölzernen Käfigs inmitten riesiger, nach der Rodung der großen Wälder angelegter Ölpalmen-Plantagen. Viel zu viele Affen fressen viel zu viele Blätter und junge Triebe des Baumnachwuchses, knicken viel zu viele Jungbäume, um sich allabendlich ihr Schlafnest zu bauen oder bloß zu spielen.

Ursprünglich war das Schutzgebiet von Sepilok auch nur als Rehabilitationszentrum gedacht, wo aus menschlicher Gefangenschaft befreite Orangs wieder fit gemacht werden sollten für ein Leben in Freiheit. Bei diesen Bemühungen hatte man sogar herausgefunden, dass die Menschenaffen in selektiv durchforsteten Wäldern erstaunlich gut überleben – sofern diese nur groß genug sind.

Dass spektakuläre Großtiere wie die Orangs in solchen Parks nunmehr leicht zu beobachten sind, täuscht Laien darüber hinweg, dass die Diversität selbst in den Naturschutzgebieten in Wirklichkeit dramatisch abgenommen hat. Von Eduard Linsenmair, einem der führenden deutschen Tropenökologen, der seit zehn Jahren auf Borneo forscht, erfahre ich, dass von seiner Arbeitsgruppe erhobene Befunde klar auf eine starke Verarmung der Insektenfauna hinweisen.

Während es der Forstexperte Glauner schon für fraglich hält, ob sich irgendwelche regenerationsfähigen Waldflächen erhalten lassen, weil kein Wissenschaftler sagen könne, welche Mindestgröße ein Naturschutzgebiet haben muss, ist Linsenmair noch skeptischer. Für ihn ist kaum ein Naturschutzgebiet auf Borneo langfristig in seiner heutigen Vielfalt überlebensfähig.

Immerhin entdecke ich auf Glauners Forstkarte zwei jeweils rund 1500 Quadratkilometer große Schutzgebiete. Als ich frage, ob denn nicht wenigstens diese als Rückzugsgebiete für Flora und Fauna genügten, hat der Experte auch hier nur betrübliche Antworten: Sogar in einem der gerade eingerichteten Reservate, dem Crocker Range National Park, wird der Wald weiter genutzt – von den Ureinwohnern aus deren traditionellen Rechten und illegal von den Holzeinschlagsfirmen.

Die Folge ist, dass die Tragfähigkeit der Gebiete überschritten wird. Und in dem anderen, dem schon vor Jahren als Refugium der auf Borneo vorkommenden seltenen Sumatra-Nashörner eingerichteten Tabin-Tieflandregenwald-Schutzgebiet, haben Wilderer den Bestand dieser Dickhäuter auf so wenige Exemplare reduziert, dass diese Population genetisch nicht mehr erhaltungsfähig ist. Die Nasenhörner dieser Rhinos gelten, pulverisiert, in China als Aphrodisiakum und werden dort mit Gold aufgewogen.

Nun warten Interessenten unverhohlen auf das Ende der restlichen Sumatra-Nashörner. Denn danach wäre deren Heimat kein Schutzgebiet mehr, sondern ein Gelände mit einem Wald, der mindestens eine Milliarde malaysische Ringgit (500 Millionen Mark) wert ist. Eine von China finanzierte riesige Zellstofffabrik, die 200 000 Hektar Wald fressen wird, ist bereits in Planung.

So sind denn die Mangrovenwälder das einzige Naturerbe, das Malaysia relativ konsequent schützt. Doch ob diese amphibische Pflanzenwelt zwischen Festland und Ozean überlebt, ist gleichwohl fraglich. Denn sie muss mit den enorm gewachsenen Sedimenteinträgen der Flüsse fertig werden, den Folgen der erhöhten Erosion nach Abholzung der Regenwälder. Die den Mangroven vorgelagerten Riffe sind bereits weitgehend daran erstickt.

Fatalerweise vermögen selbst engagierte Naturschützer das ökologische Desaster auf Borneo nicht zu bremsen. Denn Naturschutz ist auch nur Ergebnis eines langen Prozesses, der zu den gegenwärtigen menschlichen Denk- und Verhaltensweisen geführt hat. Naturwissenschaftliche, insbesondere geographische und biologische Forschung, technische Erschließung, wirtschaftsideologische Maximen, machtpolitische Interessen bedingen einander und münden in der Arroganz der Machbarkeit gegenüber der außermenschlichen Natur. Die aus diesem Prozess resultierende Verheerung der Naturwälder am Ende mit Schutzbestrebungen umkehren zu wollen funktioniert bis heute nicht. So ist Naturschutz auf Borneo, wie vielerorts in den Tropen, nichts als eine sympathische Illusion. Geboren aus dem gleichen Geist, aus dem auch die Zerstörer handeln.

Ein Straßenhändler bietet Gesichtsmasken als Atemschutz an: Von August 1997 bis Juni 1998 und im Frühjahr 1999 peinigte der Qualm der Waldbrände, die insbesondere auf Borneo loderten und schwelten, Mensch und Tier in der südostasiatischen Inselwelt

Uwe George, 59, arbeitet für dieses Magazin seit dessen Gründung als Text- und Bildreporter und Organisator der GEO-Expeditionen. Erkenntnisse, die er zuvor auf Borneo gesammelt hatte, waren Grundlage für sein Buch »Regenwald«, das in der GEO-Bibliothek erschienene Standardwerk über diesen Lebensraum.

Eröffnung am 24.03.2000!

Von Gland am Genfer See aus dirigiert der Zoologe Claude Martin seit 1993 als Generaldirektor den »World Wide Fund for Nature« (WWF), ein Umwelt-Netzwerk von 3000 Experten in rund hundert Ländern. Seit er als Leiter mehrerer Regenwald-Nationalparks in Westafrika vor Ort die Probleme des Naturschutz in den Tropen mitbekommen hat, glaubt der Umwelt-Diplomat »nicht mehr an simple Konzepte«

GEO: Sie haben in den siebziger Jahren Ihre Doktorarbeit über den bedrohten Indischen Sumpfhirsch verfasst. Gibt es den noch?

CLAUDE MARTIN: O ja! Es geht ihm sogar sehr gut.

GEO: Dank Ihrer Hilfe?

MARTIN: Dieser Hirsch ist in seiner Nahrung extrem auf Gräser in Schwemmlandgebieten spezialisiert. In seinem Lebensraum wurde damals viel Grasland abgebrannt, die Flora hat sich massiv verändert, und eine andere Hirschart hat den Sumpfhirsch fast verdrängt. Aufgrund meiner Arbeit hat die Leitung des Kahna-Nationalparks in Zentralindien ihr Management dann geändert. So ist die damals kaum noch überlebensfähige Population von 60 Tieren heute wieder auf einen Bestand von 700 bis 800 Tieren herangewachsen.

GEO: Beim Schutz des Regenwaldes waren Sie offenbar weniger erfolgreich. Denn seit Beginn Ihrer Amtszeit als WWF-Generaldirektor sind rund eine Million Quadratkilometer Regenwald verloren gegangen, eine Fläche 24mal so groß wie die Schweiz. Haben die Umweltschützer versagt?

MARTIN: Fragen Sie doch umgekehrt. Was wäre ohne uns passiert? In einigen Gebieten wäre noch mehr Wald erschlossen worden.

GEO: Wo gibt es denn solche Erfolgsgeschichten?

MARTIN: In Westafrika; in Ghana und an der Elfenbeinküste zum Beispiel sind Schutzgebiete trotz katastrophaler Waldpolitik entstanden. In Zentralafrika stehen seit eini-

»DAS IST EIN RENNEN GEGEN DIE ZEIT«

gen Jahren große Flächen unter Schutz, für die es teilweise schon Holzeinschlagskonzessionen gegeben hat. Aber insgesamt sind die Verluste auch dort enorm.

GEO: Mussten Sie irgendwo Tropenwälder verloren geben?

MARTIN: Ja. In Südostasien zum Beispiel. Dort drücken die kommerziellen Interessen unheimlich stark auf die Waldgebiete. Wenn man da auf der Landkarte sucht, wo sich neue Schutzgebiete schaffen ließen, findet man kaum noch intakte Wälder. Stattdessen reichen die Ölpalmen-Plantagen auf ehemaligem Waldboden oft von Horizont zu Horizont. Das sind biologische Wüsten.

GEO: In den achtziger Jahren haben viele Umweltverbände zum Tropenholzboykott aufgerufen. Was hat das gebracht?

MARTIN: So ist das Thema überhaupt erst auf den Tisch gekommen. Aber direkt gebracht hat es wenig. Schließlich wird das meiste Tropenholz vor Ort verbraucht, nur ein Bruchteil geht in den Export. Außerdem ist nur ein kleiner Teil der Kundschaft und auch fast nur in Europa dem Aufruf gefolgt. Ich selbst habe nie viel von einem pauschalen Boykott gehalten. Auch lassen sich gewisse Tropenhölzer aus manchen Regionen ohne große Schäden nutzen. In den sechziger und siebziger Jahren etwa hat man in Teilen Westafrikas die Wälder gut bewirtschaftet. Erst nachdem die staatlichen Forstdienste nicht mehr funktioniert hatten, begann der nicht nachhaltige Holzeinschlag.

GEO: Was war der Grund dafür?

MARTIN: Das Tropenholz selbst hat den Staaten wenig eingebracht, nur den Holzhändlern und korrupten Beamten. Zusätzlich haben Weltbank und Internationaler Währungsfond die Länder genötigt, drastisch zu sparen. Also haben sie auch Forstbeamte entlassen. Am Ende war niemand mehr da, der kontrollierte.

GEO: Anders als viele Regenwald-Aktivisten plädiert der WWF heute nicht für einen Totalschutz, sondern für eine nachhaltige Forstwirtschaft im Regenwald. Ist das nicht eine Kapitulation vor den Bedingungen, nach dem Motto: „Lieber nutzen als ganz vernichten?"

MARTIN: Das ist keine Kapitulation, sondern die Anerkennung gewisser Tatsachen. Im Amazonas-Becken gibt es noch 80 Prozent ungenutzten Regenwald. Da ist es eine Illusion, anzunehmen, dass dies auf Ewigkeit so bleiben wird. Also muss man nach ganz pragmatischen Lösungen suchen, wie man den Wald nutzen kann, ohne ihn zu zerstören. Gleichzeitig brauchen wir natürlich in besonders wertvollen Gebieten Reservate, die unter striktem Schutz stehen.

GEO: Es gibt aber doch ausreichend Beispiele dafür, dass auch die vorsichtigste Forstwirtschaft in den Tropen verheerende Folgen hat. Weil dabei Primärwald zerstört wird. Weil durchforsteter Wald sehr brandanfällig ist. Weil jede Schneise Siedler, Goldsucher oder Bushmeat-Jäger nach sich zieht. Ist die Regel nicht – in Amazonien wie auf Borneo, in Westafrika

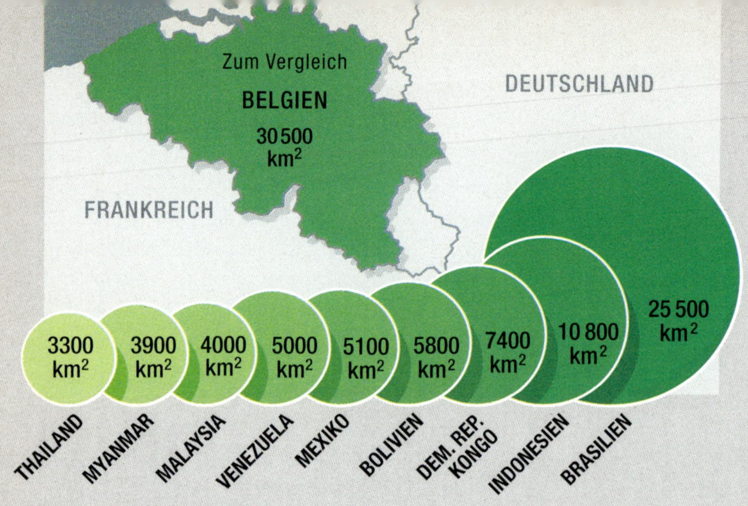

Waldschutz auf verlorenem Posten? Jährlich schwindet allein in Brasilien eine Fläche fast so groß wie Belgien

wie auf Neuguinea: Die erste Nutzung ist auch die letzte?

MARTIN: Das ist häufig richtig. Aber wir haben aus diesen Erfahrungen zu lernen. Ich muss noch einmal auf Westafrika verweisen, weil ich mich da gut auskenne. Da gibt es seit langem Schutzgebiete. Um die herum wurde Holzwirtschaft betrieben, hat sich die Bevölkerung niedergelassen, hat man Kakaoplantagen angelegt. Außerdem drangen vom Sahel her immer mehr Brände in den Wald. Jetzt ist alles kahl, und die Schutzgebiete gleichen Inseln, die ökologisch oft nicht mehr intakt sind.

GEO: Aber heißt das nicht: Finger weg vom Wald?

MARTIN: Nicht unbedingt. Die Erkenntnis daraus ist, dass man zwischen den Schutzgebieten Flächen braucht, die morphologisch noch Wald sind. Auch ein Sekundärwald kann seine ökologische Funktion erfüllen. Alles schützen zu wollen ist eine idiotische Illusion. In Zentralafrika haben wir beispielsweise Sekundärwald, den auch Experten kaum von einem Primärwald unterscheiden können. Dort wurden nur die wertvollsten Bäume „abgerahmt", oft nur ein Baum je Hektar. 20 Jahre später ist alles wieder zugewachsen. Man wagt es kaum zu sagen, aber diese Wälder sind ökologisch oft wertvoller als Primärwälder.

GEO: Wer sollte denn heutzutage ein wirtschaftliches Interesse daran haben, alle 20 Jahre gerade mal einen Baum je Hektar einzuschlagen?

MARTIN: Da liegt das große Problem. In der Realität wird natürlich häufig kahlgeschlagen. Wir versuchen also Zertifizierungen durchzusetzen, damit der Wald nur noch nach kontrollierten Kriterien genutzt wird. Dazu sind langfristige Verträge mit Holzfirmen nötig, denn dann haben sie wie jeder vernünftige Forstwirt ein Interesse am Erhalt des Waldes. Und man braucht demokratische Regierungen in den betreffenden Staaten, die eine verbindliche Forstpolitik durchsetzen, die verhindern, dass illegal eingeschlagen wird, dass brandgerodet wird.

GEO: Wie aber ist eine nachhaltige Nutzung im Regenwald überhaupt möglich?

MARTIN: Da muss natürlich genau definiert werden: Welche Bäume dürfen geschlagen werden? Wieviel Holz wird herausgeholt? Welches Mitspracherecht hat die lokale Bevölkerung? Was haben diese Leute davon? Das heißt, wir müssen an verschiedenen Fronten kämpfen. Wir müssen viel gewiefter werden. Ich schlage mich seit 25 Jahren für die Tropenwälder, und ich weiß: Es gibt keine Patentlösung.

GEO: Wo gibt es im Regenwald solche Zertifizierungen?

MARTIN: Zum Teil in Lateinamerika und eine einzige Konzession in Kamerun. Denn diese Idee ist in den Tropen noch neu. Bislang geht es um verschwindend kleine Flächen.

GEO: Aber wie gewinnt man dafür beispielsweise ein Land wie die Demokratische Republik Kongo, das über die größten Regenwälder Afrikas verfügt?

MARTIN: Ich habe keine Lösung für den Kongo. Verhandlungen mit der Regierung in Kinshasa sind schwierig. Die hat ja nicht einmal mehr die Kontrolle über das ganze Land. Da gibt es illegale Konzessionen, Korruption, asiatische Firmen, die kahlschlagen – eine Katastrophe. Ein Trost ist, dass große Gebiete Sumpfwälder sind, die ohnehin ökonomisch ziemlich wertlos sind. Das ist der beste Schutz.

GEO: Was kann der WWF als weltweit renommierteste Umwelt-Organisation mit seiner Lobbyarbeit am Ende ausrichten?

MARTIN: Vielleicht haben wir am meisten bei der Reform der Weltbank bewirkt. Diese Bank hat früher Walderschließungen gefördert, Kahlschläge finanziert, alles Mögliche, viel Blödsinn. Heute haben wir eine Allianz mit der Weltbank erreicht, weil öffentlicher Druck aus Europa und Nordamerika gekommen war. Und weil es einen neuen Weltbankpräsidenten gibt, der ganz anders denkt als sein Vorgänger.

GEO: Und heute fördert die „Asian Development Bank" all jene Projekte, die sich die Weltbank gerade abgewöhnt hat: Zellstofffabriken, Straßen durch den Wald und so weiter.

MARTIN: Das ist ein schwieriger Partner. Vor allem, weil in Asien mangels Problembewusstsein der öffentliche Druck fehlt.

GEO: Wie bringt man den chinesischen, den japanischen Konsumenten dazu, sich für zertifiziertes, umweltverträglich produziertes Holz zu interessieren?

MARTIN: Meine große Sorge ist der enorme Druck des asiatischen Marktes auf die verbliebenen Tropenwälder. Wir sprechen auf höchster Ebene mit der chinesischen Regierung. Sie ist, wie die japanische auch, sehr alert geworden, was ihre eigenen Waldbestände anbelangt. Die Chinesen wissen, dass sie Probleme haben. Sie wollen ihre eigene Waldfläche binnen 25 Jahren verdoppeln. Aber der Schutz im eigenen Land wirkt sich anderswo aus. Man sollte einmal der Regierung von Kamerun Luftaufnah-

men zeigen, von Holzkonzessionen, die von asiatischen Firmen niedergemacht worden sind. Afrikanischen Regierungen ist oft gar nicht bewusst, was in ihrem Land läuft. Wenn die das mitbekommen, könnten sie sehr empfindlich reagieren.

GEO: Können Sie radikale Naturschützer verstehen, die sich unter Einsatz ihres Lebens gegen die Zerstörung stemmen?

MARTIN: Das kann ich sehr wohl! Ich war ja früher auch radikaler. Aber auch ein radikaler Umweltschützer sollte in der Lage sein, hinzuhören. Und sich vielleicht auch mal an Ort und Stelle zu informieren. Es gibt zu viele radikale Naturschützer, die waren noch nie da draußen im Tropenwald.

GEO: Macht denn so ein Besuch nicht eher noch radikaler?

MARTIN: Ich selbst bin pragmatischer geworden. Wenn man sich vor Ort die Bedingungen anschaut, den politischen Druck, der dort herrscht, kann man nicht anders, als differenzierter werden.

GEO: Brauchen Sie als WWF – eine diplomatische Organisation, die lieber mit Staatschefs verhandelt als ihre Mitglieder an Bäume zu ketten – die Radikalen für die Grobarbeit?

MARTIN: Der öffentliche Druck spielt schon eine wesentliche Rolle für das, was wir bewegen wollen. Da braucht es manchmal holzschnittartige, undifferenzierte Darstellungen. Solche Einflussnahme kann freilich auch schädlich sein. Malaysia zum Beispiel hat auf den Druck des Auslands hin die imperialistische Karte an die Industrieländer zurückgespielt und auf Proteste von Umweltschützern überhaupt nicht reagiert.

GEO: Wie geht es Ihnen persönlich, wenn Sie sehen, wie der Wald vor die Hunde geht? Haben Sie schon einmal eine Träne für den Wald vergossen?

MARTIN: So etwas mitzuerleben ist sehr, sehr schmerzlich. Mir geht das ans Lebendige. Das lindert aber nicht meine Motivation, für das einzustehen, was wir wollen. Wir müssen doch Lösungen präsentieren. Ich bin kein Fatalist. Dann könnte ich meinen Job ja gar nicht machen.

GEO: Wie sähe die Welt in 20, 30 Jahren aus, wenn Ihre Lösungen fruchten würden? Nur noch Parks mit strengem Management, mit Orang-Utans und Gorillas, die wie im Zoo herumsitzen?

MARTIN: Wir befinden uns nach wie vor in einem schnellen, erosiven Prozess. Wir werden konfrontiert mit globalen Einflüssen wie der Klimaveränderung. Wir müssen erst einmal diese Prozesse stoppen, sie wenigstens verlangsamen.

GEO: Und welche Chancen für den Wald sehen Sie langfristig überhaupt?

MARTIN: Es ist ein Rennen gegen die Zeit. Die nächsten Jahre sind kritisch. In einigen Ländern werden wir eine Stabilisierung erreichen. In anderen Katastrophen erleben. Es gibt heute schon Länder, in denen aller Tropenwald verloren ist. In Ländern Lateinamerikas wie El Salvador. Da kann man nur noch wieder aufforsten, aber es wird nie wieder der gleiche Wald sein.

Das Interview führte Reiner Klingholz.

Einfache, aber effiziente Jagdtechnik: Brasilianische Waldindianer haben mit Pfeil und Bogen ein Nabelschwein erbeutet und an Ort und Stelle zerlegt

DER WALD MACHT SIE ALLE

NATURVÖLKER

GLEICH

Trotz ihrer ethnischen Vielfalt haben sich die Bewohner der Regenwälder von Australien bis Brasilien auf ähnliche Weise dem grünen Kosmos angepasst. Darum ist es ihnen über Jahrtausende gelungen, in und von dieser Umwelt zu leben, ohne sie zu schädigen. Ein Urwissen, das den Kolonialisten aus der Alten Welt bis heute fremd geblieben ist

VON ROLF BÖKEMEIER

Diese Geschichte erzählt, stellvertretend für das Schicksal der Regenwaldbewohner, das letzte Kapitel im Dasein des Wandjuk Marika, so wie ich es miterlebt habe. Eines Tages legt er sein tadellos geplättetes Hemd ab sowie die Ehrenmedaille „Member of the British Empire“. Am nächsten Morgen kann er einen seiner Schuhe nicht finden und verzichtet konsequent auf beide. Damit sind auch die Socken hinfällig und die auf Bügelfalte getrimmten Beinkleider nur noch lächerlich.

Am dritten Tag sitzt The Honourable Wandjuk Marika nackt bis auf die Unterhose auf der Erde und unterrichtet seine Enkelschar in einer uralten Kunst. Seine Hände zaubern mal verschränkt, mal rücklings verdreht, mal auf Gliedknöcheln tanzend die Fährten jagdbarer Tiere in den Sand: die Abdrücke von Wasserbüffelhufen, Kängurupfoten, Schlangenleibern, Schildkrötenpanzern, Emutritten, Froschhüpfern.

Gleichsam im Zeitraffer hat sich ein hochdekoriertes Mitglied der Melbourner Gesellschaft wieder in einen australischen Ureinwohner verwandelt. Zwar liegen zwischen der Großstadt im Süden und dem tropischen Regenwald im nördlichen Arnhem Land sechs Flugstunden. Doch der Aboriginal hat auf der Reise aus der Welt der Weißen zu seiner heimatlichen Sippe locker 40 000 Jahre hinter sich gebracht, zurück in die Dreamtime, die Traumzeit seiner Ahnen. Die Nähe seiner Geburtsstätte und sein Jagdgerät – mehr braucht ein Aboriginal nicht.

James Cook, der Begründer der ersten britischen Kolonie in Australien, schrieb 1770 angesichts der „elenden, aber glücklichen Wilden“ in sein Tagebuch: „Sie fühlen sich von der Natur mit allem versorgt und lehnen es hartnäckig ab, auch nur in irgendeinem Punkt mit uns zu tauschen.“

Es gab nichts zu tauschen. Außer dem Armschleuderspeer, dessen geheimnisvolle Handhabung sich dem

Rundum auf Pfähle gestützt: So bauen die Familien der PENAN von Sarawak heute ihr Haus. Der Boden ist ein Knüppelrost, das Dach mit den Wedeln der Sagopalme abgedichtet, die Feuerstelle in der Behausung. Früher, als noch die gefürchteten Kopfjäger der Dayak-Stämme die Flüsse Borneos hinauffuhren, versteckten sich die friedlichen Regenwaldnomaden tief im Inselinnern auf höheren Baumbauten

weißen Mann ohnehin entzog, hatten die nackten Ureinwohner keinen sichtbaren Besitz. Keinen Schmuck, kein Artefakt, kein Rauschmittel, keine Wohnung, kein Haustier und als Jagdbegleiter nur den halbwilden Dingo. Die uraustralische Ausgabe des Homo sapiens erschien dem Homo faber aus Europa als der bedürfnisloseste Mensch auf Erden, reduziert auf das Allernotwendigste.

Beschränkung in der Materialkultur ist auch den Regenwaldbewohnern in Südostasien, in Südamerika, in Afrika eigen. Im wahrsten Sinne Natur-Völker, die in jahrtausendelanger Anpassung an ihren Lebensraum dessen Artenvielfalt gleichzeitig zu nutzen und zu meiden gelernt haben. Um im Regenwald überleben zu können, entwickelten dessen Bewohner spezielle Techniken für die Ernährung und die Behausung sowie Drogen und Tabus für die mentale Bewältigung des Unfassbaren. Inmitten von Abermillionen einander unablässig fressender Spezies, einem System, das dem Menschen buchstäblich alles abverlangt, ähneln sich zwangsläufig die Methoden der Selbsterhaltung. Deren oberste Regel: Energie sparen!

Und wo Natur so besitzergreifend ist wie im Regenwald, ist möglichst wenig Besitz Naturgesetz. Dies befolgt kein Volk so strikt wie die australischen Ureinwohner. Sie tragen ihr Vermögen unveräußerlich im Kopf: ein universelles Gedankengewölbe, das Theorie und Praxis der Schöpfung samt aller darin wohnenden Ahnengeister birgt. Dieser Kosmos wird mündlich an die Nachfahren weitergegeben bis hin zu den Heutigen, zum Beispiel Wandjuk Marika.

Wenn das Kreuz des Südens am Himmel von Arnhem Land aufgeht, wenn der Kookaburra geisterhaft im nächtlichen Urwald lacht, wenn die Wildnis ringsum Augen und Stimme bekommt, dann ist der Aboriginal Marika eins mit sich und der Natur und den abertausend Ahnenjahren seines Volkes. Dann sind, nach Gottes Zeitrechnung, die 200 Jahre westlicher Zivilisation in Australien kürzer als ein Tag.

Bis zu 50 Meter hoch bauen die KOROWAI ihr Haus in die Wipfel des Regenwalds von Irian Jaya. Der Unzugänglichkeit verdankt dieses Papuavolk Schutz vor Feinden – und die späte Entdeckung

Sein Jagdgerät ist ein Stockspeer, sein Bett ein Fels, sein Haus die grüne Wildnis von Arnhem Land. Wie kein anderes Volk haben die australischen ABORIGINES ihren materiellen Besitz beschränkt: Die Natur versorgt sie mit allem Nötigen.
In ihrem Lager im zentralafrikanischen Urwald fertigt eine Baka-Frau einen Tragekorb für Jagdbeute und Sammelgut. Eine Kuppel aus Blättern über gebogenen Zweigen genügt diesen kleinwüchsigen Menschen vom Volk der PYGMÄEN als Hütte. Sobald das Wild wechselt, geben auch die Jäger ihren zeitweiligen Unterstand auf.
Wie eine Schutzburg bauen die YANOMAMI im Orinoco-Einzugsgebiet in Venezuela ihr Shapono in den Regenwald hinein. Das riesige Rundhaus der Indianer bietet einer ganzen Dorfgemeinschaft Platz. Die heutige grasgedeckte Holzkonstruktion wurde aus einem Windschirm entwickelt

Keine Kultur beruft sich so uneingeschränkt auf die Vorfahren wie die der Aborigines. Zur Weisheit der Urahnen nehmen zwar auch andere Regenwaldvölker Zuflucht: etwa die Papua auf Neuguinea, die Penan auf Borneo, die Mentawai auf Siberut, die Pygmäen in Zentralafrika, die Indianer im Amazonasgebiet. Doch nirgendwo enthält der vererbte Wissensspeicher so wenig materiellen Ballast wie bei den nordaustralischen Aborigines, den Senioren unter den Regenwaldbewohnern.

Zum Beispiel die Behausung. Wo die Aborigines in einer naturgegebenen Höhle oder einfach auf der nackten Erde schlafen, da ziehen menschheitsgeschichtlich jüngere Regenwaldbesiedler den Schutz eines künstlichen Gebäudes vor.

Am schlichtesten und schnellsten zu errichten ist die Kuppelhütte der Pygmäen in den letzten Urwäldern Kameruns, Gabuns und des Kongo. Den nur eineinhalb Meter kleinen Menschen genügt eine Art Iglu aus einem mit Blättern bedeckten Gerüst von gebogenen Zweigen. Diese Einfachbauweise, allerdings immens vergrößert zu einem Hallenhaus für eine Sippe von bis zu 30 Menschen, praktizieren auch amazonische Ureinwohner.

Die Penan im nordwestlichen Bergregenwald Borneos fühlen sich auf einem innerhalb eines Tages an Bäume geflochtenen Knüppelgerüst plus Blattdach wohl, vor allem sicher vor den Kopfjägern des Tieflands. Höher hinaus in ihrem Schutzbedürfnis streben die Korowai, ein Papuavolk in Irian Jaya. Ihre Baumhütten schwanken auf Waldwipfeln in bis zu 50 Meter Höhe, ein in drei Wochen Arbeit produzierter Sicherheitsluxus.

Andere Papuavölker etwa – in den nachts bitterkalten Hochregionen um den Mount Hagen – ziehen Hütten aus Hartholz mit dichtem Grasdach vor. Ähnliche Konstruktionen haben auch die altmalaiischen Mentawai auf der Sumatra vorgelagerten Insel Siberut entwickelt. Ihr nach Geschlechtern gegliedertes Langhaus, das Uma, bietet einem ganzen Clan plus Haustieren

JÄGER UND FISCHER

Auf Affen angelegt haben die Penan-Jäger ihre drei Meter langen Blasrohre. Da deren Giftpfeile nicht immer gleich töten, besorgen aufgesetzte Lanzenblätter den Todesstoß. Die PENAN fischen heute auch mit dem Wurfnetz – eine den Flussbewohnern abgeschaute Fangmethode. Ebenfalls auf einen Affen hat es der Armbrustschütze vom Volk der PYGMÄEN abgesehen. Falls der Giftpfeil die Beute nicht gleich vom Baum holt, hält der Jäger noch einen Reserveschuss im Mund parat. Lieber auf Nummer sicher gehen die Bogenschützen der KOROWAI auf Neuguinea. Sie benutzen kein Gift, sondern eine für jedes Wild speziell entwickelte Pfeilspitze: etwa schilfblattförmig für das Wildschwein, widerhakenbewehrt für den Kasuar, vierfach für den Flussfisch, stumpf für die Eidechse. Doch kann die Beute entkommen, so gehen die Waffenköpfe verloren

Platz. Und gleichsam als Dorf für mehr als 100 Menschen haben die Yanomami-Indianer in Venezuela ihr Shapono eingerichtet: ein riesiges Rundhaus mit einem in der Mitte offenen Pultdach.

Obwohl die Gesetze des Regenwalds dem Menschen prinzipiell gleiche Normen zum Überleben diktieren, haben sich von Brasilien bis Borneo unterschiedliche Hausbauweisen entwickelt. Deren Akzente setzt jeweils die Lage: am Fluss, im Waldesinnern, in Küstennähe, im Gebirge oder die Nähe feindlicher Nachbarn. Die entscheidende Rolle bei der Anpassung spielt jedoch die Wirtschaftsform.

Wanderjäger richten sich nach den Gewohnheiten ihrer Beute. Die Pygmäen stellen Affen, Antilopen und Waldelefanten nach. Die Penan ziehen den Wildschweinherden hinterher, deren Migrationen wiederum der Fruchtfolge ihrer Basisnahrung gehorchen. So müssen die Waldnomaden ihr Lager schnell aufschlagen und ohne Verlust wieder verlassen können.

Solidere Wohnungen können sich die halbsesshaften Amazonasindianer leisten. Doch nur mittelfristig, denn sie sind abhängig vom Zyklus ihrer Maniok- und Bananenpflanzungen. Angelockt von der lichten Rodung, machen sich irgendwann die Blattschneiderameisen über die Kulturpflanzen her. Nach ein paar Jahren sind die nährstoffarmen Urwaldböden erschöpft, das Dorf muss verlegt werden. Die Häuser sind unterdessen durch Termitenbefall ebenfalls am Ende. Diesen Zusammenhängen haben die Indianer sich logistisch perfekt angepasst, mit einem durchschnittlich alle zehn Jahre weiträumig wechselnden Wanderfeldbau.

Langfristig in Holzhäusern einrichten können sich hingegen weitgehend sesshafte Regenwaldvölker wie die Mentawai oder die meisten Papua. Denn deren Nahrungsressourcen sind standortsicher: reichhaltig Meeresfisch an den Küsten, schnell nachwachsende Sagopalmen im Urwald, in Hügelbeeten angelegte Knollenfruchtkulturen. Außerdem züchten diese Völker Hühner und Schweine, die sie im Hochgebirge

Die gewebte Hängematte, schnell und fast überall aufzuspannen ist eine geniale Erfindung der südamerikanischen Ureinwohner. Auch die YANOMAMI nutzen sie in ihrem Shapono, unter dessen Blätterdach die geernteten Kochbananen hängen. Diese werden von den Indianern ebenso als Grundnahrungsmittel geerntet wie die giftigen Knollen des Maniokstrauches, deren Mehl erst durch Kochen und Trocknen genießbar wird. Das geraspelte Mark der wildwachsenden Sagopalme ist die Basisnahrung vieler Naturvölker in Südostasien, etwa der MENTAWAI auf Siberut. Banane, Maniok und Sago ergänzen wegen ihres hohen Stärkegehalts vorzüglich die proteinreiche Jägerkost Fleisch und Fisch

PFLANZER UND SAMMLER

Neuguineas zusätzlich als lebende Heizung gegen die Nachtkälte nutzen.

Nichts für einen Aboriginal. „Vier Wände und ein Dach", sagen die australischen Ureinwohner, „sind für uns dasselbe wie die schwarze Kiste, in die der weiße Mann seine Toten sperrt."

Eine warme Tropennacht im Freien, seine vierte im heimatlichen Arnhem Land, hat Wandjuk Marika am Strand des Golfs von Carpentaria verbracht. Aus einer von dessen Lagunen – „mein Supermarkt" – holt sich der Sippenchef mit dem Armschleuderspeer sein Frühstück: einen tellergroßen Krebs.

Die am Lanzenschaft eingehängte Schleuder, eine Verlängerung des Arms, erhöht durch die vergrößerte Hebelwirkung die Treffsicherheit, die Durchschlagskraft und vor allem die Wurfweite – von normal 20 auf 80 Meter. Außer als Speerwurfhilfe ist die hölzerne Halbschale das Mehrfachwerkzeug par excellence: Steinschleuder, Schneidegerät, Feuerzeug, Schaufel – und Gefäß. Als solches mag das Gerät ursprünglich entstanden sein, ein meterlanges gewölbtes Stück Hartholz, an Einfachheit nicht zu unterbieten, an Nutzvielfalt jedoch kaum zu übertreffen – eine typische Erfindung der auf Minimalballast, auf Energiesparen spezialisierten australischen Wildbeuter.

Musterbeispiele genialer Einfachtechnik sind auch Pfeil und Bogen, sind die Waffen und Werkzeuge anderer Jäger im Regenwald ebenfalls, aber mit größerem Energie- und Zeitaufwand gefertigt. Etwa das Giftpfeile verschießende Blasrohr der Huaorani-Indianer in Ecuador.

Der Jäger spaltet ein zweieinhalb Meter langes Schaftstück der Chonta-Palme in zwei Halbrundhölzer und hämmert mit einem scharfkantigen Stein in jede Hälfte einen exakt gemitteten Schusskanal. Dann legt er die Rohrteile aneinander, umwickelt sie fest mit Lianenrinde und verschließt die Schnittkanten luftdicht mit Bienenwachs. Zur Justierung wird Sand als Schmirgelmasse in den Schusskanal gefüllt und eine fingerdicke Liane so oft hindurchgezogen, bis der Blasrohrpfeil

ohne Hemmung passieren kann. Alles in allem eine wochenlange Tüftelei.

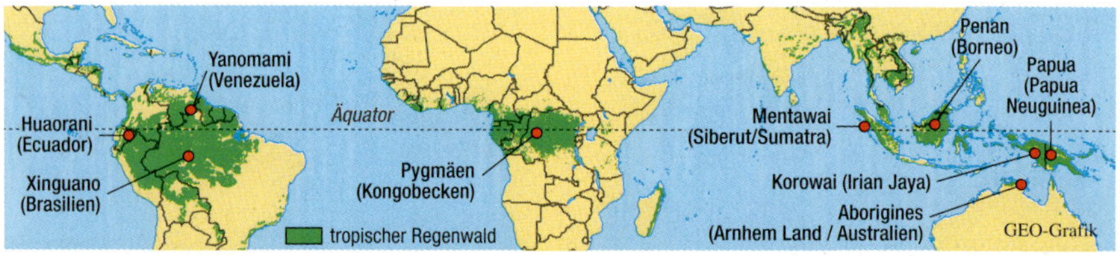

In Äquatornähe erstreckt sich der tropische Regenwald mit seinen angestammten Völkern

Der Pfeil, eher ein fußlanger Schussbolzen aus Palmrippe mit einem Bausch Wildbaumwolle am Ende, ist federleicht, nadelspitz und treffsicher bis auf 30 Meter. Aber er tötet kein größeres Wild, es sei denn, er ist vergiftet. Dafür verwenden die Huaorani das Lähmungsgift Curare, das in einem langwierigen Prozess aus einer strychninhaltigen Liane gewonnen wird. Und kolumbianische Indianer führen stets lebende Giftpfeilfrösche bei sich, mit deren extrem giftigem Drüsensekret sie ihre Pfeilspitzen präparieren. Für das effektive Beutemachen im Wasser schließlich nutzen fast alle flussbewohnenden Urvölker Amazoniens das kurzfristig betäubende Fischgift Barbasco.

Tötungsgifte, Betäubungsmittel, Drogen – der Regenwald hält all das bereit. Ohne solche Substanzen und deren gezielte Anwendung zu kennen, wäre der Mensch in dem grünen Labyrinth verloren, das für Unkundige zum Irrenhaus wird. Denn was in den Salz-, Sand- und Eiswüsten die Artenarmut bewirkt, das schafft im Regenwald dessen erdrückende Artenvielfalt: Wer sich darin nicht auskennt, für den wird auch das grüne Universum zur „Wüste" – so der altindische Sanskrit-Begriff „jangala", von dem sich das englische Wort „jungle" für Dschungel ableitet.

Um in dieser extremen Wildnis existieren zu können, musste sich der Dschungelmensch an die Spitze der unendlich langen Kette bereits vorhandener Lebewesen vorarbeiten, bis über die Könige der Wälder hinaus. Er musste lernen, Jaguar, Tiger, Panther und Co. listenreich zu besiegen und der unbezwingbaren Ameise letztlich aus dem Weg zu gehen.

Die ungefilterte Natur, die nackte Wucht der Wildnis hält kein Mensch aus – ohne Vermittler, ohne Flucht aus der realen Welt in die Welt des Übersinnlichen, der Geister, der Ahnen, der Götter – zu seinem Schöpfer.

MEDIZIN UND KOSMETIK

Unterlippenpflöcke, Ohrschmuck und Gesichtsbemalung des Mädchens vom südamerikanischen Indianervolk der YANOMAMI dienen dem Kontakt zu tierischen und pflanzlichen Schutzgeistern. Der kranken Frau in der Hängematte sucht der Schamane Dämonen aus dem Kopf zu saugen. Und zum Javarí, dem Fest des Jaguars, dekoriert der XINGUANO-Indianer vom Stamm der Kamayurá Gesicht und Körper mit rotem Urucu und schwarzem Genipap. Die öligen Pflanzensäfte bewahren die Haut außerdem vor Austrocknung und Insektenbissen

Ein Medium für solche Entrückung ist der Rausch, ein Schweben zwischen Tag und Traum. In der Rezeptur fast aller bekannten Drogen sind die Völker der Neuen Welt Altmeister, ihre bekannteste ist der Tabak. Indianer inhalieren, schnupfen, kauen oder trinken Wirkstoffe wie in Coca, Ayahuasca oder Yopo. Die Basis fast aller ihrer Drogen entstammt den fast 100 Spezies der Pflanzengattung *Banisteriopsis*. Abhängig wurden die Urvölker vom Drogengenuss freilich nie. Das verhinderten ihre religiösen, ihre sozialen Bindungen und Regeln, geordnet von der Tabugewalt der Schamanen.

Auch im Regenwald der Alten Welt vermittelt der Rausch die Nähe zu Geistern und Göttern, meist durch leicht alkoholische Gebräue aus Hirse wie in Afrika und aus Knollenfrüchten wie in weiten Teilen Asiens. Selbst der kurzfristige Übergenuss an Eiweiß wie etwa durch massenhaft verzehrtes Schweinefleisch nach dem gemeinschaftlichen „Pigkill" der Papuavölker verursacht rauschartige Zustände. Und eine fast allen Naturvölkern eigene Methode, sich in Trance zu versetzen, ist der rhythmische Tanz – buchstäblich bis zum Umfallen.

Ob zur Geisterbeschwörung, bei der Krankenheilung, als festliches Antriebsmittel oder als Ausgleich gesellschaftlichen Drucks – Drogen aller Art sind nur eine Art Schmiermittel beim harten Regelvollzug des Lebens im Regenwald. Um sich dessen Naturgesetzen zu unterwerfen, haben die Regenwaldvölker ihr Anpassungsvermögen wie keine andere Menschengruppe strapaziert. Die Penan auf Borneo, die Mentawai vor Sumatra, die Indianer Südamerikas – sie alle tun sich ungemein schwer, etwas Neues hinzuzulernen.

„Sie sind perfekt in ihrer Einheit mit der Natur", weiß Orlando Villas Bôas, Brasiliens großer alter Mann des Indianerschutzes. „Es ist ihre Ganzheit, die sie durch uns westlich Zivilisierte so verwundbar macht."

Verwundbar am schlimmsten durch eine Gesellschaft, in der ebenfalls Rauschgifte Usus sind. Die deren Missbrauch aber nicht tabuisiert, sondern damit noch Geschäfte macht. Es ist weniger der technische Fortschritt, es ist vielmehr die Berührung mit Geld und Alkohol, die fast alle Naturvölker an den Rand des Ruins gebracht hat. Der westliche Maschinenkult konnte den australischen Ureinwohner zum Beispiel nicht beeindrucken. Er hockt vor seinem vollklimatisierten Haus bis heute auf der nackten Erde, sitzt den geschenkten Sarg des weißen Mannes einfach aus.

Aber Alkohol und dessen Beschaffungsmittel Geld haben kein Naturvolk so sehr aus der Bahn geworfen wie die Aborigines. Denn nichts war ihnen fremder. Ihr einziges Medium ist ebenso auf Null konzentriert wie ihre materielle Kultur: Beim Hineinblasen von Luft in ihre einfache Holzflöte, das Didgeridoo, entsteht durch Hyperventilation Leere im Kopf. Sie löscht für Minuten alles aus, auch das universelle Wissen der ältesten noch lebenden Naturmenschen – Erholung durch Abschalten.

Wandjuk Marika hat gern das Didgeridoo benutzt, um nach dessen Gebrauch zu neuer geistiger Frische zu erwachen. Für seine Gage als Mitspieler in Werner Herzogs Uraustralier-Filmtragödie „Wo die grünen Ameisen träumen" hat sich The Honourable Wandjuk, „Member of the British Empire", allerdings um den Verstand getrunken. Und seinen Kosmos im Kopf für immer ausgeschaltet.

Rolf Bökemeier, 59, hat die Regenwaldvölker von Australien bis Brasilien mehrfach besucht und darüber viele GEO-Reportagen sowie mehrere Bücher geschrieben, darunter »Naturvölker« aus der GEO-Bibliothek.

NICHTS ALS LUG UND TRUG

Es gibt sie – und doch wieder nicht. Sie sind sichtbar – aber nicht zu erkennen. Wehrlose Tiere und wehrhafte Jäger überleben mit derselben Strategie: Sie schlüpfen in eine fremde Identität wie in ein Versteck, verkleiden sich als Blume, Blatt, Zweig und Flechte, um nicht Beute zu werden oder um sich Beute zu greifen

TARNEN & TÄUSCHEN

BLUMEN, DIE ZU FALLEN WERDEN

Durch keine Bewegung verrät sich die Fangschrecke. Als Orchidee getarnt, ist sie vor hungrigen Vögeln sicher und wartet in Ruhe ab, bis arglose Blütenbesucher wie Schmetterlinge oder Bienen sich vor ihren Greifarmen niederlassen

Wo die Fangschrecke wirklich sitzt, können Sie auf Seite 180 überprüfen

VON UTA HENSCHEL

Es gibt Behauptungen, die durch dauernde Wiederholung nicht wahrer werden. „Lügen haben kurze Beine“ ist eine davon. Daran stimmt so gut wie nichts. Wenn Lügen überhaupt „Beine“ haben, dann gewiss keine kurzen, sondern eher besonders lange. Denn Schwindel, Tricks und Täuschung gehören zu den bewährtesten und am weitesten verbreiteten Überlebensstrategien in der Natur – und, wie sich neuerdings herausstellt, auch zu den ältesten.

Erste Versuche, anderen etwas vorzumachen, sich zum Beispiel hinter einem bunten Farbkleid zu verbergen, setzt der australische Forscher Andrew Parker auf die Zeit vor etwa 550 Millionen Jahren an. Damals entwickelte sich nämlich der Sehsinn, Augen entstanden, und wehrlose Lebewesen waren nunmehr feindlichen Blicken ausgesetzt. Aus naheliegenden Gründen beeilten die Ausgespähten sich, so die These des Zoologen, möglichst rasch wieder unsichtbar zu werden oder wenigstens unerkennbar.

Evolutionäre Kreativität war gefordert. Im Wettlauf gegen den Appetit ihrer sehenden Verfolger „entdeckten“ viele Arten, dass der geschickte Umgang mit Farben sich auszahlt. Sie „erfanden“ Tarnungen, formten ihre Körper um, dekorierten ihre Oberflächen mit diskreten oder grellen Mustern, Schminken und Schattierungen, schlüpften in fremde Identitäten oder „experimentierten“ mit Brechungswinkeln, wie die von Parker untersuchten fossilen Meereswürmer und -krebse. In deren Borsten bemerkte er eine Schraffur filigraner Riffel, die ihrer Präzision wegen nur dem einen Zweck dienen konnten, wie er meint: Einfallendes Licht bei jeder Körperbewegung der Tiere in funkelnde Facetten aufzulösen.

Seine Funde wertet der Vorzeitexperte als symptomatisch – nicht nur für neue Formen und Arten im Meer, sondern für einen weltweiten Wandel, der unter Paläontologen als „Kambrische Explosion“ bekannt ist. Diese gilt als eine Diversifizierung, in deren Verlauf die Baupläne und die typischen Merkmale der Vorläufer von heute lebenden Arten angelegt wurden. Und das geschah nicht zuletzt, spekuliert der Australier, weil die als Beute ausgemachten Spezies sich mit einem wachsenden Arsenal optischer Tricks dagegen wehrten, gefressen zu werden.

Aber auch Räuber mussten sich etwas „einfallen“ lassen, denn sie konnten von denen, die Grund hatten, sich zu fürchten, nun bereits von weitem gesehen werden. Die potenziellen Opfer waren vorgewarnt und konnten rechtzeitig fliehen. Von den neu entwickelten Tarnungen und Maskeraden profitierten deshalb die Jäger nicht minder.

Ein paar Zentimeter mehr oder weniger Bein beeinflussten den Ausgang des Versteckspiels auf Leben und Tod allerdings kaum. Manche der geschicktesten Schwindler

1

2

3

4

Wenn die Blätter lügen

Weil Tiere, die von der Jagd leben, ganz bestimmte Vorstellungen davon haben, wie ihre Beute auszusehen hat, fallen sie auf Fälscher herein: auf Falter (1), Schrecke (2), Nachtschwalbe (3), Zipfelkröte (4) und Gottesanbeterin (5), die jedem Fleischfresser vorgaukeln, sie seien nichts weiter als dürre Blätter, also bestenfalls Futter für Pflanzenfresser. Die Laub-Imitatoren sind der Vegetation nicht nur zum Verwechseln ähnlich, sie achten offenbar auch darauf, stets im richtigen Ambiente unterzutauchen, umgeben von ihren »ehrlichen« Vorbildern

5

kommen schließlich ganz ohne Beine aus, andere schlagen sogar Wurzeln.

Wenn Extremitäten in den Verlogenheits-Disziplinen der Natur überhaupt eine eigene Kategorie verdienen, so allenfalls aufgrund ihrer Anzahl. Neben den Pflanzen haben es die Tausend-, die Hundert-, die Acht- und die Sechsbeiner nach rund 350 Millionen Jahren fortgesetzten Trainings eindeutig am weitesten gebracht in der Kunst, scharfäugige Räuber, aber auch wachsame Opfer hinters Licht zu führen.

Soviel zu Beinen. Für das Gelingen von Täuschungsmanövern gibt es indes Wichtigeres: brauchbare Vorbilder nämlich. Wo, wie im tropischen Regenwald, die Vielfalt der beieinander lebenden und miteinander konkurrierenden Arten extrem groß ist, erreichen Lügner ihre höchste Dichte. Hier können sie unverdächtige Vegetation nachahmen, die den Appetit der Fleischfresser gar nicht erst wecken und den Pflanzenfressern keine Angst machen. Oder sie verkleiden sich als Schafe im Wolfspelz und stellen giftige Arten dar, vor denen selbst hungrige Räuber zurückschrecken. Schwindler sind auf Normalität angewiesen, um darin unterzutauchen. Damit sie nicht auffallen, brauchen sie eine Welt von „ehrlichen" Modellen, die tatsächlich sind, was die Betrüger nur zu sein vorgeben.

Ein Häufchen dürres Laub zum Beispiel: Dazwischen liegt ein vergilbtes ovales Blatt, dessen Ränder leicht gewellt sind, deutlich sind die Mittelrippe auszumachen und das abzweigende Geäder rechts und links, auch ein paar Insektenbisse. Jeder Vogel kann es sehen. Aber weshalb sollte es ihn interessieren? Vögel fressen kein Laub. Sie fressen Schmetterlinge, allerdings nur solche, deren Tarnung – zum Beispiel als dürres Blatt – misslungen ist. So helfen die Räuber auch noch mit, die Versager auszusondern und immer bessere Nachahmer heranzuziehen.

Ein anderes „Blatt": Es schwimmt mit dem Strom, dicht unter der Wasseroberfläche des mäandrierenden Amazonas, es sinkt kreisend tiefer, steigt wieder empor. Sogar der Stengel sitzt noch daran. Südamerikanische Blattfische können ihre Farbe und Zeichnung verändern, bis sie vom Laub, mit dem sie im Wasser treiben, nicht mehr zu unterscheiden sind. Sie suchen nicht Schutz vor Angriffen – wie *Platax vespertilio*, der Mangrovenblätter imitiert –, sie sind selber Angreifer. Wehe dem kleinen Fisch, der auf die Maskerade von *Moncirrhus polyacanthus* hereinfällt und zwischen den Zähnen des vermeintlichen Blatts verschwindet.

In der Fauna des Regenwalds wimmelt es von zahllosen Flora-Darstellern: Nahrhafte Häppchen wie Raupen, Zikaden, Schrecken, Motten, Schmetterlinge paradieren unter den Augen der Fleischfresser dreist als Flechten, Aststücke, Borke, Gräser, Knospen, Schimmelbefall, Blüten, als grüne Blätter, als gerollte, welke, zerfetzte, modernde Blätter. Manche unter ihnen setzen ihre Verkleidung nicht nur passiv, sondern auch aggressiv ein: Was eben noch wie ein Klecks Vogeldreck aussah, packt plötzlich mit Beinen und Beißzangen einer Krabbenspinne nach dem Schmetterling, der mit seinem feinen Rüssel in den Ausscheidungen nach Salzen nüstern wollte.

Da es in der Natur nichts gibt, was es nicht gibt, sind auch Pflanzen selbstverständlich imstande, Tiere nachzu-

1

2

3

4

ES LEBE DIE ILLUSION

Im tropischen Regenwald, wo Tausende von Pflanzenarten miteinander konkurrieren und unzählige Blatt-, Zweig-, Stamm- und Wurzelformen hervorbringen, finden Tiere nicht nur Unterschlupf in Höhlen oder unter einem Stein. Viele finden »Vorbilder«: vegetative Lebensformen, die sie kopieren können, und sie verstecken sich dann in einer anderen, »unappetitlichen« Identität. Grashüpfer (1), Fangschrecke (2), Gottesanbeterin (3) und Gecko (4) stellen ein skelettiertes Blatt, Flechten, einen Zweig und Baumrinde dar, um von ihren hungrigen Fressfeinden übersehen zu werden

ahmen: Manche Passionsblumen halten sich zum Beispiel Raupen vom Leib, indem sie hier und da ein paar winzige Nektarbläschen ausstülpen und gelblich färben. *Heliconius*-Falter fallen prompt darauf herein, halten die Pickel auf der Pflanzenhaut für das Gelege eines anderen Weibchens und fliegen weiter – auf der Suche nach einem eigenen Brut- und Futterplatz für den künftigen Nachwuchs.

Der erste Preis unter den Tier-Imitatoren aber geht an die Orchideen. „Schöner" betrügt keine andere Pflanzenfamilie. Das Repertoire ihrer Verlockungen ist so extravagant, wie es die Geschmäcker der Insekten sind, die sich ein X für ein U vormachen lassen. Bienen-, Wespen-, Fliegenmännchen halten bestimmte Blüten wegen ihrer Form, Farbe, Oberfläche und ihres Duftes für ein Weibchen der eigenen Art und versuchen, sich mit ihm zu paaren. Meist merken die Männchen den Betrug nicht einmal. Immer wieder lassen sie sich von der unwiderstehlichen Weibchen-Replik verführen, die voll erblüht mit Gerüchen lockt, bevor die echten Insektenweibchen zur Paarung bereit sind. Bei „Pseudokopulationen", wie Wissenschaftler den athletischen Akt nennen, transportieren die Insekten-Männchen das Pflanzensperma, den Pollen, von Orchidee zu Orchidee, und werden von den knauserigen Pflanzen oft nicht einmal mit etwas Nektar für ihre Mühe belohnt.

LOHN DER ANGST

Den Biss der Roten Weberameise fürchten viele Räuber – und verzichten auf eine tausendfache Mahlzeit. Springspinnen wie *Myrmarachne* (unter dem Blatt) ahmen jene angriffslustigen Kolonisten nach und profitieren von deren negativem Image: Vor Vögeln sind die Ameisen-Imitatoren deshalb sicher

So raffiniert ausgedacht und eingefädelt derartige Tricks und Fallenstellereien auch wirken, sie sind nicht etwa zustande gekommen, weil jedes einzelne Tier, jede einzelne Pflanze sich Gedanken über die eigene Zukunft gemacht und das Für und Wider der vorteilhaftesten Überlebens-Taktik sorgfältig abgewogen hat. Keineswegs, darin stimmen Forscher überein, können Sechs- oder Achtbeiner planen wie ein Zweibeiner, der sich zum Beispiel am Schachbrett die eigenen Züge und die seines Gegners mit ihren Folgen überlegt, bevor er die nächste Figur bewegt.

Alle Winkelzüge in der Natur, die heutzutage auf der Welt millionenfach in jeder Minute stattfinden, müssen als vorläufige Endprodukte laufender Experimente gelten. Ungezählte genetische Kombinationen sind vorhergegangen, mehr werden folgen und sich – unter anderem – in einer unendlichen Palette von Mustern, Farben und phantastischen Körperformen ausdrücken.

Jede Neuerscheinung auf dem Markt des Lebens durchläuft die strenge Qualitätskontrolle dessen, was seit Darwin als „natürliche Selektion" bezeichnet wird. Das heißt: Schlechte Lügner werden „ausgelesen". Die Erbanlagen der Nachahmungs-Stümper werden aus dem Gen-Pool ihrer Population herausgefischt, bevor sie sich fortpflanzen. Sie haben keine Perspektive. Manchmal kommt allerdings auch ihre Stunde: Wenn die Umwelt sich verändert, können ausgerechnet die einstigen Versager beste Lebensbedingungen finden. „Hopeful Monsters" nennen Evolutionsbiologen diese ehemaligen Stiefkinder der Selektion, die der Zufall ans Licht des Erfolges schwemmt.

Was in den Köpfen der vielbeinigen Trickser und Betrüger vorgeht, wenn sie andere hereinlegen, wissen Forscher nicht. Trotzdem halten sie Bienen, Schmetterlinge, Raupen, Mücken, Fliegen, Käfer für dumm und gehen gewöhnlich davon aus, dass die Sechs- und Achtbeiner wie programmierte Roboter handeln, ohne Einsicht, ohne auch nur zu ahnen, was sie tun.

Seit Robert Jackson and Rupert Stimson Wilcox 1998 ihre Studien an *Portia*, einer Springspinnen-Gattung, abgeschlossen haben, sind sie sich allerdings nicht mehr ganz so sicher, dass sie es mit Verhaltens-Automaten zu tun hatten, die lügen, ohne es zu merken. Obgleich das Gehirn der Springspinnen, wie die beiden Wissenschaftler sagen, „bequem auf einen Stecknadelkopf passt", zeigen diese Räuber bei der Jagd auf andere Spinnen ein reiches Repertoire von Listen und Gaunereien. „Wie", fragen die Biologen, „schafft *Portia* so viel mit so wenig?"

Wahrscheinlich, weil *Portia* überhaupt nicht aussieht wie eine Spinne, sondern eher wie ein Fetzen von etwas, das versehentlich im Netz hängenbleibt. Auf diese Weise verbirgt sie sich vor ihren Feinden, den Vögeln, und auch vor ihrer Beute. Unbemerkt schleicht *Portia* sich ins Gespinst einer fremden Spinnenart und versetzt es in Schwingungen. Die Residentin deutet das Zucken als Gestrampel eines Insekts, das sich in den Fäden verstrickt hat, und eilt herbei. Ist sie nah genug, schlägt *Portia* zu.

Da Netzspinnen sich beim Fang nicht auf ihre Augen, sondern auf die Signale ihrer Seide verlassen, spielen Springspinnen auf deren Fäden wie auf einer Harfe. Trickreich schaffen sie es, zahlreiche Spinnenspezies zu täuschen und aus dem Hinterhalt sogar Arten zu erlegen, die doppelt so groß sind wie sie. Staunend verfolgten die Wissenschaftler, wie *Portia* ihre gezupften Beute-Vibrationen exakt auf die Spezies einstellt, die sie überlisten will. Ja, dass sie sogar Windstöße abwartet, um ihre eigene Bewegung zu verschleiern.

Springspinnen, gestehen die Forscher, hätten ihnen tatsächlich eine „Lektion" erteilt: nämlich, dass es falsch sei, ein vermeintlich einfaches Tier zu unterschätzen: „Das winzige zentrale Nervensystem von *Portia* reicht offenbar völlig aus für räuberische Strategien, die wir eher von einer Katze oder einem Hund als von einer Spinne erwartet hätten."

Bis heute fällt auch **Uta Henschel** immer wieder auf die Tarnung harmloser Schwebfliegen herein, deren gelb-schwarze Leibbinden die GEO-Redakteurin unangenehm an frühe Erfahrungen mit Wespen erinnern.

WAS IST EIGENTLICH REGENWALD?

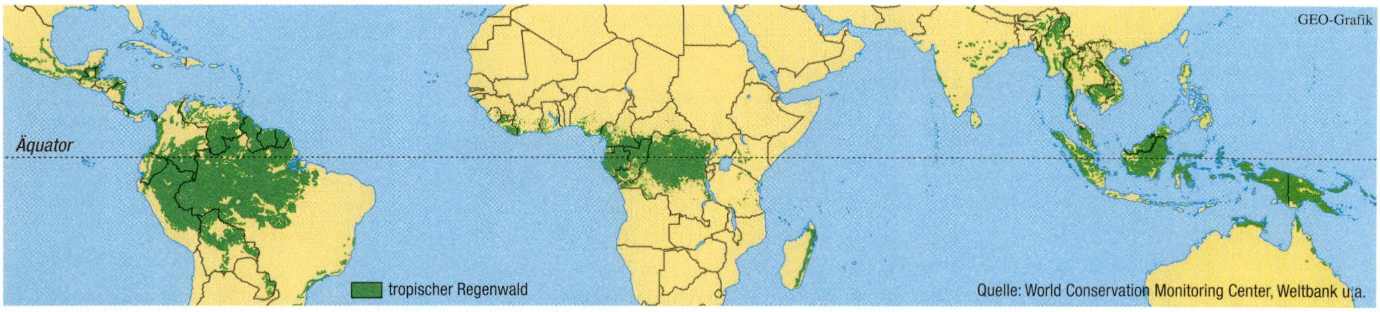

WAS MACHT DEN WALD ZUM REGENWALD?

Tropischer Regenwald im Sinne der Definition ist nur in den immerfeuchten Gegenden beiderseits des Äquators anzutreffen. Dort also, wo es gleichbleibend warm ist, wo das ganze Jahr über Niederschläge von insgesamt mehr als 2000 Millimeter fallen und wo die Trockenzeiten höchstens einige Wochen dauern.
Die asiatischen Monsunwälder hingegen sind durch alljährlich mehrmonatige Trockenperioden gekennzeichnet. Die Regenwälder nördlicher Regionen wie in Kanada unterliegen sogar deutlichen jahreszeitlichen Klimaschwankungen und weisen auch weniger Arten auf als jene der Tropen.
Die Erscheinungsformen des tropischen Regenwalds reichen von Mangrovenwäldern in Küstennähe über Tiefland- und Heidewälder zu Bergregenwäldern, die, wie etwa auf Neuguinea, noch in über 3000 Meter Höhe gedeihen. Charakteristisch sind das enorme Höhenwachstum der Bäume und die Gliederung der Vegetation in mehrere Stockwerke. Ganz oben im Kronendach herrscht ein viel trockeneres Mikroklima als in niedrigeren Etagen, erst recht als im „Erdgeschoss", wohin kaum noch Licht gelangt. Typisch ist auch der Bewuchs mit Kletterpflanzen und Epiphyten.
Im tropischen Regenwald, der ein höchst komplexes Ökosystem voll gegenseitiger Abhängigkeiten und fast geschlossener Kreisläufe bildet, ist mehr als die Hälfte aller irdischen Tier- und Pflanzenarten heimisch.

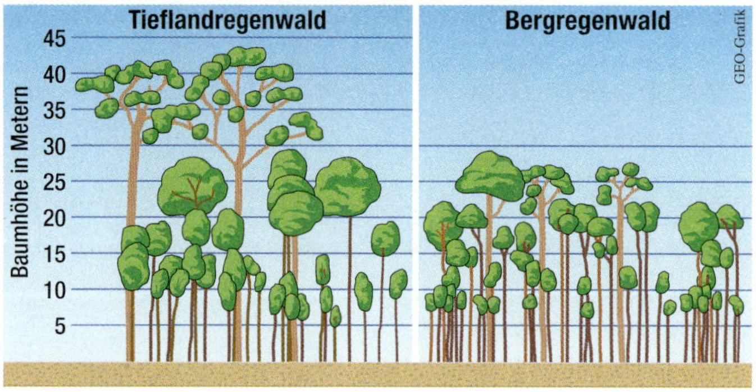

In Tieflandregenwäldern werden die Bäume weit größer als in Bergformationen. Zudem ist die Gliederung in Stockwerke stärker ausgeprägt

Wasserdampf über der grünen Decke Sarawaks

WIE KOMMT DER REGEN IN DEN WALD?

Nur ein Viertel des Niederschlags versickert im Boden des Regenwalds und gelangt in die Flusssysteme, alles übrige wird von den Wurzeln der Bäume aufgenommen, in den Stämmen hinaufgepumpt und durch die Spaltöffnungen der Blätter als Dampf ausgeschwitzt. Weil das üppige Blattwerk des Regenwalds zusammengenommen eine riesige Verdunstungsfläche bildet, erzeugt das Schwitzen einen enormen Unterdruck in den Leitgefäßen der Bäume, wirkt mithin als Pumpantrieb. Überdies hält das Verdampfen die Temperatur im Wald erträglich, denn dabei kühlt sich die Umgebung ab.
Über den Baumwipfeln ballt sich der hochsteigende Wasserdampf zu Wolken, die über ihnen auch wieder abregnen. Der Regenwald unterhält so seinen speziellen Wasserkreislauf. In die „normale" große Zirkulation gelangt das Wasser erst nach durchschnittlich sieben Umläufen: Der Regen fließt über Bäche, Flüsse, Ströme ins Meer, verdunstet dort und wird als Wolken vom Wind wieder übers Land getrieben.

WIE BAUEN TERMITEN IHRE KUNSTVOLLEN BEHAUSUNGEN?

Termiten leben in arbeitsteiligen Kasten-Staaten. Ein Nest umfasst etwa 5000 Individuen, einige Arten bringen es sogar auf eine Million. Das einzelne Tier funktioniert darin nur als Teil eines übergeordneten Ganzen. Auch ihre komplizierten Nester bauen diese Insekten allein durch das Zusammenspiel aller.
Die spektakulärsten Konstruktionen errichten Termiten in der afrikanischen Savanne: gigantische Türme mit raffinierten Belüftungssystemen. Nasentermiten, eine häufig vorkommende amerikanische Familie, bauen ihre kugel- oder eiförmigen Unterkünfte mit bis zu zwei Meter Durchmesser in Bäumen oder unterirdisch.

Termitenbau auf einem Baum in Costa Rica

Als Baumaterial mischen die Nasentermiten zerkautes Holz mit Speichel und Exkrementen. Aus dieser pappmachéartigen Masse errichten sie Kammern für das Königspaar und die Brut, ein Labyrinth von Gängen und eine schützende Hülle nach außen. Außerdem formen sie daraus lange tunnelartige Gebilde, in deren Schutz die Insekten vom Hauptnest direkt zu den Fressplätzen gelangen. Übrigens fressen nicht alle Termitenarten Holz. Viele ernähren sich von totem Laub, viele von Substanzen in Erde oder Dung. Termiten sind für tropische Böden von ähnlich großer Bedeutung wie Regenwürmer in unseren Breiten: Sie lockern den Boden. Und weil sie die für die meisten Tiere unverdaulichen Pflanzenteile abbauen – dank winziger, symbiontischer Einzeller und Bakterien –, beschleunigen sie den Kreislauf der Nährstoffe. Wird ein Nest an einer Stelle beschädigt, eilen die Termiten-Soldaten sofort herbei und wehren den Eindringling mit scharfen Beißwerkzeugen ab. Die Soldaten der Nasentermiten bespritzen Feinde mit einem klebrigen, juckenden Sekret. Nicht immer mit Erfolg. Termitenbauten laden manche Tiere – Ameisen, Trogons, Papageien, sogar kleine Säugetiere – offenbar ein, sie als Stätte für ein eigenes Nest zu benutzen – und/oder um die Erbauer aufzufressen.

WAS HAT DER AMAZONAS-REGENWALD MIT DER SAHARA ZU TUN?

So unglaublich es klingt: Die afrikanische Wüste düngt den Regenwald in Südamerika. Die Passatwinde treiben aufgewirbelten Wüstenstaub gen Westen. Gewaltige Gewitterstürme über den Wäldern des Amazonasgebietes saugen ihn geradezu an. Und der Regen wäscht ihn dort wieder aus der Atmosphäre.
Die herbeigeführten Staub- und Sandpartikel bestehen aus fein zerriebenem Gestein sowie den Überresten toter Pflanzen und Tiere. Sie sind also reich an organischen Substanzen, Mineralien und Spurenelementen. Über 500 Millionen Tonnen davon werden alljährlich von Afrika nach Südamerika verfrachtet.
Der Nährstoffkreislauf im tropischen Regenwald ist zwar eng geschlossen; trotzdem kommt es zu Verlusten, die sich auf den riesigen Flächen zu beträchtlichen Mengen addieren. Und diese Verluste gleicht der Saharastaub aus. Manche Wissenschaftler vermuten, dass die jeweilige Ausdehnung der südamerikanischen Regenwälder in den vergangenen Jahrmillionen direkt davon abhing, ob die Fläche der Sahara infolge von Klimaschwankungen gerade schrumpfte oder sich vergrößerte.

Vor Mauretanien trägt der Wind Wüstenstaub auf den Atlantik hinaus

Früchte-Diät eines Orang-Utan: Knallige Farben und intensive Düfte sorgen für Aufmerksamkeit der Primaten

WARUM REIFEN IM REGENWALD SO AUFFÄLLIGE FRÜCHTE?

Früchte umschließen die befruchteten Samen bis zur Reifung und dienen dann nur noch einem Zweck: deren Verbreitung zu fördern. Im gemäßigten Klima packt der überwiegende Teil der Samenpflanzen seine genetische Zukunft in leichte, trockene Früchte. Kapseln, Schoten oder Hülsen, die sich irgendwann öffnen und den Samen in den Wind streuen. Im Regenwald dagegen bilden die meisten Samenpflanzenarten, namentlich Bäume, essbare Früchte aus: Nüsse, Beeren und andere saftige Gebilde mit nahrhaftem Fleisch. Knallige Farben und intensive Gerüche verheißen begehrte Energielieferanten wie Zucker und Stärke, die Pflanzen ohne großen Aufwand herstellen können. Die Produktion von Eiweißen, Fetten oder Vitaminen für die Samen verlangt der Pflanze hingegen viel Energie ab. Damit sich der ganze Aufwand lohnt, damit also möglichst viele keimfähige Samen überleben, muss die Pflanze diese davor schützen, zerkaut oder von Verdauungssäften aufgelöst zu werden. Die Samen sind deshalb oft von einer harten Schale umhüllt, die Tiere sofort ausspucken oder mit ihrem Kot ausscheiden.

Manche tropische Baumarten bilden hingegen Samen, die gerade darauf angewiesen sind, verdaut zu werden. Sie besitzen eine keimungshemmende Schutzhülle. Die muss im Magen und Darm der Tierart aufgelöst werden, die sich auf die Früchte der jeweiligen Baumart spezialisiert hat. Erst dann können die Samen überhaupt aufgehen.

WARUM FINDET SICH SO VIEL REICHTUM AUF SO KARGEN BÖDEN?

Erstaunlicherweise wächst die hochproduktive Lebensgemeinschaft Regenwald oft auf sandigen, unfruchtbaren Böden. Dass solche Fülle im Mangel gedeihen kann, beruht auf dem Klima, das ganzjähriges Wachstum ermöglicht. Pilze, Bakterien und andere Bodenlebewesen bauen tote Pflanzen und Tiere rasch ab – fünf- bis zehnmal schneller als in mitteleuropäischen Gehölzen.
Die Bäume nehmen die Abbauprodukte mit ihren Wurzeln sofort wieder auf und führen sie dorthin, wo sie gebraucht werden. Im Wald der gemäßigten Klimazonen wird der Nährstoffvorrat hingegen als Humus im Boden gespeichert.
Die Pflanzen im Regenwald haben sich an den relativen Nährstoffmangel auf unterschiedliche Weise angepasst: Manche leben als Parasiten anderer Pflanzen und zapfen deren Saftstrom an. Epiphyten dagegen benutzen Äste nur als Unterlage, um näher beim Sonnenlicht zu sein.
Mit speziell ausgebildeten Wurzeln fangen etwa die Aronstabgewächse Niederschlag gleichsam aus der Luft auf – und darin enthaltene Nährstoffe gleich mit. Denn während der Regen durch die grünen Stockwerke heruntertropft, filtert er dabei schrittweise Mineralien heraus.

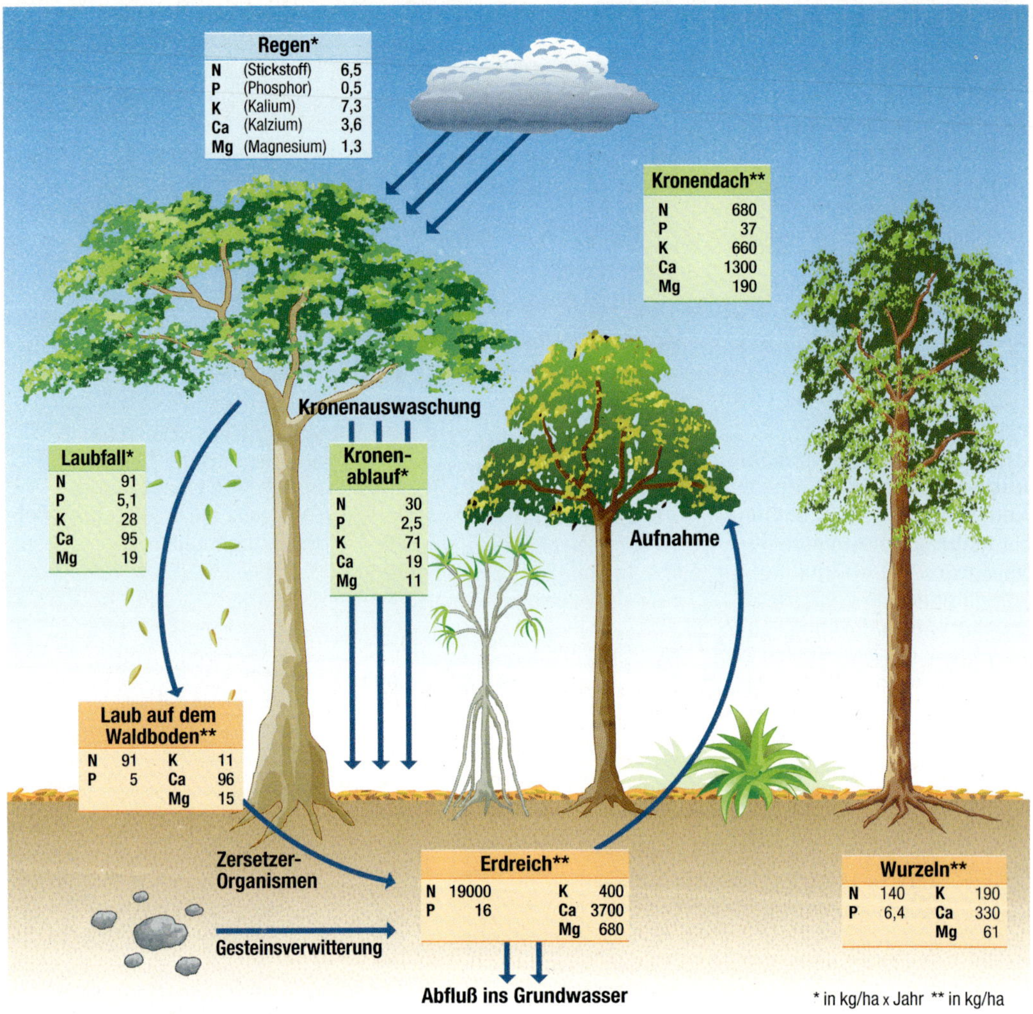

Die produktiven Lebensgemeinschaften gedeihen nur dank eines perfekten Nährstoff-Recycling

Bromelien sammeln organisches Material in ihren Blattrosetten

Die epiphytischen Bromelien und die Nestfarne unterhalten eigene kleine Biotope, die sie mit Nährstoffen versorgen.
In ihren Blattrosetten sammelt sich staubbefrachtetes Regenwasser wie in Tümpeln. Darin leben Algen, Bakterien und tierische Einzeller, die abgefallene Blätter und anderes totes Pflanzenmaterial zersetzen.

Diese winzigen Lebewesen dienen Mückenlarven als Nahrung. Die Mückenlarven wiederum werden von Insekten, Fröschen und Kaulquappen gefressen und die dann von Vögeln, Fledermäusen und kleinen Säugetieren. Das mit deren Exkrementen angereicherte Wasser nehmen die Bromelien mit Saugschuppen auf ihren Blättern als Dünger auf.
Spezialisten wie die Kannenpflanzen der asiatischen Regenwälder, die vorzugsweise auf stickstoffarmen Böden gedeihen, beziehen Stickstoff und Mineralsalze aus den Körpern der Insekten, die sie mit raffinierten Fallen fangen und mit Verdauungssäften zersetzen.

WIE BEEINFLUSSEN DIE REGENWÄLDER DAS WELTKLIMA?

Gar nicht, solange sie unberührt bleiben. Anders als man früher glaubte, funktionieren die Regenwälder keineswegs als globale Klimastabilisatoren. Denn Kohlenstoff, Wasser und Nährstoffe zirkulieren dort in nahezu geschlossenen Kreisläufen, wirken sich also kaum auf das weltweite Klimageschehen aus.
Werden allerdings große Waldflächen brandgerodet, so entweicht der zuvor in der Biomasse gespeicherte Kohlenstoff als Kohlendioxid in die Atmosphäre – derzeit jährlich zwischen fünf und elf Milliarden Tonnen. Das entspricht mindestens

einem Viertel der gesamten Kohlendioxidmenge, die Menschen weltweit zur gleichen Zeit in die Luft jagen. Unvollständige Verbrennung, Zersetzungsprozesse und landwirtschaftliche Nutzung der gerodeten Flächen hinterlassen überdies Treibhausgase wie Methan, Stickoxide, bodennahes Ozon. All diese Gase beeinflussen das Klima erheblich.
Hinzu kommt, dass gerodete Flächen mehr Sonnenenergie zurückstrahlen. Wind und Wasser tragen die dünne Krume ab. Die Gebiete verwüsten, was die Rückstrahlung weiter erhöht und regional zu einer Temperatursenkung führen kann. Die Verdunstung und damit der Wassergehalt der Luft nehmen ab, es bilden sich weniger Wolken.
Ob all diese Klimaeffekte sich letztlich zu einer Erwärmung oder einer Abkühlung summieren, ist unklar. Höhere Temperaturen wären dem Gedeihen des Regenwaldes zunächst förderlich. Allerdings wächst damit auch die Wahrscheinlichkeit für Klima-Anomalien wie „El Niño“. Diese zyklisch auftretende Erscheinung verursacht in weiten Teilen der Tropen und Subtropen ungewöhnlich heftige Regenfälle oder extreme Trockenheit. Die massiven Waldbrände, die zwischen 1997 und 1999 in Amazonien und Südostasien gewaltige Regenwaldflächen verwüsteten, sind einem außergewöhnlich starken El Niño zuzuschreiben.

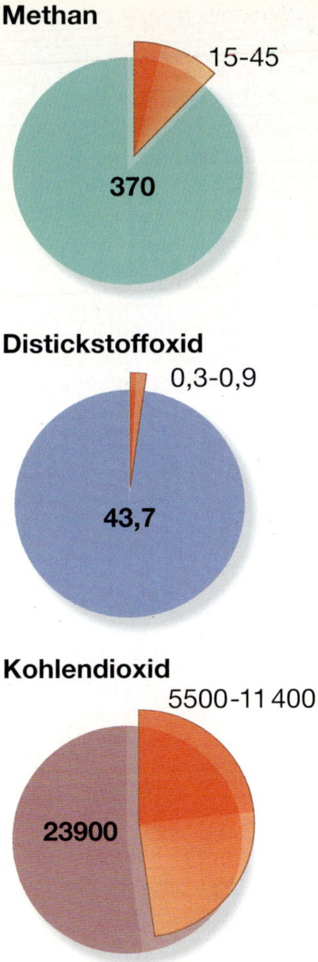

Wenn der grüne Kosmos brennt wie 1997 auf Borneo, als Rauch (im Satellitenbild gelb) die Insel verhüllt, werden Unmengen Treibhausgase freigesetzt: Die roten »Tortenstücke« zeigen den Anteil der Waldverluste am Gesamtausstoß der jeweiligen Stoffe (in Millionen Tonnen/Jahr)

WARUM LEIDET IM REGENWALD NIEMAND AN HEUSCHNUPFEN?

Weil kaum Pollen herumfliegen. Denn die einzelnen Exemplare einer Pflanzenart stehen oft so weit voneinander entfernt, daß eine Windbestäubung nicht sehr erfolgreich wäre.
Also haben die Regenwaldpflanzen andere Methoden zur Sicherung ihrer Fortpflanzung gefunden. Viele haben große Blüten in schreienden Farben entwickelt, attraktive Düfte und süßen Nektar, um Tiere anzulocken, die im Gegenzug Pollen mitnehmen und verbreiten: Insekten am häufigsten, aber auch Vögel, Fledermäuse und andere kleine Säuger.
In jahrmillionenlanger Koevolution haben sich Pflanze und Bestäuber oft perfekt aneinander angepasst. *Heliconia* etwa besitzt einen leuchtend roten, röhrenförmigen Blütenkelch. Den Nektar an dessen Grund erreichen nur bestimmte Kolibri-Arten mit langen, gebogenen Schnäbeln, die sich vor dem Flug zur nächsten Blüte unbemerkt Pollen aufladen. Eine hocheffiziente Art der Bestäubung: Pollen mit dem Erbgut der Pflanze landen präzise da, wohin sie sollen – auf Blüten derselben Art.
Orchideen der Gattung *Gongora* verführen Bienen mit alkoholhaltigen Zuckercocktails. Die berauschten Insekten fallen auf den unteren Blütenteil und wälzen sich im Blütenstaub. Andere Orchideen täuschen den Männchen „ihrer“ Bienenart den Sexualduft und die Hinterleibsform der Weibchen vor, oder sie locken sie in enge Röhren – und der einzige Ausweg führt vorbei an pollenbeladenen Staubbeuteln. Pflanzen wiederum, die sich auf nachtaktive Tiere spezialisiert haben, blühen nur in der Dunkelheit.
In unseren Breiten blühen die Blütenpflanzen einer Art meist alle zur gleichen Zeit. Im Regenwald fehlen jedoch weitgehend die Reize, die solche Massenblüte steuern, nämlich jahreszeitliche Änderungen von Temperatur und Tageslänge. Manche Blüten bleiben denn auch das ganze Jahr über geöffnet. Und das hat den Vorteil, dass bestäubende Tiere sich deren Standorte merken und ihr Futter auf festen „Touren“ sammeln können.

Kolibri im Anflug auf *Heliconia*-Blüte

WAS VERBINDET LIANEN IM AMAZONAS MIT KAKTEEN NORDAMERIKANISCHER WÜSTEN?

Den Anfang des Kakteen-Stammbaums bilden Sträucher der Gattung *Pereskia*. Von diesen beblätterten Pflanzen stammen die *Pereskia*-Arten ab, die heute als Lianen mit langen Stängeln und Dornen an den Bäumen brasilianischer Regenwälder emporranken. Nachfahren jener Regenwald-Sträucher sind aber auch jene stacheligen Gesellen, die als blattlose Kugeln oder Säulen in den Wüstengebieten des amerikanischen Kontinents herumstehen – und manchem Western als bizarre Kulisse dienen. Vor Urzeiten haben vielleicht Vögel *Pereskia*-Samen aus feuchteren Lebensräumen wie dem tropischen Regenwald in trockenere Wälder getragen. Irgendwann gelangten

Pereskia-Pflanzen auf diese Weise auch in die Wüsten und Steppen Amerikas und passten sich allmählich trockeneren Bedingungen an.
So haben sie etwa aufgehört, Blätter zu bilden. Denn über ihre Spaltöffnungen, die der Zu- und Abfuhr der Gase für die Photosynthese dienen, verlie-

Epiphytische Kaktee der Gattung *Rhipsalis*

ren Blätter gewöhnlich auch viel Wasser. Die grüne Oberfläche des zur Säule oder zur Kugel verdickten Stängels reicht der emigrierten *Pereskia*-Sippschaft, um Photosynthese zu betreiben.
Zu den Merkmalen, die „moderne" Kakteen noch mit ihrer Urahnin *Pereskia* verbinden, zählen die Dornen: Sie schützen die wasserhaltigen Wüstenpflanzen vor durstigen Tieren. Diese Geschichte einer Artenbildung geht aber noch weiter: Im Laufe der Jahrmillionen gelangten offenbar einzelne Samen von Kakteen aus der Wüste wieder in den Wald zurück. Vermutlich mit dem Vogelkot landeten sie auch auf den Ästen der Baumkronen. Da sie gut Wasser speichern konnten, überlebten die Rückwanderer dort oben. Aus ihnen entwickelten sich einige epiphytische Kakteen der Regenwälder Mittel- und Südamerikas.
Allerdings mussten sich die epiphytischen Kakteen wieder an den Lichtmangel im Kronendach anpassen, also mehr Grünfläche zur Photosynthese bereitstellen. Das genetische Programm zur Bildung von Blättern scheint jedoch im Lauf der Evolution verloren gegangen zu sein.
Stattdessen hat *Rhipsalis*, eine der epiphytischen, kletternden Kakteengattungen, einen längeren Stängel gebildet und dessen Oberfläche vergrößert, indem sie ihn verzweigte. Solche vielfältig gestalteten Auswüchse hängen nun üppig von den Baumkronen herunter und sehen aus wie Blätter. So haben die epiphytischen Kakteen im Laufe der Evolution die Blätter gewissermaßen „neu erfunden".

? WARUM WÜRGT DIE WÜRGFEIGE?

Ohne Sonnenschein funktioniert keine Photosynthese, und ohne diese kann fast keine Pflanze wachsen. Das Kronendach der Urwaldriesen verschluckt jedoch einen Großteil des einfallenden Lichtes.
Bis zum untersten Stockwerk gelangt gerade mal ein Prozent. Die Pflanzen des Regenwalds haben deshalb eine Vielzahl von Strategien entwickelt, um an die lebenswichtige Energie zu kommen. Orchideen, Farne, Aronstabgewächse und Bromelien etwa siedeln hoch im Geäst. Besonders raffiniert gehen Würgfeigen vor: Als junge Pflanzen leben sie wie Epiphyten auf Ästen. Mit der Zeit lassen sie jedoch Luftwurzeln nach unten wachsen. Sobald diese die Erde berühren, gewinnen die Würgfeigen damit Wasser und Nährstoffe aus dem Boden. Die Wurzeln werden immer dicker und bilden Seitentriebe, bis sie den Stamm des Wirtsbaumes vollständig umschließen. Diesem werden allmählich die Leitgefäße abgeschnürt: Er stirbt ab.
Die Würgfeige ist nun selbst zum Baum geworden, mit röhrenförmigem, hohlem Stamm. Einzelne Arten bilden auch stammartige Stützpfeiler. Die Krone der Würgfeige kann sich dabei so breit machen wie mehrere Urwaldriesenkronen zusammen: Die größte bekannte Würgfeige bedeckt eine Fläche von zwei Hektar.

Würgfeigen, die ursprünglich wie Epiphyten leben: werden selbst zu einem Baum – mit rohrenförmigem, hohlem Stamm

? GEDEIHEN AUCH PFLANZEN IM DÜSTEREN PARTERRE?

An das Halbdunkel am Boden haben sich einige wenige Pflanzenarten angepasst, die sich von Abbauprodukten des verrottenden Laubes ernäh-

Dunkelpflanze *Chamaedorea metallica*

ren und so von den photosynthetischen Leistungen anderer Pflanzen profitieren.
Aber es gibt auch Schwachlichtspezialisten, die sogar hier Photosynthese betreiben können – Farne zum Beispiel, die extrem langsam wachsen.
Oder die Palme *Chamaedorea metallica*, die blau irisierende Blätter besitzt. Dank dieser

Blattfarbe kann sie exakt jenen Teil des Lichts nutzen, der in Bodennähe ankommt. Manche Blütenpflanzen ranken auf dem Boden und bedecken große Flächen. Blüten oder gar Früchte entwickeln sie nur, wenn sie ins Licht finden. Baumsämlinge, die zu Boden fallen, ruhen so lange, bis eines Tages ein Baum umfällt und eine Lichtung in das geschlossene Kronendach reißt. Erst dann beginnen sie zu keimen.

? WARUM GIBT ES IM REGENWALD SOLCH BIZARRE LEBEWESEN?

Der gewaltige Schnabel des Tukans und die unglaublich langen Schwanzfedern des Quetzal wirken auf den ersten Blick wie eine bloße Laune der Natur. Indes machen diese Merkmale wahrscheinlich die Männchen attraktiver für die Weibchen. Denn ein buntes Gefieder könnte auf den guten Ernährungszustand des Männchens hinweisen, was von Bedeutung ist in einem Lebensraum, in dem die verfügbaren Nährstoffe knapp sind. Einige Tiere wiederum wirken mit ihren riesengroßen Augen fast wie Karikaturen: Koboldmakis etwa, Geckos und viele Frösche. Diese Kullerchen entstanden als Anpassung an eine Lebensweise, die sich vorwiegend in der Dämmerung abspielt. Nachtaktive Tiere haben dagegen ihre Sehorgane häufig zurückgebildet und orientieren sich anders – Geißelspinnen etwa mit Hilfe mechanischer und chemischer Sensoren, die auf ihren langen Tastbeinen sitzen.
Manche Arten haben unter dem strengen Diktat der Evolution – anpassen oder untergehen – die ausgefallensten Tarnungs- und Täuschungstricks entwickelt. Und umgekehrt haben sich jene, die gegen das Gefressenwerden unangenehm schmeckende Substanzen oder Gifte „erfanden“, auffällige Warntrachten zugelegt.
Dann gibt es im Regenwald Lebewesen, die auf Laien zunächst nicht besonders auffällig wirken, Flohkrebse zum Beispiel. Das Außergewöhnliche an denen ist, dass ihresgleichen normalerweise im Wasser lebt, als Planktont oder Bodenbewohner. Einigen Flohkrebsarten ist es aber gelungen, sich an das Landleben anzupassen: In der feuchten Umgebung, die sie in der Streuschicht am Grund des Regenwaldes finden, ernähren sie sich von herabgefallenem Laub.
Trotz des enormen evolutionären Drucks haben hier viele urtümliche Lebewesen überlebt. Denn in den Regenwäldern ist es über mehr als 60 Jahrmillionen durchgehend feucht und warm geblieben. Erst in den letzten 1,8 Millionen Jahren gab es stärkere klimatische Schwankungen. Zwar änderte sich damit auch die Ausdehnung der Regenwälder, aber stets blieben Kerngebiete erhalten, in die sich Fauna und Flora zurückziehen konnten. So bilden am Boden tropischer Wälder Moosfarne, die auch vor über 300 Millionen Jahren verbreitet waren, dichte Polster. Auch Baumfarne sind „lebende Fossilien“.
Unter den Tieren zählen wohl die Stummelfüßer zu den skurrilsten Geschöpfen. Wissenschaftler vermuten in diesen raupenähnlichen Wesen mit ihren kurzen Beinfortsätzen das stammesgeschichtliche Bindeglied zwischen den Ringelwürmern und den Gliederfüßern. Weitere urtümliche Tropentiere sind das Faultier, das Gürteltier, der Tapir und die Makis – Halbaffen, von denen die kleinsten gerade mal Mausgröße erreichen.

Koboldmaki *Tarsius sp.*

Tukan *Ramphastos sulfuratus*

Faultier *Bradypus variegatus*

? WIEVIEL REGENWALD GEHT VERLOREN UND WARUM?

Der Löwenanteil der Waldverluste entsteht durch Rodung für landwirtschaftliche Nutzung. Nach Schätzungen der Landwirtschafts-Organisation der Vereinten Nationen (FAO) ist zwischen 1900 und 1980 etwa die Hälfte aller damaligen Tropenwälder zu Äckern und Weiden umgewandelt oder ganz verwüstet worden – insgesamt 20 Millionen Quadratkilometer. Weitere riesige Waldflächen mussten Städten, Industrien und Energieproduktionsanlagen Platz machen. Vielerorts werden die Regenwälder nach Furnier- und anderen Nutzhölzern ausgeweidet oder wandern einfach als Brennholz ins Herdfeuer. Nachhaltig bewirtschafteter fällt demgegenüber mit gerade mal 3282 Quadratkilometer bislang kaum ins Gewicht.

Tropischer Regenwald
1,7
Milliarden Hektar
insgesamt

nachhaltig
bewirtschaftete Fläche
328 207
Hektar

DER EXPLORATOR

FAST SCHON EIN

Loren McIntyre, der Entdecker der Amazonas-Quelle, gilt als einer der letzten Naturforscher, die unbändige Abenteuerlust, umfassende Bildung, politisches Geschick und enormes Erzähltalent in sich vereinen

Die Fahrt den Rio Negro hinauf endete an der Grenze zwischen Brasilien und Venezuela – im Gefängnis. In ihrem Eifer gegen die Gringos setzten Soldaten Loren McIntyre fest und konfiszierten 40 Filme in seinem Gepäck. Aber der hatte den Ärger vorausgesehen und seine belichteten Rollen – Ertrag mehrwöchiger Mühsal – so präpariert, dass sie unbelichtet aussahen, und die unbelichteten so, dass sie belichtet wirkten. Und die Grenzer fielen auf den Trick herein.

Mit Hilfe eines Arztes benachrichtigte McIntyre die US-Botschaft in der venezolanischen Hauptstadt Caracas von seiner misslichen Lage. Nach neun Tagen hinter Gittern mit keinem anderen Getränk als dem Regenwasser, das er in einem aus dem Fenster gehaltenen Pappbecher auffing, kam er wieder frei und setzte seine Reise fort.

Loren McIntyre hat in den Regenwäldern Südamerikas so viele Kilometer zu Land und zu Wasser zurückgelegt wie wohl kein anderer Zeitgenosse. Doch heil überstanden hat er all seine Expeditionen und Abenteuer nur mit Tricks und dank seiner Zählebigkeit. Der heute 82-Jährige ist einer jener Unruhegeister, die immer wieder losziehen und dank ihres Erzähltalents und ihres Gespürs für eingängige Bilder den Daheimgebliebenen die Faszination des Fremden vermitteln können.

Dabei begann die Karriere, die McIntyre berühmt gemacht und ihm als Entdecker der Amazonas-Quelle einen Platz in den Annalen der Geographie gesichert hat, erst in seinen Fünfzigern, zu einer Zeit also, in der andere schon an Ruhestand denken.

Der Ursprung von McIntyres Verkettung mit Südamerika liegt in seiner Kindheit. 1926 verfolgte der neunjährige Loren in Seattle gebannt die Berichte über das Verschwinden des Entdeckers

LOREN MCINTYRE

SEIT SIEBEN JAHRZEHNTEN IM BANNE SÜDAMERIKAS

ZWEITER HUMBOLDT

VON RICHARD WOLKOMIR

Percy Fawcett in der Amazonas-Region. Als der 18-Jährige dann 1935 auf einem Frachter durch die Baía de Marajó gen Belém fuhr, wo das Schiff Paranüsse laden sollte, spürte er eine geradezu magische Anziehungskraft. „Dieses hinreißende Land", schrieb er nach Hause, „zieht mich in einen Bann, dem ich nie mehr entkommen werde."

McIntyre tat alles, um die Prophezeiung wahr zu machen. Er studierte lateinamerikanische Kultur an der University of California. Nach dem Zweiten Weltkrieg schickte ihn die US-Navy zur Basis ihrer Marinemission in Peru. Die nächsten 17 Jahre verbrachten er und seine Frau Sue in Peru und Bolivien. Als er sich mit einem amerikanischen Filmemacher zusammenfand, um Dokumentarstreifen zu drehen, entdeckte er sein Talent fürs Fotografieren. Das US-Außenministerium beschäftigte ihn dann als Presseoffizier. In dieser Zeit überzeugte er den amerikanischen Außenminister Rusk, dass Präsident Kennedy Lateinamerika besuchen sollte. Die Reise wurde ein enormer Erfolg, und McIntyres Zukunft schien im diplomatischen Dienst zu liegen.

SO EINER WIE ER WIRD NIEMALS MÜDE

Doch das Schicksal intervenierte in Gestalt eines Entwicklungshilfe-Beamten: Der zeigte McIntyres Fotos einigen Redakteuren des „National Geographic Magazine" in Washington. Das war der Beginn einer zweiten Laufbahn, die McIntyre zum Grand Old Man des amerikanischen Journalismus hat aufsteigen lassen und die sich in unzähligen Veröffentlichungen in international angesehenen Zeitschriften niedergeschlagen hat.

1971 sponserte die National Geographic Society dann neben dem Interamerican Geodetic Survey – er stellte logistische Hilfe bereit – eine Expedition McIntyres in die peruanischen Kordilleren zu der am weitesten vom Atlantik entfernten Quelle des Amazonas. Wohl nur aufgrund der Reputation, die er durch seine wissenschaftlich untadeligen Reportagen gewonnen hatte, und seiner weitverzweigten Kontakte in Südamerika gelang es dem Explorator, alle politischen Hindernisse für eine solche Reise aus dem Weg zu räumen. Gemeinsam mit einem Bergsteiger und einem Geodäten brach McIntyre auf: Den Ursprung des wasserreichsten Flusses der Erde – „der Nil ist dagegen ein Getröpfel" – hatten sie zuvor auf Luftaufnahmen der US Airforce einigermaßen genau identifiziert.

Als eines Tages ihr Fahrzeug unterwegs im Schlamm stecken blieb, mussten die Männer ihre Ausrüstung zu Fuß zurück ins Basislager schleppen. Nach einer Passage mit mühevoller Kletterei sahen sie von einem Grat aus ungefähr 300 Meter unter sich ein kleines Wasserbecken – den Ursprung des gewaltigen Stromes. „Wir waren nicht gerade sehr ausgelassen", erinnert sich McIntyre, denn die dünne Luft in über 5000 Meter Höhe dämpfte den Jubel. Das Trio kraxelte den Abhang hinunter und trank aus dem glasklaren Quellsee, der heute Laguna McIntyre heißt, und neben dem – mehr als 6500 Kilometer von der Amazonas-Mündung entfernt – eine Bronzetafel den Entdecker der Quelle ehrt.

In all den Jahren in Südamerika war bei McIntyre immer mehr das Interesse für den Mann gewachsen, der als erster wissenschaftlicher Erforscher des Kontinents gilt: Alexander von Humboldt. Und so machte sich der Journalist 1976 im Auftrag von GEO auf, die legendäre Amerika-Reise des deutschen Universalgelehrten von 1799 bis 1804 nachzuvollziehen. Über Jahre hinweg legte McIntyre in Etappen Tausende von Kilometern zurück – durch Venezuela, Kolumbien, Ecuador, Peru und Mexiko; zu Fuß, im Einbaum, per Jeep und Flugzeug. Für ihn wie auch schon für sein Vorbild war es die längste und eindrucksvollste Reise des Lebens.

Und nicht erst am Ende fühlte sich Loren Alexander McIntyre dem Naturforscher Alexander von Humboldt so nahe, dass er an einem Zufluss des Amazonas oder am Fuß des gut 6200 Meter hohen Chimborazo glaubte, „dass ich ihn sehen könnte". 1982 – und 1999 in einer Neuauflage – erschien das Resultat der Strapazen in der GEO-Bibliothek: das Werk „Die amerikanische Reise", in dem McIntyre die Lebensgeschichte des großen Forschers wiederaufleben lässt. Heute zählt der Autor zu den führenden Humboldt-Experten.

So einer wie McIntyre wird nicht müde. Noch immer verbringt er einen Teil des Jahres in den Regenwäldern Südamerikas. Er hält Vorträge auf Amazonas-Schiffstouren und spendet die Honorare dafür den Völkern, die am Flussufer leben. Zu Hause, in Arlington nahe Washington, arbeitet er an mehreren Büchern gleichzeitig. Dabei hat er sich mit Erinnungen an seine südamerikanische Vergangenheit umgeben: Das Haus ist dekoriert mit Gaucho-Steigbügeln, indianischen Bildern und Kunstgegenständen. Und durch die Zimmer tobt auch eine lebendige Reminiszenz: die Kapuzineraffendame Chi Chi. Als der Entdecker sie, damals noch ein Baby, fotografierte, schwamm sie durch den Amazonas auf ihn zu und eroberte durch ihre Zutraulichkeit sein Herz.

Ein Foto zeigt Chi Chi an einer Schreibmaschine. In Anspielung darauf hielt sich in Journalistenkreisen lange das Bonmot, McIntyres Manuskripte sähen so aus, als hätte die Äffin sie getippt. Deren Herrchen jedenfalls hatte genug Humor, das nicht abzustreiten.

INFEKTIONEN

DIE KEHRSEITE DER VIELFALT

Der hohen Arten-Diversität in den Tropen entspricht ein enormer Reichtum an potenziellen Krankheitskeimen. Je mehr der Mensch in die Wälder vorstößt, umso mehr riskiert er, dass unbekannte Erreger auf ihn überspringen und Seuchen wie Aids und Ebola auslösen. Seuchen, mit denen er nicht fertig wird

VON MANFRED PIETSCHMANN

Es stinkt zum Gotterbarmen in Negri Sembilan. Denn in diesem malaysischen Bundesstaat liegt das Zentrum der nationalen Schweinezucht, der Fleischproduktion für den in- und ausländischen Markt. Der dichte Tropenwald, der einst das Land bedeckte, ist bis auf ein paar Reste umgehauen und abgefackelt, unter anderem um Platz zu schaffen für Ställe, Koben und Mistgruben. Doch auch die letzten Flecken Grün zeigen noch, welche Gefahr darin schlummern kann, so im Frühjahr 1999.

Der Horror begann, als regionale Krankenhäuser mehrere Fälle einer Gehirnentzündung meldeten, die von den Ärzten dort zunächst als „japanische Enzephalitis" diagnostiziert wurde. Das ist eine von Mücken übertragene Virus-Infektion, der vorwiegend kleine Kinder oder Gebrechliche zum Opfer fallen. Doch in diesem Fall erkrankten gesunde, kräftige Männer, die von Erkältungssymptomen geplagte Schweine versorgt hatten. Binnen Stunden fielen sie ins Delirium und starben kurze Zeit später. In nur zwei Wochen wurden Hunderte von Enzephalitis-Fällen registriert, komplette Familien suchten Hilfe in den Krankenhäusern. Und der Tod hielt reiche Ernte.

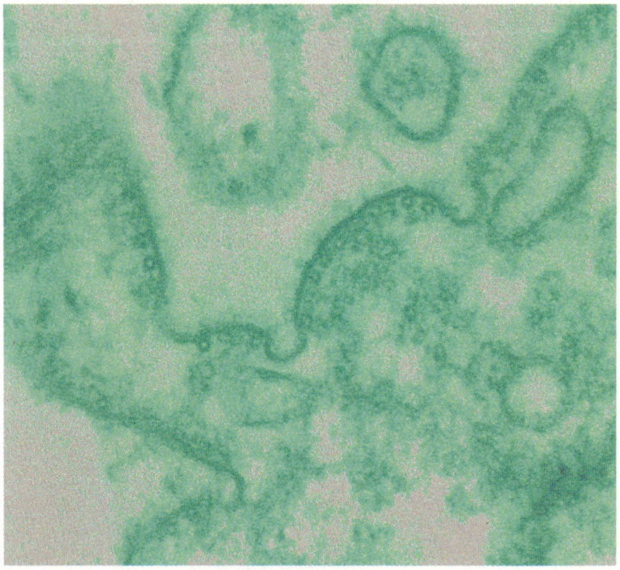

ENZEPHALITIS
Winzige kugelförmige Erreger reihen sich an der Membran einer infizierten Zelle auf. Mediziner isolierten das Nipah-Virus in Malaysia aus einem Patienten, der an einer unbekannten Enzephalitis-Form erkrankt war

Alle Bemühungen der Ärzte, Mikrobiologen und Virologen, den Erreger der heimtückischen Infektion dingfest zu machen, schlugen fehl. Schließlich schickten sie diverse Blut- und Gewebeproben zu den „Centers for Disease Control and Prevention" (CDC) nach Atlanta im US-Bundesstaat Georgia. Dort werden die meisten bekannten Krankheitskeime tiefgefroren aufbewahrt. Registriert und katalogisiert in einer Art Lebend-Kartei für Seuchen und Plagen, stehen sie bei Auftreten eines nicht identifizierten Erregers für Vergleiche bereit.

Die Proben aus Malaysia aber stellten die Experten vor Probleme: Das Virus – das nach dem Ort seiner Herkunft den Namen Nipah erhielt – unterschied sich nicht nur vom Erreger der japanischen Enzephalitis, sondern auch von jedem anderen, mit dem sie es verglichen. Allerdings stimmte sein Erbgut zu 82 Prozent mit dem eines Virus überein, das fünf Jahre zuvor entdeckt und „Hendra" benannt worden war. Quellen und Wirte dieses Virus sind vier in südostasiatischen und australischen Wäldern heimische Flughund-Arten.

Es lag also nahe, dass der neue Erreger ebenfalls aus dem gleichen Lebensraum stammte und viel-

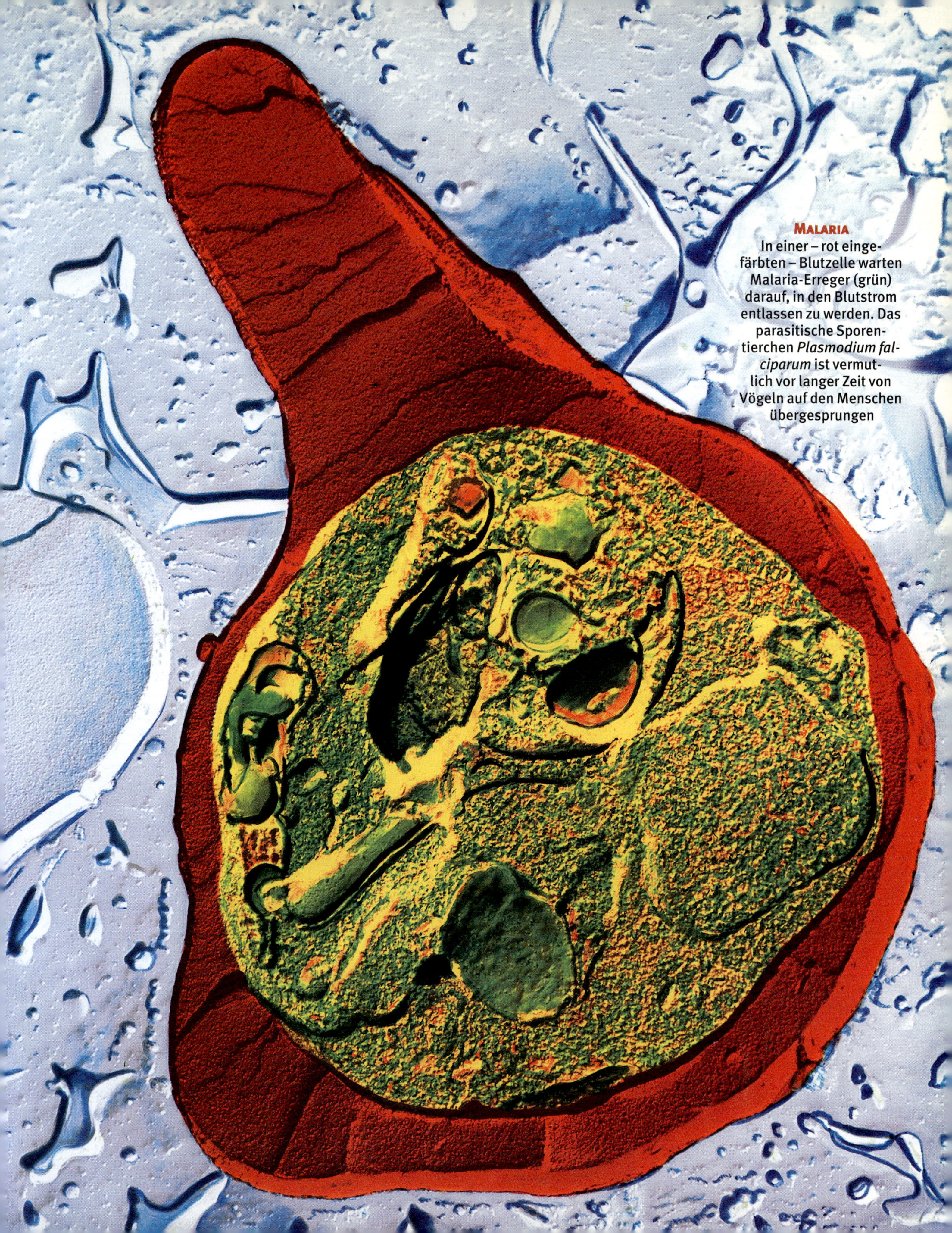

Malaria
In einer – rot eingefärbten – Blutzelle warten Malaria-Erreger (grün) darauf, in den Blutstrom entlassen zu werden. Das parasitische Sporentierchen *Plasmodium falciparum* ist vermutlich vor langer Zeit von Vögeln auf den Menschen übergesprungen

leicht sogar von einer verwandten Fledermausart verbreitet wurde. In den in Negri Sembilan massenhaft gehaltenen Schweinen hatte das Virus offenbar einen neuen Wirt gefunden. Aber warum löste die Seuche, die bei den Nutztieren nur Husten und Schnupfen hervorrief, unter den Züchtern eine lebensbedrohliche Gehirnentzündung aus?

„Viren sind unsere einzigen und echten Rivalen um die Herrschaft über den Planeten", meint der amerikanische Genetiker und Nobelpreisträger Joshua Lederberg. Tatsächlich haben keine Lebewesen unserem Kampf gegen die Natur so souverän widerstanden wie die Parasiten, vor allem die Viren, Bakterien und Pilze. Die Lehrbücher der Infektionskrankheiten führen fast 400 Plagegeister auf, die sich im Menschen vermehren, dessen Gesundheit schädigen oder ihn umbringen. Seuchenmediziner fürchten sogar, dass sich eine große Zahl gefährlicher Erreger bislang verborgen hält – abseits der menschlichen Zivilisation, unter dem immergrünen Laubdach des tropischen Regenwaldes.

Dort, wo die Evolution eine immense Vielfalt des Lebens hervorgebracht hat, finden auch jene meist mikroskopisch kleinen Parasiten ideale Entfaltungsmöglichkeiten. Sie schlummern etwa in Wildtieren, deren Immunsystem sich in einem langen Prozess der Koevolution mit den winzigen Plagegeistern arrangiert hat und sie ziemlich symptomlos toleriert.

Isoliert in unwegsamen Waldlandschaften, waren diese Erreger bislang keine große Gefahr für die Menschheit. Nun aber scheint es, als würden sie mit zunehmender Erschließung und Ausbeutung der Regenwälder in die besiedelte Welt katapultiert. Allein in den letzten 20 Jahren entdeckten Wissenschaftler rund 30 neue Krankheitskeime, von denen die meisten aus den Tropen stammen. Zum Beispiel das Ebola- oder das HI-Virus, den Erreger der Immunschwäche Aids. Oder jenes Hendra-Virus, das vermutlich seit Jahrtausenden in friedlicher Koexistenz mit seinen Fledermaus-Wirten gelebt hat, bevor ihm 1994 in Queensland, Australien, 13 Rennpferde und deren Trainer zum Opfer fielen.

Ob, wann, wie und warum die kleinen Killer ihr Refugium erweitern und spontan auf neue Wirte wie den Menschen überspringen, gehört zu den Geheimnissen der Natur. Erst in Ansätzen erahnen die Forscher das subtile Zusammenspiel von Anpassung und Selektion, von Ökologie und Genetik. In detektivischer Kleinarbeit suchen sie im Wirrwarr der schier unbegrenzten Möglichkeiten nach wiedererkennbaren Mustern und scheitern doch meist am Erfindungsreichtum der Mikroben. Zuweilen aber treffen sie unverhofft ins Schwarze.

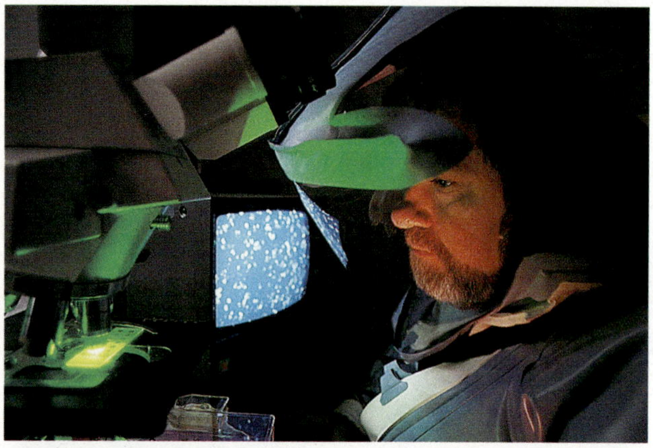

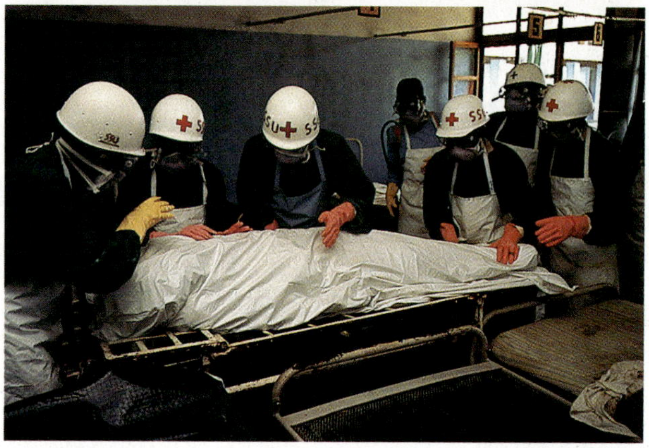

SEUCHENJÄGER
In einem Hochsicherheitslabor der amerikanischen Centers for Disease Control and Prevention untersucht ein Wissenschaftler unter dem Mikroskop Zellkulturen auf Ebola-Viren. Als der winzige Killer 1995 in Kikwit im damaligen Zaïre an die 250 Menschen dahinrafft, werden Tote sofort in Kunststoffhüllen isoliert

Wie im Fall des „Sin nombre"-Virus: Dieser aggressive Erreger „ohne Namen" tauchte erstmals 1993 an der Westküste Mexikos und in den südlichen USA auf. Seine Opfer bekommen „hämorrhagisches Fieber", das bei dieser Infektion mit Lungenbluten einhergeht und zum Tod führen kann. Kurz nach dem ersten registrierten Ausbruch tappte der Hauptüberträger in die Fallen, die CDC-Biologen aufgestellt hatten: Es war eine harmlose Hirschmaus, mit deren Kotstaub sich Menschen jedoch infizieren können – etwa beim Ausfegen einer Scheune. Die Biologen fanden heraus, dass die Hirschmaus-Population mit dem Auftreten von „El Niño" schwankt: Diese Klima-Anomalie beschert der Pazifik-Küste feuchtes Wetter, durch das etwa Pinien besonders viele Zapfen bilden. Und von den Piniensamen ernähren sich wiederum jene Hirschmäuse.

Solche Fahndung nach dem natürlichen Reservoir eines neuen Erregers ist eine Hauptaufgabe der Seuchenmedizin. Erst wenn der Wirt entlarvt ist, eröffnen sich Möglichkeiten der Prävention. An ihm lassen sich die Mechanismen gegenseitiger Anpassung studieren und daraus wiederum Ansätze für die Impfstoffforschung oder eine Therapie entwickeln.

Glücksfälle wie beim „Sin nombre"-Virus sind freilich sehr selten. Oft offenbart sich die Suche nach dem ursprünglichen Wirt als mühselig und zeitraubend. Beim Aids-Erreger dauerte es fast 20 Jahre, bis die Quelle entdeckt war, aus der heraus das HI-Virus unter die Menschen gekommen war: Erst im Februar 1999 gelang der deutschen Molekularbiologin Beatrice Hahn von der University of Alabama der Beweis, dass der Aids-Erreger, der mittlerweile über 33 Millionen Menschen infiziert hat, von einer Primaten-Unterart in den Wäldern des westlichen Kongobeckens ausgegangen war: vom Schimpansen *Pan troglodytes troglodytes*. Bei anderen Viren tappen die Experten auch nach 30 Jahren Forschung noch im dunkeln.

Yambuku am Ebola, einem kleinen Nebenfluss des Kongo, im September 1976: In der Siedlung, die

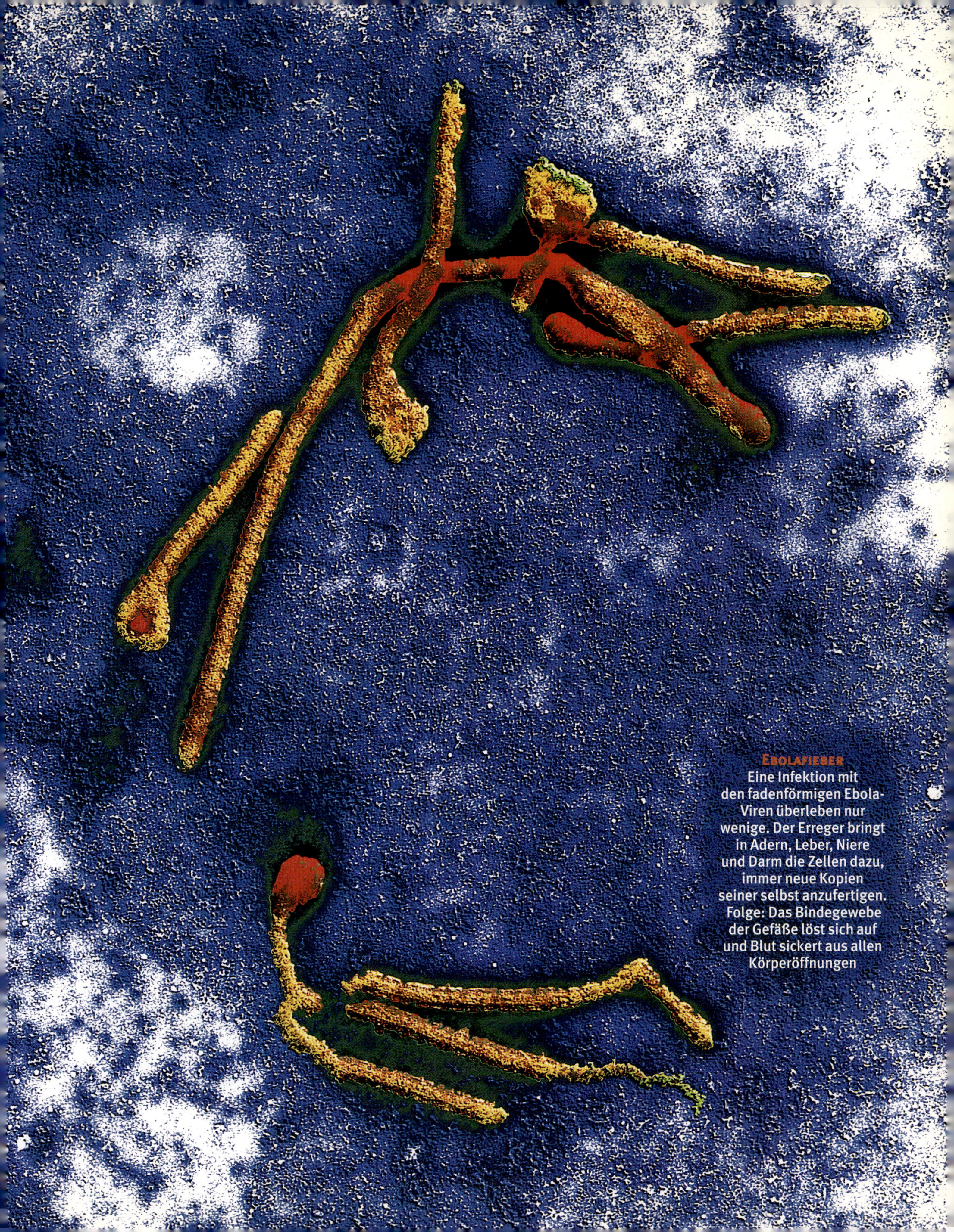

Ebolafieber
Eine Infektion mit den fadenförmigen Ebola-Viren überleben nur wenige. Der Erreger bringt in Adern, Leber, Niere und Darm die Zellen dazu, immer neue Kopien seiner selbst anzufertigen. Folge: Das Bindegewebe der Gefäße löst sich auf und Blut sickert aus allen Körperöffnungen

im wesentlichen aus den Gebäuden einer von belgischen Nonnen betriebenen Missionsstation besteht, sucht ein Einheimischer die Ambulanz auf, um sich eine Spritze geben zu lassen. Der Mann, Lehrer an der kleinen Missionsschule, fühlt sich nicht wohl und glaubt an einen Malaria-Anfall. Er ist, wie eine Rekonstruktion später ergibt, der erste Mensch, den in Yambuku nachweislich ein bis dahin unbekannter todbringender Erreger infiziert hat.

Die hygienischen Verhältnisse im Hospital von Yambuku sind desolat – wie in fast allen anderen Krankenhäusern jenes Landes. Fünf Kanülen, die gelegentlich in warmem Wasser gespült werden, stehen für Spritzen in Ambulanz und Entbindungsstation zur Verfügung. Während der Lehrer versorgt und auf dem Heimweg ist, benutzen die Nonnen und Pfleger die nicht sterilisierten Kanülen erneut und verteilen so den heimtückischen Killer auf andere Patienten.

Das hämorrhagische Fieber bricht in 55 Dörfern rund um Yambuku aus. Der Erreger bringt die Zellen von Blutgefäßen, von Leber, Niere, Lunge oder Darm dazu, immer neue Viruskopien anzufertigen. Blutgerinnsel verstopfen die Adern, und das Bindegewebe der Gefäße löst sich auf. Blut sickert in die Leibeshöhle und später aus allen Körperöffnungen. Nach wenigen Tagen versagen sämtliche Organe, und der Tod tritt ein.

Die Epidemie am Ebola-Fluss rafft Kinder dahin wie Alte, Männer wie Frauen und auch die Nonnen: Wer die Kranken pflegt, den holt sich das Virus. Am Ende finden von 318 Infizierten 280 den Tod. Blut- und Organproben werden per Luftpost an die CDC geschickt, und dort isolieren Labormediziner bereits am 13. Oktober 1976 aus der Gewebeprobe einer inzwischen verstorbenen Nonne den Erreger. Sie nennen ihn Ebola-Virus Typ Zaïre.

Sobald die Weltgesundheits-Organisation (WHO) in Genf Nachricht von einer rätselhaften Epidemie erhält, schickt sie Seuchenmediziner-Team ins Ausbruchsgebiet. Wie eine Feuerwehr, die schon während der Löscharbeiten den Brandherd sucht, analysiert diese „Taskforce" das Muster der Epidemie, rekonstruiert Übertragungswege und versucht, die Infektionsquelle zu orten.

Im Herbst 1976 schickte die WHO gleich zwei Missionen auf die Reise: Eine an den Ebola-Fluss und eine in den Südsudan, wo kurz zuvor eine zweite vom Ebola-Virus ausgelöste Epidemie grassiert hatte. Die Mediziner suchten die wenigen auf, die den Ausbruch überlebt hatten, nahmen Gewebeproben, erforschten die Lebensgewohnheiten und befragten die Leute penibel nach ihrer Tagesroutine vor dem Ausbruch der Krankheit. Sie interviewten auch Angehörige von Verstorbenen. Doch sosehr sie die Umgebung auch nach möglichen Infektionsquellen ausforschten, sie fanden keine.

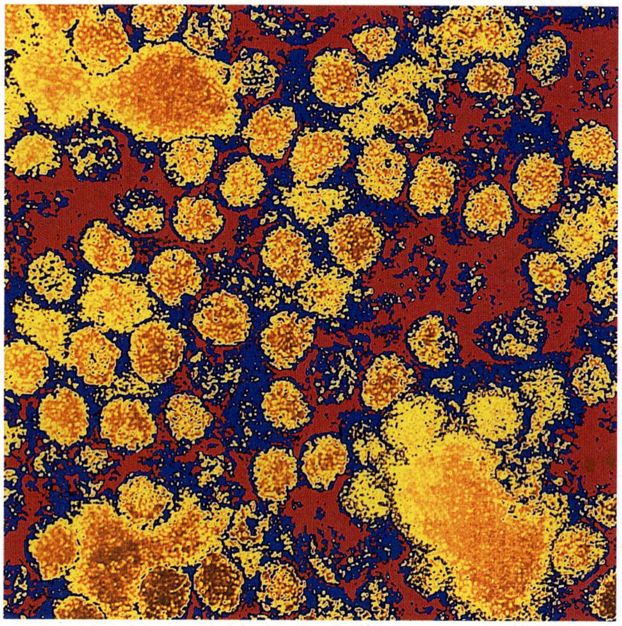

GELBFIEBER
Die hier gelb gefärbten Viren werden im tropischen Afrika, in Zentral- und Südamerika durch *Aedes*-Mücken übertragen. Zwar ist es gelungen, die Seuche durch Impfungen und Insektenbekämpfung einzudämmen, doch die Keime halten sich nach wie vor in Affen – und bleiben damit eine latente Gefahr

Die Laboruntersuchungen immerhin ergaben Konkretes. Das im Sudan aktive Virus unterschied sich von jenem aus Yambuku und erwies sich auch als weniger tödlich: Dort war nur die Hälfte der Kranken an dem Infekt gestorben. Damit hatten die Wissenschaftler wenigstens die Gewissheit, dass der eine mit dem anderen Seuchenausbruch nichts zu tun hatte und keine Flächenepidemie drohte. Zudem wiesen beide Subtypen des Erregers enge Verwandtschaft mit dem Marburg-Virus auf, einem anderen tödlichen Erreger aus der neu definierten Familie der Filo-Viren. Dieser war 1967 identifiziert worden, nachdem er im Marburger Affenlabor eines deutschen Pharmaherstellers von Grünen Meerkatzen auf Mitarbeiter übergesprungen war und etliche von ihnen getötet hatte.

In Zaïre und Sudan begannen Biologen, in der lokalen Fauna nach Spuren der Erreger zu fahnden. Eine Gruppe sammelte in der Umgebung von Yambuku Hunderte von Bettwanzen und Nagetieren ein, eine andere fing im Südsudan ein halbes Tausend unterschiedlicher Wirbeltiere, darunter auch Fledermäuse, aus einem Lagerhaus für Baumwolle, wo das erste sudanesische Opfer gearbeitet hatte. Doch weder im Südsudan noch in der Gegend von Yambuku fand sich ein Tier, das Viruspartikel vom Ebola-Typ oder entsprechende Antikörper aufwies und das somit als Wirt und Infektionsquelle in Frage kommen konnte.

1979 machte sich ein großes internationales Expeditionsteam erneut daran, in Zaïre und Kamerun das „Reservoir" des tödlichen Virus zu finden. Besondere Aufmerksamkeit widmeten die Forscher dem Verdacht, dass Menschen sich vielleicht bei der Jagd auf bestimmte Tiere oder beim Verzehr von deren Fleisch infiziert hätten. Über 1600 Tiere gingen in die Fallen, darunter 267 Affen, fast 500 Fledermäuse und mehr als 500 Nagetiere. Insgesamt untersuchten die Forscher mehr als 100 Arten. Doch nicht eine enthielt eine Spur des Ebola-Virus.

Erst zehn Jahre später stießen die Seuchendetektive auf eine neue Fährte. Doch auch die lieferte mehr Fragen als Antworten. Das Verwirrspiel begann, als im Oktober 1989 in Reston, US-Bundesstaat Virginia, in einer Quarantäne-Station für

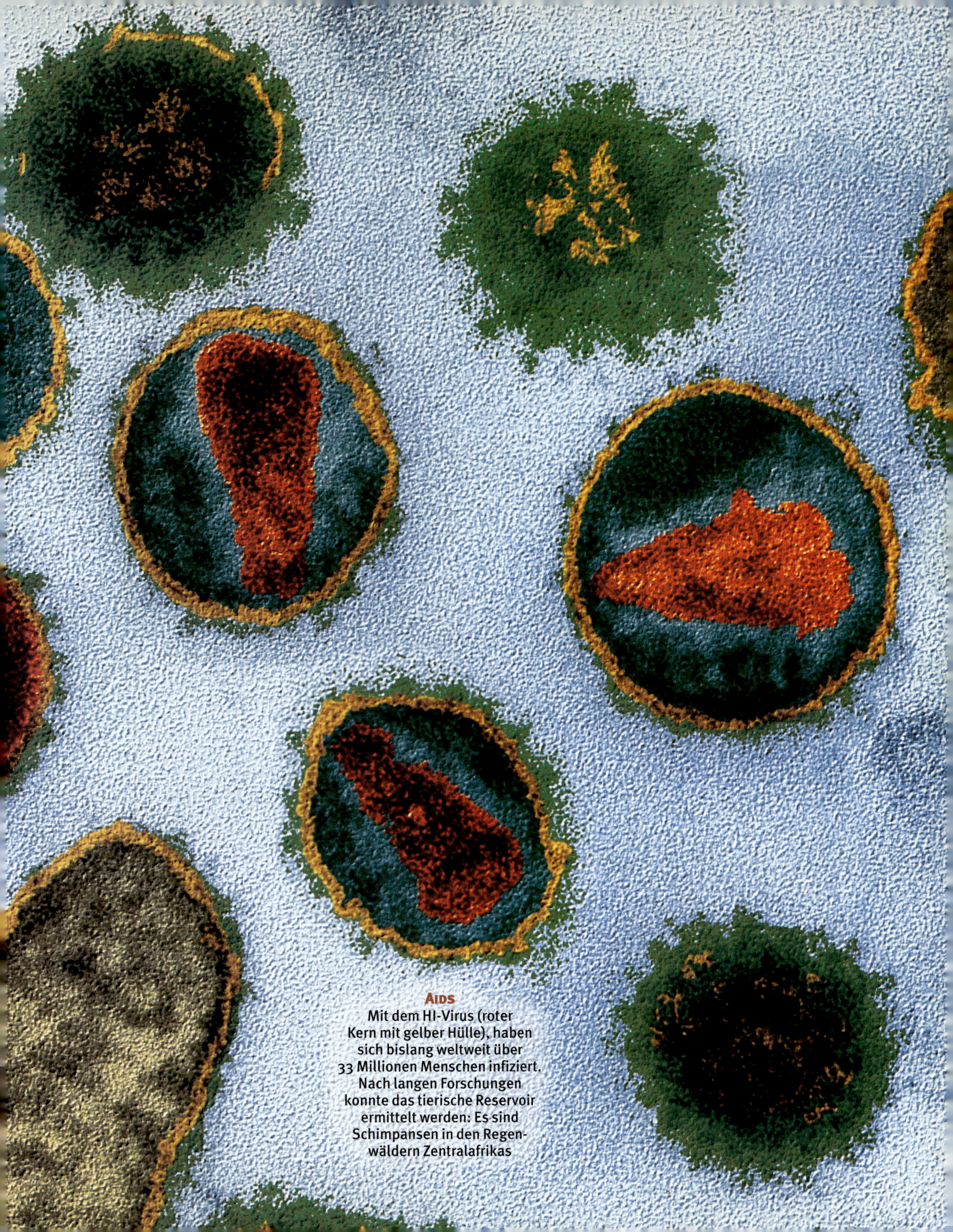

Aids

Mit dem HI-Virus (roter Kern mit gelber Hülle), haben sich bislang weltweit über 33 Millionen Menschen infiziert. Nach langen Forschungen konnte das tierische Reservoir ermittelt werden: Es sind Schimpansen in den Regenwäldern Zentralafrikas

Laboraffen wiederum ein rätselhaftes hämorrhagisches Fieber ausbrach. In wenigen Wochen verendeten mehr als drei Dutzend Makaken, die kurz zuvor von den Philippinen importiert worden waren. CDC-Experten nahmen die Spur auf. Ende November schienen serologische und genetische Tests ihre schlimmste Befürchtung zu bestätigen: Der Erreger, der sich zum Horror der Seuchenmediziner augenscheinlich über die Klimaanlage von Raum zu Raum verbreitete, reagierte im Test wie der Ebola-Subtyp Zaïre. Jeder Affe in Reston wurde getötet und die Station geschlossen.

Hätte es sich tatsächlich um den tödlichen Zaïre-Stamm gehandelt, so wäre Ebola von jenem Tag an keine rein afrikanische Seuche mehr gewesen. Doch der ausgelöste Alarm erwies sich als unnötig. Irgendeine winzige Strukturveränderung im Erbgut hatte das Killer-Virus entschärft: Vier Tierpfleger, die sich bei den Affen angesteckt hatten, bekamen lediglich eine leichte „Ebola-Erkältung".

Warum, fragten sich die Virologen, war der Subtyp „Reston", wie diese Ebola-Variante nunmehr genannt wurde, dem Zaïre-Stamm dennoch so täuschend ähnlich? Verwandte Viren, die aus unterschiedlichen Kontinenten stammen, zeigen im allgemeinen erhebliche genetische Differenzen. Einige Wissenschaftler mutmaßten, der philippinische Stamm sei vielleicht erst vor kurzem als Subtyp Zaïre aus Afrika eingeschleppt worden und habe in den Wäldern von Mindanao seine Virulenz für Menschen eingebüßt. Doch die Hypothese blieb Spekulation: Zwar hatte auch auf der philippinischen Fangstation, von der die Reston-Makaken stammten, das Ebola-Virus gewütet. Aber ein natürliches Reservoir fanden die Forscher nicht.

Als würde das Virus die Seuchenmediziner verhöhnen wollen, tauchte 1994 im westafrikanischen Staat Elfenbeinküste ein vierter Subtyp auf. An dieser Variante, die den Landesnamen „Côte d'Ivoire" erhielt, erkrankten nicht nur Menschen, sondern auch Mitglieder einer Schimpansenherde. Dies war der erste Nachweis einer Ebola-Infektion von Primaten in freier Wildbahn. Damit schieden Schimpansen als natürliches Reservoir praktisch aus, denn ein Virus bringt für gewöhnlich keinen Wirt um, an den es sich über lange Zeit angepasst hat.

Woher aber kamen all diese Varianten? Handelte es sich um spontane „Verkleidungen" desselben Grundtyps, entstanden durch winzige Mutationen? Immerhin ist Ebola ein Filo-Virus – eines, dessen Erbsubstanz aus einem einzigen Strang Ribonukleinsäure (RNS) besteht. Und diese Viren mutieren eine Million mal öfter als solche mit einem Genom aus der doppelsträngigen Desoxyribonukleinsäure (DNS). Oder existierte im Regenwald Afrikas und Asiens ein ganzes Heer von Ebola-Subtypen, die auftauchten und vergingen wie die Stinkmorcheln?

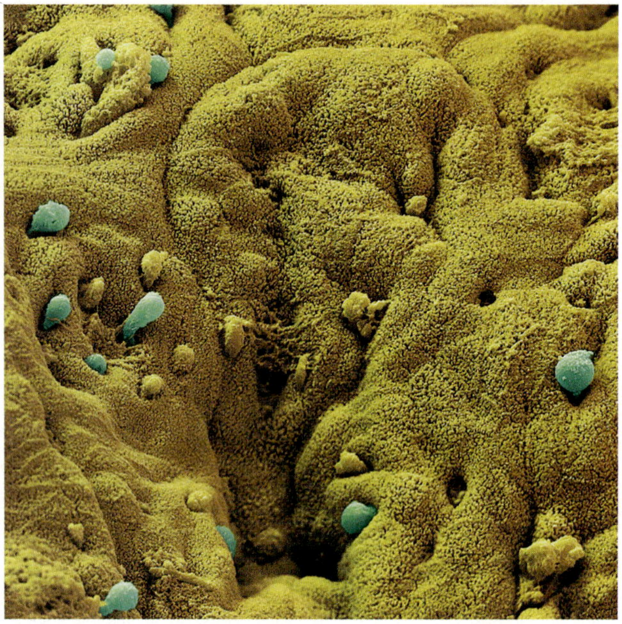

Amöbenruhr
Die Einzeller *Entamoeba histolytica* sind in dieser elektronenmikroskopischen Aufnahme türkis eingefärbt. Infizierte erkranken an Geschwüren in der Darmschleimhaut. Unbehandelt führen dann blutige Durchfälle oft zum Tod

Anfang 1995 schlägt der gefährlichste Killer unter ihnen, der Subtyp Zaïre, erneut zu. Diesmal greift er in Kikwit an, einer dichtbesiedelten Stadt mit rund 200 000 Einwohnern. Kikwit ist das Zentrum der Bandundu-Region in Zaïre, das sich jetzt Demokratische Republik Kongo nennt. Wieder sterben an die 250 Menschen, und wieder lässt sich die Infektionskette zu einer einzigen Primärinfektion zurückverfolgen: Das wahrscheinlich erste Opfer ist ein 42-jähriger Bauer, Köhler und Fallensteller, dessen Tagesroutine allerdings keine klaren Hinweise auf eine Ansteckungsquelle zulässt.

Noch während das Virus wütet, reist ein von den CDC und dem Seucheninstitut der US-Army ausgerüstetes Expeditionsteam ins Zentrum der Epidemie, um wiederum die Nadel im Heu zu suchen. Fledermäuse stehen erneut stark unter Verdacht, seit sich im Experiment herausgestellt hat, dass sie nach Ansteckung große Mengen an Ebola-Viren bilden und ausscheiden, ohne selbst zu erkranken. Aber auch Insekten könnten als Zwischenwirte – als „Vektoren" – eine Rolle spielen, wenn sie das Virus durch Stich oder Biss auf den Menschen übertragen.

Kikwit liegt 560 Kilometer südlich des Äquators am Kwilu-Fluss, es ist dort heiß und feucht. Unter den Schutzanzügen, die Feldforscher im Epizentrum des Ausbruchs tragen müssen, ist es noch heißer und feuchter. Trotzdem sammelt und beprobt eine Gruppe 35 000 Mücken, Fliegen, Zecken, Wanzen und Läuse in Kikwit und Umgebung; eine zweite fängt über 3000 Wirbeltiere vom Frosch bis zum Hausschwein, darunter mehr als 500 Exemplare von 18 Fledermausarten. Doch nicht ein einziges Tier erweist sich als Virusträger.

Natürlich kennen die Expeditionsteilnehmer die Beschränkungen der Feldforschung. Was sich in den aufgestellten Fallen findet, ist zufällig. Oft kommen nur wenige Exemplare einer Art zusammen, viel zu wenige für die Diagnose, ob eine Population als Virusträger in Frage kommt. Denn die Durchseuchung einer Wirtsart, das haben die Beispiele anderer Viren gezeigt, kann komplizierten Zyklen unterliegen. Mit dem Lassa-Virus etwa, das

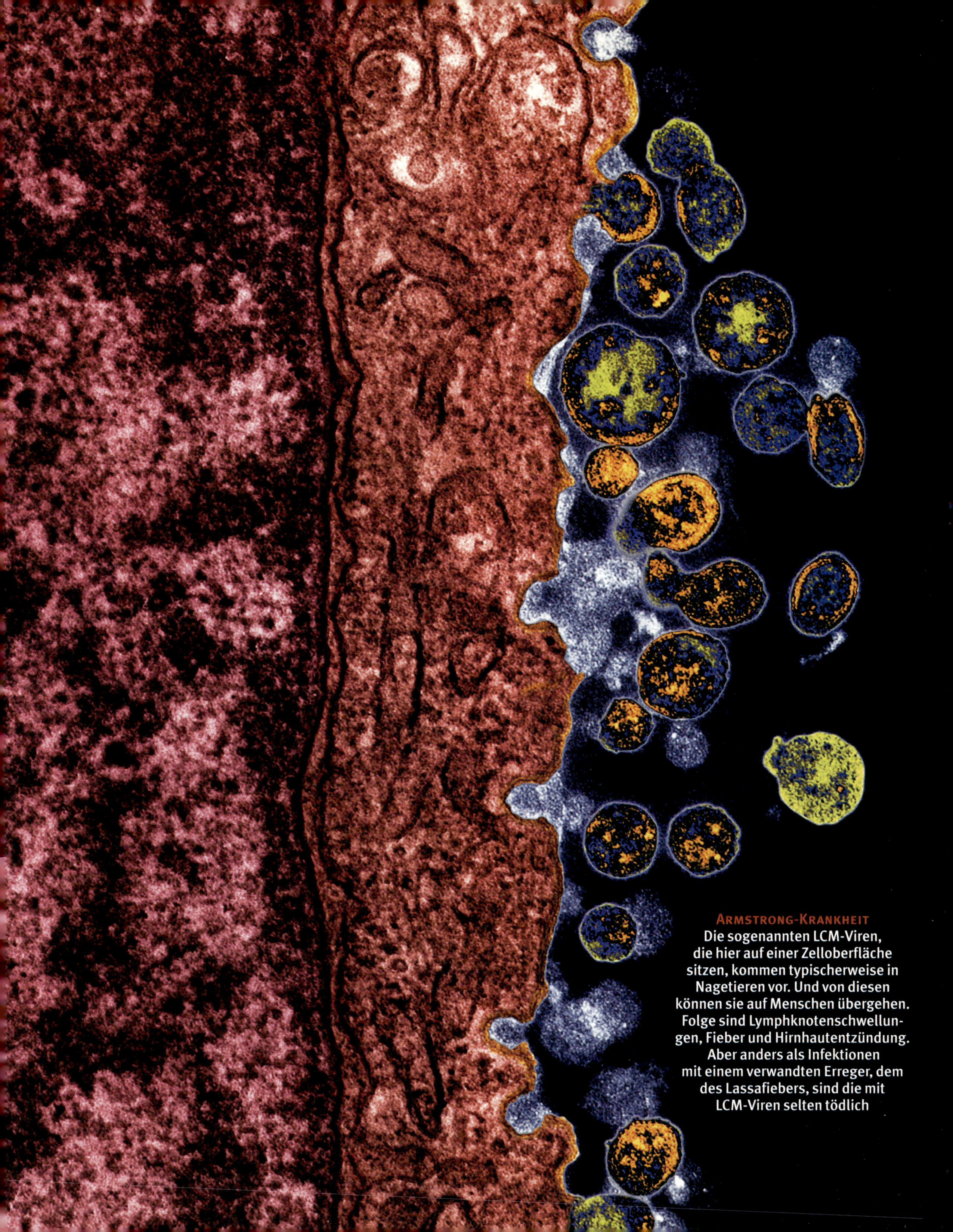

Armstrong-Krankheit
Die sogenannten LCM-Viren, die hier auf einer Zelloberfläche sitzen, kommen typischerweise in Nagetieren vor. Und von diesen können sie auf Menschen übergehen. Folge sind Lymphknotenschwellungen, Fieber und Hirnhautentzündung. Aber anders als Infektionen mit einem verwandten Erreger, dem des Lassafiebers, sind die mit LCM-Viren selten tödlich

ein 1969 erstmals in Nigeria aufgetretenes lebensgefährliches Fieber mit Hautbluten und Herz- und Lungenversagen auslöst, infizieren sich die natürlichen Wirtstiere – in diesem Fall Ratten der Gattung *Mastomys* – schon im Mutterleib und werden steril geboren. Sie scheiden lebenslang große Virusmengen aus, können aber keine Nachkommen haben, so dass stark und schwach durchseuchte Generationen einander abwechseln. Auch klimatische Besonderheiten können die Virusdichte in einer Wirtspopulation beeinflussen.

So mag es kein Zufall sein, dass schließlich ein Biogeograph und Ökologe tatsächlich die Stecknadel im Heu fand – oder zumindest deren Schatten. Warum, hatte sich Marc Colyn von der Universität im bretonischen Rennes gefragt, sollte denn nur, wie viele glauben, die endogene Regenwaldfauna als Reservoir in Frage kommen? Der Franzose, der schon seit 25 Jahren in Afrikas Tropen forscht, tippte eher auf Allerweltsarten, wie sie etwa in Mosaiklandschaften vorkommen. Solche Regionen, in denen Wald, Kulturland und Savanne sich abwechseln, haben oft eine Regenwald-Vergangenheit, auch wenn diese schon Jahrhunderte zurückliegt.

Gemeinsam mit Kollegen vom Pariser Pasteur-Institut sammelte Colyn zwischen 1994 und 1998 kleine Säugetiere – zum Beispiel Fledermäuse, Ratten und Mäuse – in solchen speziellen Landschaften der Zentralafrikanischen Republik. Dort war zwar nie ein Ebola-Ausbruch nachgewiesen worden – aber im Blut mancher Angehöriger zweier Bevölkerungsgruppen – der im Wald lebenden Pygmäen und der in Dörfern siedelnden Bantu – fanden sich Antikörper gegen Ebola.

Tatsächlich wurden die französischen Forscher jüngst bei ihren Laboruntersuchungen fündig: Zwar enthielt keines der 242 untersuchten Tiere vollständige Viruspartikel, aber in sieben Exemplaren von zwei Mäuse- und einer Spitzmaus-Spezies ließen sich dank einer speziellen Methode der Genanalyse winzige Gensequenzen des Zaïre-Subtypus nachweisen, die nur zweieinhalb Prozent des gesamten Virus-Erbguts ausmachten. Aber sie bargen das Erbgut für zwei Enzyme, die sich im Experiment als die furchtbarste Waffe von Ebola entpuppt haben: Eine ist der Schlüssel für den Befall bestimmter Zellen in den Blutgefäßen des Menschen, die andere setzt dessen Abwehrsystem schachmatt.

Für die internationale Gemeinschaft der Ebola-Detektive, die fast ein Vierteljahrhundert nach dem natürlichen Wirt des Killer-Virus gefahndet hat, ist diese Entdeckung eine kleine Sensation. „Ich glaube zwar nicht, dass wir schon das eigentliche Reservoir gefunden haben", kommentiert Colyn die Befunde, „aber wir wissen jetzt, dass das Virus weiter verbreitet ist, als bisher angenommen – auch außerhalb typischer Regenwälder." Was nicht ausschließt, dass auch unter dem immergrünen Dach des afrikanischen Tropenwaldes ein natürliches Ebola-Reservoir existiert. Um das nachzuprüfen, müssten die zigtausend Tiere, die seit 1976 vergebens untersucht worden sind, nun auch unter die gentechnische Lupe genommen werden.

Auch kann niemand ausschließen, dass das afrikanische Killer-Virus gleich über mehrere Reservoire in weit voneinander entfernten Regionen verfügt. Was erklären würde, weshalb Ebola die Seuchendetektive bisher so sehr in die Irre geschickt hat. Und es würde die Aussichten, wirklich hinter das Geheimnis dieses tückischen Erregers zu kommen, auf einen Zufalls- und Glückstreffer reduzieren.

Noch bringt das Ebola-Virus sein Opfer so schnell um, dass ihm selbst nur wenig Zeit bleibt, sich einen neuen »Wirt« zu suchen. Seuchenmediziner befürchten indes, dass sich diese Strategie durch Mutationen ändern könnte

Das Ebola-Virus gilt derzeit als tödlichste Gefahr aus dem Regenwald. Zu einem Monster-Agens, das die halbe Menschheit dahinrafft, fehlt ihm allerdings die Potenz: „Hätte Ebola es wirklich auf den Menschen abgesehen, dann würde es eigentlich alles falsch machen", sagt Herbert Schmitz, leitender Virologe am Hamburger Tropeninstitut. „Es bringt sein Opfer so schnell um, dass kaum Zeit bleibt, ein neues zu finden. Dann ist doch die ganze Virusproduktion für die Katz."

Das aber könnte sich ändern. Auch Schmitz mag nicht ausschließen, dass sich infolge einer neuerlichen Mutation des Erregers die Überlebenszeit der Opfer verlängert oder sich der Infektionsweg auf die Atemluft verlagert. Und dann wäre der Killer nicht mehr aufzuhalten und könnte binnen Tagen in die dichtbesiedelten Regionen der Erde einfallen. Doch Schmitz hält das für wenig wahrscheinlich. Vermutlich sei das Ebola-Virus genetisch für solche weitreichenden Mutationen zu stabil.

Tatsächlich gleichen der Erreger von Yambuku und der von Kikwit einander aufs Haar, obwohl 19 Jahre zwischen den Ausbrüchen liegen. Genetiker schließen daraus, dass das natürliche Reservoir des Zaïre-Subtyps ökologisch fest etabliert ist. Immerhin: Jeder Ausbruch treibt das Rad der Evolution an. Denn sobald das Virus seinen ruhigen Ort im Wirt verlässt und für begrenzte Zeit in der ungewohnten Umgebung Mensch Unterschlupf findet, ist er dort vermutlich höherem Evolutionsdruck ausgesetzt.

Vielleicht behält Schmitz Recht. Gut möglich, dass der kleine Killer weiterhin im Wald verborgen bleibt und nur gelegentlich ausbricht wie ein heftiger lokaler Buschbrand. Mit Sicherheit aber macht sich, während die Seuchenexperten noch am Versteck des Ebola-Virus und seinen Übertragungswegen herumrätseln, ein ganz anderer, neuer Erreger bereit für einen großen Sprung – wie zuletzt das Nipah-Virus in Malaysia.

„Auf jeden Job kannst du dich irgendwie vorbereiten", sagt ein Seuchenexperte von den CDC in Atlanta, „auf unseren nicht."

Der in Hannover lebende Wissenschaftsjournalist **Dr. Manfred Pietschmann**, 51, erkundete schon 1991 als GEO-Wissen-Redakteur den panamaischen Regenwald und ist im nachhinein heilfroh, dass er gesund von dort zurückgekehrt ist.

Die Inventur der Säugetier-Arten ist abgeschlossen. Das glaubten wenigstens die meisten Biologen. Doch inzwischen ist in Regenwäldern eine Vielzahl von Geschöpfen aufgetaucht, deren Existenz niemand erwartet hatte oder die, wie die Borneo-Rotkatze, als verschollen galten. Seither halten Forscher alles für möglich. Sogar, dass sich in der dichten Vegetation tatsächlich manche Kreaturen verbergen, von denen die Legenden der Naturvölker erzählen

GEHEIME EXISTENZEN

KRYPTOZOOLOGIE

VON LOTHAR FRENZ

Aus der Milchbüchse mit den eingestanzten Atemlöchern drang ein klägliches Fiepen. Als Marc van Roosmalen die Dose öffnete, schaute ihm ein winziges Äffchen entgegen: kaum mausgroß, mit grünlichgrauem Fell, schwarzer Haarkrone und schwarzem Schwanz, das Gesicht von einem Kranz weißer Haare umgeben. Ein fahrender Händler hatte das Affenbaby dem niederländischen Zoologen gebracht, damit der es in seiner Waisenstation aufziehe.

Sogleich erkannte van Roosmalen, der seit 1986 im brasilianischen Manaus am Institut für Amazonas-Forschung (INPA) Primaten studiert, in dem Tier eine bis dahin unbekannte Krallenaffen-Art: eine Marmosette. „Ich musste mich schon sehr zusammenreißen, um ganz ruhig zu bleiben", erinnert sich der Wissenschaftler an jenen Tag im April 1996. „Bloß jetzt keine Aufregung zeigen, schoss es mir durch den Kopf. Sonst hätte der Händler bemerkt, dass er mir gerade etwas ganz Besonderes übergab – und hätte das krakeelende Kerlchen vielleicht wieder mitgenommen."

Mit der Entdeckung der winzigen Krallenaffen-Spezies *Callithrix humilis* begann für den Zoologen Marc van Roosmalen eine Serie spektakulärer Arten-Funde

Unter allen Tieren sind die Säuger am besten bekannt. Deshalb glaubten Biologen bis vor einiger Zeit auch, in dieser zoologischen Gruppe sei mit Überraschungen nicht mehr zu rechnen. Doch mittlerweile haben viele ihre Meinung geändert und erwarten, dass vor allem tropische Regenwälder noch eine Menge Novitäten bereithalten. Tatsächlich haben Kryptozoologen, die noch nie gesehenen, oft nur aus Legenden bekannten Spezies auf der Spur sind, in den vergangenen Jahren bereits Erstaunliches zutage gefördert.

1990 wurde lediglich 200 Kilometer von der ausufernden 20-Millionen-Metropole São Paulo entfernt das Schwarzgesichtige Löwenäffchen *Leontopithecus caissara* entdeckt. Bis 1996 beschrieben Wissenschaftler dann fünf weitere neue Affenarten. Und der Winzling in der Konservenbüchse war Nummer sieben.

Marc van Roosmalen ahnte damals nicht, dass das Äffchen für ihn der Anfang einer Glücksserie sein würde. Zunächst interessierte ihn der Herkunftsort des Kerlchens. Denn um die Art angemessen wissenschaftlich beschreiben zu können, musste er mehr über sie erfahren. So viel wusste er: Der Primatenzwerg war irgendwo an den Ufern des Rio Madeira aufgelesen worden, eines immerhin mehr als 3000 Kilometer langen Nebenflusses des Amazonas. Dem Forscher blieb nichts anderes übrig, als überall, wohin er kam, ein Foto des Äffchens herumzuzeigen. „Immer behaupteten die Einheimischen zu wissen, wo ein solches Tier zu finden war", erzählt er, „doch dann zeigten sie mir regelmäßig andere Affen."

Nach einem Jahr, in dem er die Verwandten des Winzlings nicht hatte aufspüren können, bekam der Wissenschaftler in einem kleinen Dorf – etwa 300 Kilometer von Manaus entfernt, nicht weit von der Mündung des Aripuanã in den Rio Madeira – wieder die gleiche Geschichte zu hören. Während der Trockenzeit, berichtete ein Mann, würden die Äffchen dreimal täglich in seinen Garten einfallen, um auf den Morototó-Bäumen Futter zu suchen.

Und diesmal stimmte es: Zur beschriebenen Zeit flitzten Mini-Primaten wie Wirbelwinde durchs Geäst, die aussahen wie das Baby aus der Konservenbüchse. Auch die erwachsenen Tiere waren winzig: kaum 15 Zentimeter groß, bestenfalls bis zu 180 Gramm schwer. Van Roosmalen hatte die zweitkleinsten aller Affen entdeckt, nur die nahe verwandten Zwergseidenäffchen sind noch zarter.

Zunächst ordnete der Wissenschaftler die Tiere der Marmosetten-

DIE NEUEN STARS IM KREIS DER AFFEN

Marmosette *Callithrix mauesi*

Tamarin *Saguinus bicolor*

Subspezies von *Pithecia irrorata*

Marmosette *Callithrix manicorensis*

Saki *Pithecia irrorata*

Marmosette *Callithrix acariensis*

Springaffe *Callicebus aripuanensis*

Saki *Chiropotes satanas negrensis*

Fremde Arten aus Fernost

Mit einer per Infrarotsensor gesteuerten Kamera gelang 1999 in Südvietnam erstmals ein Foto des äußerst seltenen Java-Nashorns

Im abgelegenen Norden Vietnams entkam das Dschungelrind Sao La bis 1992 der Aufmerksamkeit der Biologen

1994 entdeckten Wissenschaftler in den dichten Wäldern Nordvietnams eine neue Hirschart: den Riesenmuntjak

Gattung *Callithrix* zu und benannte sie 1998 in einer Publikation als *C. humilis*. Doch mittlerweile glaubt van Roosmalen, dass die Winzlinge sogar einer eigenständigen Gattung angehören, nicht zuletzt, weil sie sich im Verhalten so deutlich von ihren Verwandten unterscheiden. Denn während bei anderen Marmosetten nur die dominanten Weibchen Kinder gebären – meist Zwillinge –, bringen bei der neuen Spezies sämtliche weiblichen Tiere eines Trupps Babys zur Welt – und zwar jedes immer nur eines.

Allein die Entdeckung der Krallenaffen war eine kleine Sensation; weitaus spektakulärer aber war, dass van Roosmalen in den vier Jahren seither in einem Gebiet von der Größe Frankreichs, südlich des Amazonas zwischen Rio Tapajós und Rio Madeira gelegen, mehr bis dato unbekannte Affenarten aufspürte, als die Forscher im Jahrzehnt davor auf dem ganzen Kontinent neu gesichtet hatten: insgesamt zwölf, darunter Vertreter aus beinahe sämtlichen in Amazonien beheimateten Primatengruppen – Marmosetten und Tamarine, Spring- und Klammeraffen, kurzschwänzige Uakaris und langschweifige Sakis und obendrein ein baumlebendes zwergwüchsiges Stachelschwein mit rosafarbener Nase und langen Haaren. Von allen Tieren hatten Einheimische an den Flussufern Exemplare als Hausgenossen gehalten.

Auffallend ist, erklärt van Roosmalen, dass die meisten der Spezies nur in einem recht kleinen Verbreitungsgebiet anzutreffen sind. So lebt *C. humilis* in einem winzigen Dreieck zwischen dem Rio Madeira und dem Aripuanã. Außer den großen Flüssen durchkreuzen Dutzende kleinere, wild mäandernde Gewässer die Region; sie ändern nach den Überschwemmungen der Regenzeit regelmäßig ihren Lauf, durchschneiden die Habitate vieler Arten und bilden natürliche Barrieren, die kleinere Tiere kaum überwinden können. Und weil zwischen derart getrennten Populationen keinerlei Austausch mehr stattfindet, entwickeln diese sich dann unterschiedlich weiter.

Van Roosmalen hat dieses Phänomen auch bei dem Zwergseidenäffchen beobachtet: „An dem einen Ufer eines Flusses besitzen die Äffchen nur einen schwarzen Schwanz, an dem anderen sind auch die Beine dunkel gefärbt." So beginnt die Bildung neuer Arten. Und irgendwann sind die Unterschiede so groß geworden, dass sich die ehemals gleichen Tiere aus dem neuen Habitat mit denen aus dem alten nicht mehr erfolgreich paaren können: Eine neue Spezies ist entstanden.

„Hier kann man das Herz der Evolution schlagen hören", sagt Marc van Roosmalen. Die Dynamik der Flüsse sei eine wesentliche Ursache dafür, dass in Brasilien überhaupt die meisten Primatenspezies leben: etwa 80 der ungefähr 250 bislang bekannten Arten.

Dass aber der Niederländer gerade in jüngster Zeit so viele Affen entdeckt hat, erstaunt ihn selbst immer wieder. Denn auf herkömmlichen „Biodiversitätskarten" wird das Gebiet wegen vermeintlich geringer Artenvielfalt mit „niedriger Priorität" eingestuft. „Das kann doch eigentlich nur bedeuten, dass sich bislang niemand dazu bequemt hat, diese Gegend genauer zu erkunden. Anscheinend bin ich der erste Wissenschaftler, der regelmäßig hierher kommt, obwohl Manaus nur eine Flugstunde entfernt liegt." Und wenn in dieser Region schon so viele neue Affenarten zu finden waren – wie viele Insekten, Vögel und Pflanzen sind hier wohl noch zu entdecken?

Aber nicht nur am Amazonas, auch in anderen Weltregionen sind in jüngster Zeit zuvor von keinem Forscher gesehene Lebensformen aufgetaucht. So entdeckte der Zoologe Tim Flannery vom Australian Museum in Sydney in den feuchten Bergwäldern Neuguineas zwei neue Arten von Baumkängurus. Und Viet-

Der Säugetierexperte Pham Mong Giao, der 1997 die Truong-Son-Berge in Nordvietnam nach neuen Arten abgesucht hat, präsentiert den dort gefundenen Schädel eines Muntjak-Hirsches

Späte Funde der Forscher

Obwohl es das größte Landsäugetier Zentralamerikas ist, wurde der Baird-Tapir erst 1863 in Panama entdeckt. Die Art ist heute vom Aussterben bedroht

In den feuchten Bergwäldern Irian Jayas stöberten Zoologen eine neue Unterart des Baumkängurus *Dendrolagus dorianus* auf

Das Okapi blieb der Wissenschaft angesichts seiner stattlichen Größe erstaunlich lange verborgen: 1901 wurde das erste Exemplar im Kongobecken gesichtet

nam hat sich zu einem regelrechten „Hot Spot" entwickelt, an dem Wissenschaftler unbekannte Spezies aufspüren oder verloren geglaubte wiederfinden.

1992 stießen die Biologen Do Tuoc und John MacKinnon vom World Wide Fund for Nature (WWF) im Norden Vietnams, in den abgelegenen, regennassen Wäldern des Vu-Quang-Gebietes, nahe der Grenze zu Laos, auf die Hörner eines unbekannten Dschungelrindes, des Sao La oder *Pseudoryx nghetinhensis*. Es war seit Jahrzehnten die erste neuentdeckte landlebende Großsäugerart. „Dieser Fund gibt all jenen Hoffnung, die nach unbekannten Kreaturen auf dieser Erde suchen, die wir schon zu gut zu kennen glaubten", prophezeite MacKinnon damals – und behielt Recht. Zwei Jahre später fand er in der gleichen Gegend mehrere Geweihe einer neuen Hirschspezies, des Riesenmuntjaks *Megamuntiacus vuquangensis*.

Auf der laotischen Seite der Grenze, in den Annamiten-Bergen, wurde bald darauf ein weiterer, allerdings viel kleinerer Muntjak gesichtet, außerdem fanden Forscher zwei Felle eines braun gestreiften Kaninchens und Schädelreste eines langschnäuzigen, gelblichen Wildschweins – einer Art, die 1892 anhand zweier Schädel erstmals beschrieben worden war, seither aber als verschollen galt.

Der deutsche Zoologe Wolfgang Peter, Direktor des Tiergartens Straubing, stöberte 1993 auf Märkten, vor allem in Saigon, seltsam geschwungene Hörner eines weiteren Wildrindes auf, das er später *Pseudonovibos spiralis* taufte. Noch hat kein Wissenschaftler dieses Tier lebend gesehen, das die Einheimischen „Linh Duong" – Bergziege – nennen. Auch wo *Pseudonovibos* genau beheimatet ist, weiß niemand. Einiges spricht jedoch für die südlichen Ausläufer der Annamitischen Kordillere als Lebensraum. Vielleicht ist die Art aber auch schon ausgestorben.

Dass gerade hier im Dreiländereck von Vietnam, Kambodscha und Laos

Wenn Mythen Gestalt annehmen

Das Riesenfaultier *Grypotherium domesticum* gilt als seit Jahrtausenden ausgestorben. Doch immer wieder melden sich Beobachter, die auf eine Spur des mysteriösen Wesens gestoßen sein wollen

so viele Tiere so lange unbekannt geblieben sind, liegt daran, dass der Norden Vietnams und die Annamitische Kordillere abgeschiedene, zerklüftete Regionen sind und außerdem lange Zeit militärisches Sperrgebiet waren. Wie überall auf der Erde veränderte sich auch hier während der Eiszeiten das Klima. Wurde es trockener, schrumpften die immergrünen Wälder und zogen sich auf Berghänge zurück – etwa in die oberen Regionen der Annamiten, die so zur letzten Zuflucht vieler waldlebender Arten wurden. „Es gibt mehrere solcher Regionen auf der Erde, Refugien, in denen noch Tiere leben, deren Zeit andernorts schon lange abgelaufen ist", glaubt John MacKinnon.

Doch auch andere Wälder Vietnams bergen Überraschungen. 1988 erlegten Wilderer nur 130 Kilometer von der Millionenstadt Saigon entfernt zwei Java-Nashörner (*Rhinoceros sondaicus annamiticus*). Heute ist bekannt, dass hier mindestens fünf dieser Dickhäuter überlebt haben, die auf dem asiatischen Festland seit Jahrzehnten als ausgerottet galten. Wenn in einem Land, das annähernd so groß ist wie Deutschland und von kaum weniger Menschen bevölkert, Nashörner so lange unbemerkt bleiben konnten, so schlummern hier womöglich noch weitere zoologische Sensationen – und erst recht in noch einsameren Winkeln der Erde.

Auch Marc van Roosmalen ist in Amazonien Großsäugern auf der Spur, für deren Existenz er allerdings noch keine Beweise hat: Mehrfach erzählten ihm Dorfbewohner von schwarzen Katzen, die Kinder getötet haben sollen. Zwar sind vom Jaguar Schwärzlinge bekannt, doch die geheimnisumwitterten „Bestien" sind größer und haben angeblich eine weiße Kehle, so dass der Forscher eine neue Art vermutet. Einheimischen zufolge lebt in der gleichen Region auch ein Tapir, der ein rötliches Fell hat und viel größer ist als der ebenfalls hier vorkommende Flachland-Tapir.

Auf seinen Streifzügen hat van Roosmalen zudem von einem wahrhaft mysteriösen Tier gehört – dem sagenhaften Mapinguarí, einem bis zu drei Meter Länge messenden Ungetüm, das sich regelmäßig auf die Hinterbeine aufrichtet und Feinde mit übel riechenden Gaswolken vertreibt. Manche vermuten hinter dieser Kreatur ein bodenlebendes Riesenfaultier – das als vor Jahrtausenden ausgestorben gilt. Immerhin kennt van Roosmalen ein Dorf am oberen Rio Purus, dessen Bewohner aufs andere Flussufer umgezogen sind, weil sich in der Nähe der Hütten Spuren des Mapinguarí fanden. „Nach allem, was ich in den vergangenen Jahren hier entdeckt habe", sagt der Biologe, „kann ich – bei aller Skepsis – nicht ernsthaft ausschließen, dass es ein solches Wesen wirklich gibt."

Der Mainzer Biologe und Journalist **Lothar Frenz**, 35, hat das letzte Jahr vorwiegend mysteriösen Kreaturen gewidmet: Im März 2000 wird das Ergebnis seiner Recherchen als Buch unter dem Titel »Riesenkraken und Tigerwölfe« erscheinen.

DER AKTIVIST

STAATSFEIND, NUR WEIL

Naiv und arglos nennen ihn seine Freunde. Naiv und arglos schimpfen ihn seine Gegner. Seit 15 Jahren kämpft und trommelt der Schweizer Bruno Manser für den Erhalt des Regenwalds von Borneo und besonders für die Penan, ein Waldvolk, dem er sich zugehörig fühlt

Als Clara, die Tochter des Basler Operndirektors, in einer Ausstellung zum erstenmal sieht, wie Kettensägen und Bulldozer den malaysischen Regenwald vernichten, reagiert sie radikal. Sie schmeißt den Kindergarten, quält sich mit Asthmaanfällen und hat nur noch eine Frage: Wie kann ich am schnellsten zu den Urwaldmenschen, um ihnen zu helfen?

Claras Eltern finden die richtige Antwort. Sie bringen die Sechsjährige mit dem Basler Umweltaktivisten Bruno Manser zusammen, der seit 15 Jahren für den Erhalt der Regenwälder kämpft. Denn es sind Mansers Bilder, die Clara so tief erschüttern, dass sie kein anderes Thema mehr kennt.

Im Restaurant der Kunsthalle trifft Clara ihr Idol. Sie hat Zeichnungen mitgebracht, auf denen Holzfäller von einem Mädchen in Schach gehalten werden. Dick und rot steht darüber „Verschwindet!".

„Warum machen die Holzfäller das?" fragt Clara. „Und warum sagen die Indianer ihnen nicht, dass sie die Bäume nicht absägen dürfen?"

Bruno Manser beugt sich zu Clara. „Weißt du, die Holzfäller sagen, wir machen doch nur, was man uns befohlen hat." Ungläubig schaut Clara in sein Gesicht. Das versteht sie nicht. „Warum legen die Männer die Sägen nicht einfach weg und gehen?"

„Kinder", sagt Manser, „sind keine Zuschauer wie die Erwachsenen." Zuschauen heißt akzeptieren – während Kinder Konflikte lösen wollen. „Und weil sie an Märchen glauben, halten sie auch märchenhafte Lösungen für möglich."

Bruno Manser hat sich das Kindliche auch mit 45 Jahren bewahrt. Von Beginn an war er Autodidakt: ein autistischer, unbeirrbarer Selbermacher. Die

BRUNO MANSER
MIT PFEILEN GEGEN DIE BULLDOZER

ER RETTEN WOLLTE

VON WOLFGANG MICHAL

Schule verachtete er als „Fütterungsanstalt“, suchte geistige Nahrung lieber auf eigene Faust. Nach dem Abitur arbeitete er elf Jahre in Graubünden als Senn und Schafhirt, machte alles selber, von den Schuhsohlen bis zu den Wollwamsknöpfen, lernte schreinern, mauern, Bienen züchten und käsen. Als die Schweizer Armee rief, ging Manser lieber ins Gefängnis. Seine Sehnsucht, einen Ort zu finden, wo weder Geld noch Macht den Ton angeben, wuchs.

So hockte er in der Universitätsbibliothek, studierte „Indigene Völker“ und wählte am Ende die Penan auf Borneo, weil über dieses Waldnomadenvolk kaum Literatur existierte. 1984 hängte er sich an eine Expedition britischer Höhlenforscher und desertierte in den Urwald.

Jetzt war er glücklich. Zeichnete mit großen Kinderaugen in sein Tagebuch, ahmte nach, kopierte das Waldleben so perfekt, dass er auch äußerlich zum Waldmenschen mutierte: klein, muskulös, mit Pilzfrisur, Armreifen und Lendenschurz. Nur die Nickelbrille ließ ahnen, dass hier ein Gandhi im Regenwald wachte.

1986 kam Ärger ins Paradies. Malaysische Logger-Firmen erreichten den Lebensraum der Penan. Jetzt konnte Bruno nicht mehr in den Baumkronen sitzen und sich den Bauch mit Früchten vollschlagen, während die Nashornvögel an ihm vorüberzogen. Jetzt musste Bruno auf die Barrikaden. Er organisierte den Widerstand der Blasrohre gegen die Bulldozer, machte den Kampf der Waldnomaden zum weltweiten Medienthema. Doch Manser phantasierte im Malariafieber, und Kopfgeldjäger waren dem Staatsfeind Nr. 1 auf den Fersen. Auf Schleichwegen wurde er außer Landes geschafft.

Die Rückkehr in die Basler Erwachsenenwelt ist schmerzhaft. Gesprächs- und Lichtverschmutzung machen Manser zu schaffen. Nirgends kann er die Stille hören, nirgends „das Firmament“ bestaunen. Er schläft draußen in der Hängematte, sommers wie winters, duscht auf der Terrasse mit eiskaltem Wasser aus dem Gartenschlauch. Vom Basler Heuberg aus will er die Reichen und Mächtigen zum Tropenholzverzicht aufrufen. Mit Malaysias Premier Mohamad Mahathir pflegt er einen aufsehenerregenden Briefwechsel, auf dem Berner Bärenplatz tritt er in einen 60tägigen Hungerstreik.

ALLE FINDEN IHN TOLL, DOCH AUF IHN HÖREN WILL NIEMAND

Doch Mahathir weist den sanften Kämpfer brüsk zurecht. Von niemandem lasse er sich einreden, schreibt der Politiker, dass es besser sei, in primitiver Armut zu leben als in zivilisiertem Wohlstand. Gönnerhafter reagiert das Schweizer Bürgertum. Es erdrückt seinen Bruno mit nicht enden wollender Sympathie. Jeder klopft ihm auf die Schulter, alle finden ihn toll. Nur wenn er zu konkret über die Holzindustrie spricht, wenn er über Korruption und Ökoschwindel herzieht, hören sie weg und schwärmen von seinen Zeichnungen.

Inzwischen ist Bruno Manser des Redens müde geworden. Auch sein Lachen, ein schnelles Gickgickgick, klingt nicht mehr so eulenspiegelhaft wie einst. Seine Aktionen sind bizarrer und kindlicher geworden. 1998 plante er, mit einem Opferlamm im Rucksack über Sarawaks Hauptstadt Kuching abzuspringen, im dortigen Stadion zu landen und das Lämmchen feierlich dem Chefminister zu übergeben. Doch Singapore Airlines weigerte sich – auf Druck Malaysias –, „Gumperli“ einzuchecken. Nun will Manser der Regierung ein aus der Wolle von Gumperlis Mutter gestricktes Kissen in Form eines Lamms überreichen.

Noch verrückter gerät die „Giftpfeilaffäre“, die im Sommer 1999 die Schweiz in Atem hält und ein Schlaglicht auf Mansers kippende Stimmung wirft. Nach einem Vortrag über „das Erlebnis Tropenwald“ vor Schulkindern in St. Gallen legt Manser seinen Rucksack am Bahnhof von Dietlikon in ein Gebüsch. Inhalt unter anderem: 150 vergiftete Pfeile im Bambusköcher. Bei seiner Rückkehr ist der Rucksack verschwunden.

Manser informiert die Polizei. Und diesmal zetern selbst wohlwollende Medien über den unverantwortlichen Umgang mit Waffen, über die bodenlose Naivität des Bruno Manser. „Im Urwald“, giftet der Angegriffene zurück, „wäre mein Rucksack nicht gestohlen worden.“ Er habe die Ehrlichkeit der zivilisierten Menschen wohl überschätzt. Manser wird zu einer Geldbuße von 1214 Franken verurteilt.

15 Jahre lang, sagt der Aktivist, kämpfe er nun für seine Ziele. Erreicht habe er nichts. Kein Quadratmeter sei als Schutzgebiet ausgewiesen worden. Wie der Frosch fühle er sich, der als Karikatur die Besucher Mansers begrüßt: Halb schon im Schnabel des Storchs, greift der Frosch mit letzter Kraft nach dem Hals des Vogels, um ihn zu würgen. „Never ever give up“ steht darunter. Gib niemals auf!

Und deshalb bittet Bruno Manser die kleine Clara, sie möge ihn begleiten, wenn er demnächst ein Go-In bei der Schweiz-Visite einer malaysischen Delegation veranstalte: Clara soll den Herren das Wollschaf „Gumperli“ überreichen – als Zeichen des guten Willens. Clara sagt sofort zu.

Ihre Abo-Vorteile:

- ✔ Sie sparen im Abo rund 14% gegenüber dem Einzelheft-Kauf.
- ✔ Sie können Ihr Abonnement jederzeit kündigen.
- ✔ Wir verschicken jedes Heft einfach und bequem frei Haus.
- ✔ Unser Dank für Ihre Bestellung: das GEO-Taschenmesser.

Format:
27,3 x 34,2 cm
128 Seiten

GEOlino und der GEOlino-
tlatlas jetzt zum tollen
nbi-Preis von
sammen nur DM 74,80
sparen DM 15,50)

GEO-Shop

Tip des Monats!

Die unendliche Reise

Die besten und bedeutendsten Wissenschafts-Fotografien aus 23 Jahren GEO in einem Band.

Format 25 x 30 cm.

256 Seiten mit ca. 550 farbigen Abbildungen.

(G 0518) **DM 98,-**

Gleich auf der Rückseite ankreuzen!

Bitte mit DM 1,- freimachen oder faxen an: **07132 / 96 91 91**

Antwort

GEO
Versandservice
Postfach 600
74170 Neckarsulm

☒ **Ja,** ich bestelle die unten angekreuzten Artikel. Als Dank für mein Interesse erhalte ich das GEO-Taschenmesser gratis*.

Anschrift des Bestellers:

Name des Bestellers (Bitte auf jeden Fall ausfüllen!)

Vorname — Geburtsdatum

Straße, Nr.

PLZ — Wohnort

Nur GEOlino ☐ für mich (201787) ☐ als Geschenk (201786)
erscheint 6 x jährlich zum Preis von z. Zt. DM 4,90 pro Heft.

GEOlino-KOMBI ☐ für mich (201785) ☐ als Geschenk (201784)

6 GEOlino-Hefte und der GEOlino-Weltatlas zum Kombi-Preis von zusammen DM 74,80 (Gesamtersparnis DM 15,50)

* Leider können wir pro Besteller nur eine Zugabe verschenken.
Sie können das GEO-Taschenmesser in jedem Fall behalten.

Anschrift des Geschenkempfängers:

Name, Vorname des Geschenkempfängers

Straße, Nr.

PLZ — Wohnort

Gewünschte Zahlungsweise

☐ Ich zahle bequem per Bankeinzug.

Bankleitzahl — Kontonummer

Geldinstitut

☐ Ich zahle gegen Rechnung.

Bitte keine Vorauszahlung leisten. Rechnung abwarten. Preise für Lieferung ins Ausland auf Anfrage;

Datum — ✗ 1. Unterschrift des Bestellers

Widerrufsrecht: Diese Bestellung kann ich beim GEO-Leserservice, 20080 Hamburg innerhalb einer Woche schriftlich widerrufen. Die Frist beginnt einen Tag nach Absendung der Bestellkarte. Zur Wahrung der Frist reicht die rechtzeitige Absendung des Widerrufs.

✗ 2. Unterschrift des Bestellers

☒ **Ja,** ich bestelle die unten angekreuzten Zeitschriften. Als Dank für mein Interesse erhalte ich das GEO-Taschenmesser gratis*.

Anschrift des Bestellers:

Name des Bestellers (Bitte auf jeden Fall ausfüllen!)

Vorname — Geburtsdatum

Straße, Nr.

PLZ — Wohnort

GEO WISSEN ☐ **für mich (201795** ☐ **als Geschenk (201794)**
erscheint 2 x jährlich zum Preis von z. Zt. DM 13,50 pro Heft.

GEO SAISON ☐ **für mich (201793)** ☐ **als Geschenk (201797)**
erscheint 10 x jährlich zum Preis von z. Zt. DM 7,50 pro Heft.

GEO SPECIAL ☐ **für mich (201791)** ☐ **als Geschenk (201790)**
erscheint 6 x jährlich zum Preis von z. Zt. DM 12,80 pro Heft.

GEO ☐ **für mich (201789)** ☐ **als Geschenk (201788)**
erscheint 12 x jährlich zum Preis von z. Zt. DM 9,50 pro Heft.

GEO Epoche ☐ **für mich (201792)** ☐ **als Geschenk (201796)**
erscheint 2 x jährlich zum Preis von z. Zt. DM 13,50 pro Heft.

* Leider können wir pro Besteller nur eine Zugabe verschenken.
Sie können das GEO-Taschenmesser in jedem Fall behalten.

Anschrift des Geschenkempfängers:

Name, Vorname des Geschenkempfängers

Straße, Nr.

PLZ — Wohnort

Befristung des/der Geschenkabos:
☐ jederzeit kündbar ☐ limitiert auf 12 Monate

Gewünschte Zahlungsweise:

☐ Ich zahle bequem per Bankeinzug.

Bankleitzahl — Geldinstitut

Kontonummer

☐ Ich zahle gegen Rechnung. (Bitte keine Vorauszahlung leisten. Rechnung abwarten. Preise für Lieferung ins Ausland auf Anfrage.)

Datum — ✗ 1. Unterschrift des Bestellers

Widerrufsrecht: Diese Bestellung kann ich beim GEO-Leserservice, 20080 Hamburg innerhalb einer Woche schriftlich widerrufen. Die Frist beginnt einen Tag nach Absendung der Bestellkarte. Zur Wahrung der Frist reicht die rechtzeitige Absendung des Widerrufs.

✗ 2. Unterschrift des Bestellers

GEO-Shop

Anschrift des Bestellers:

X **Ja,** ich bestelle folgende Artikel aus dem GEO-Shop:
(Zutreffendes bitte ankreuzen)

Vorname, Name des Bestellers

Straße, Nr.

PLZ Wohnort 18370

Rückgaberecht: Ich erhalte diese Bestellung für 10 Tage zur Ansicht und habe innerhalb dieser Zeit volles Rückgaberecht. Lieferung erfolgt nur solange der Vorrat reicht. Die Lieferung erfolgt im Inland gegen Rechnung zzgl. eines Versandkostenanteils in Höhe von DM 3,50 pro Bestellung für Hefte bzw. DM 6,50 pro Bestellung für alle anderen Artikel. Ins Ausland erfolgt die Lieferung gegen Vorkasse per Euroscheck zzgl. eines Versandkostenanteils in Höhe von DM 5,- pro Bestellung für Hefte bzw. DM 12,- pro Bestellung für alle anderen Artikel.

X

Datum Unterschrift des Bestellers

CD-ROM von GEO

☐ Ramses – Sonne Ägyptens
CD-ROM für PC und Apple Macintosh (G 0958) DM 79,90

Bücher von GEO

☐ **Die unendliche Reise**	**(G 0518)**	**DM 98,-**
☐ Ramses II	(G 0515)	DM 39,80
☐ Die Planeten	(G 0521)	DM 48,-
☐ Erde von oben	(G 0522)	DM 98,-
☐ Jane Goodall-Grund zur Hoffnung	(G 0747)	DM 38,-
☐ Der verzauberte Blick	(G 0517)	DM 98,-
☐ Fantasy Worlds	(G 0523)	DM 49,95
☐ **GEOlino-Weltatlas**	**(G 0508)**	**DM 49,-**

Bereits erschienene GEO WISSEN-Hefte:

Preis je Heft DM 13,50

☐ Verkehr & Mobilität	(K 9102)	☐ Sinne + Wahrnehmung	(K 9701)
☐ Pillen, Kräuter, Therapien	(K 9301)	☐ Körper, Bewegung, ...*	(K 9724)
☐ Chaos & Kreativität*	(K 9303)	☐ Sex, Geburt, Genetik	(K 9801)
☐ Nahrung & Gesundheit*	(K 9421)	☐ Evolution	(K 9802)
☐ Ärzte, Technik, Patienten*	(K 9522)	☐ Denken, Lernen, Schule,	(K 9901)
☐ Kindheit & Jugend*	(K 9523)	☐ Ozean und Tiefsee	(K 9902)

* Nachdrucke

Noch einfacher bestellen Sie per Telefon: Bitte geben Sie dabei jeweils die Bestellnummer an, die in Klammern hinter jedem Artikel steht. Vielen Dank!

040/3703 3803

...per Fax:
040 / 3703 5657
...oder E-Mail:
abo-service@guj.de

GEOlino

6 x GEOLINO und der GEOLINO-Weltatlas jetzt zum tollen Kombi-Preis von zusammen nur **DM 74,80**
(Sie sparen DM 15,50)

Bitte mit DM 1,- freimachen oder faxen an:
040 / 3703 56 57

Antwort

GEOlino
Leserservice

20080 Hamburg

Die GEO-Familie

Bitte mit DM 1,- freimachen oder faxen an:
040 / 37 03 56 57

Antwort

GEO
Leserservice

20080 Hamburg

Widerrufsrecht
zum Verbleib bei Ihnen:
Diese Bestellung kann ich innerhalb einer Woche nach Absendung der Karte beim GEO Leser-Service, 20080 Hamburg schriftlich widerrufen. Zur Wahrung der Frist genügt die rechtzeitige Absendung des Widerrufs.

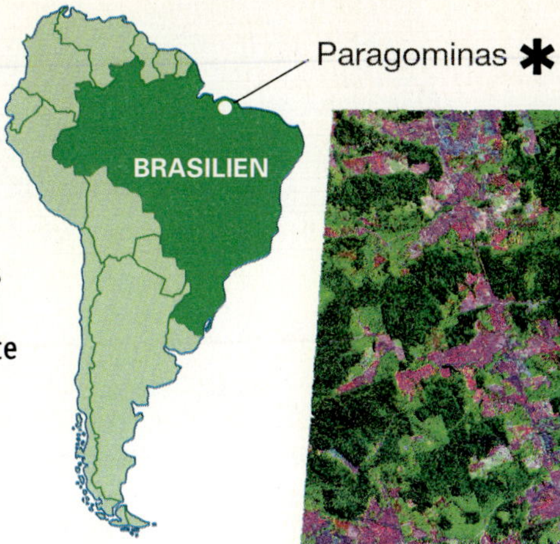

Rund um Paragominas haben Wissenschaftler ein Stück Amazonien unter die Lupe genommen: Das Bild, zusammengesetzt aus von einer Satellitenkamera übermittelten Daten, leiferte die Basis für die Analyse des Waldschwunds. Grün zeigt Waldflächen an, Pink abgeholzte Areale

TRUG-BILD AUS DEM ALL

FERNERKUNDUNG

Die Fläche unberührten Waldes wird offenbar überschätzt. Eine neue Methode der Auswertung von Satellitenbildern enthüllt das wahre Ausmaß der Schäden

VON ANDREA PELZ

Gigantische Flächen Amazonas-Regenwald werden jedes Jahr vernichtet. Doch die bisherigen Schätzungen sind nur die halbe Wahrheit: Tatsächlich geht weit mehr unberührte Vegetation verloren oder wird geschädigt. Zu diesem Schluss kamen der amerikanische Wissenschaftler Mark Cochrane und seine brasilianischen Kollegen vom Institut für Mensch und Umwelt in Amazonien (IMAZON) in Belém, als sie herkömmliche Satellitenaufnahmen nach einer neuen Methode auswerteten und diese Analysen mit Feldstudien sowie Interviews von Sägewerks- und Grundbesitzern kombinierten.

Dabei stellten die Forscher fest, dass die Flächen intakten Waldes maßlos überschätzt werden. In einem 3600 Quadratkilometer großen Areal um die Stadt Paragominas im Bundesstaat Pará etwa klas-

ZWEIERLEI BLICK AUF DAS MOSAIK DER ZERSTÖRUNG

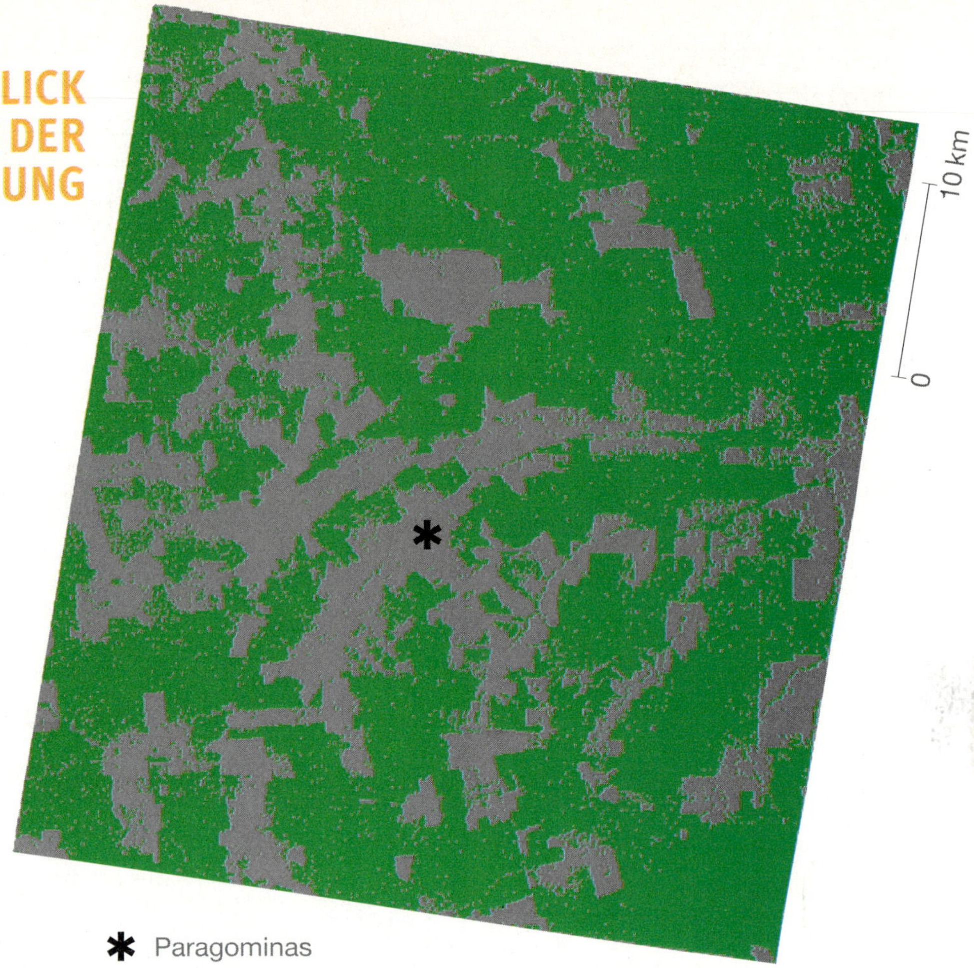

Brasilianische Behörden haben das Areal um Paragominas anhand der Satellitenaufnahme lediglich in zwei Kategorien eingeteilt: Wald (grün) sowie landwirtschaftliche Flächen (grau)

sifizierten brasilianische Behörden anhand der konventionellen Auswertetechnik 62 Prozent als Wald; die Umweltwissenschaftler errechneten hingegen, dass lediglich ein Zehntel davon Primärwald war – obwohl beide von denselben Satellitendaten ausgingen. Und was für Amazonien gilt, trifft mit hoher Wahrscheinlichkeit auch auf Afrika und Südostasien zu.

Die Aufnahmen zur Ermittlung des Waldschwundes stammen von einem Sensor namens Thematic Mapper an Bord des Satelliten Landsat. Dieser zeichnet das von der Erdoberfläche zurückgeworfene Licht in sieben Spektralkanälen auf, etwa im grünen, roten und infraroten Bereich. Farbauflösung und räumliche Auflösung – sie beträgt 30 Meter – reichen indes nicht aus, geringere Veränderungen auf Anhieb zu erkennen: etwa Schäden durch kleinere Bodenfeuer oder den Einschlag weniger Bäume. Die Satellitenbilder signalisieren dichte Vegetation sogar dort, wo nach einem Brand nur Büsche wachsen.

Die neue Analysemethode überwindet diese Täuschung: Der Trick besteht in der Zerlegung der aus dem All aufgenommenen Bilder in die ursprünglichen Farbkomponenten. Denn jedes Material, zum Beispiel Boden oder Laub, reflektiert charakteristische Spektralbereiche. Während Aufnahmen urbaner Regionen, auf denen auf engstem Raum Tausende unterschiedlicher Oberflächen auftauchen – vom Asphalt bis zum Blechdach –, kaum zu entmischen sind, funktioniert das Prinzip bei Wäldern zufriedenstellend. Mark Cochrane und Kollegen arbeiten dabei mit drei Komponenten: mit grüner Vegetation, mit den Schatten der Baumkronen und mit nicht photosynthetischer, also nicht grüner Vegetation (NPV), etwa vertrockneten Blättern oder Ästen. Per mathematischer Analyse ordnen sie jedem Bildpunkt entsprechende Anteile zu, beispielsweise 78 Prozent grüne Vegetation, 20 Prozent Schatten und zwei Prozent NPV.

Am besten, so hat sich herausgestellt, spiegelt der Wert der nicht grünen Vegetation den Zustand des Regenwaldes wider. Geschädigte Flächen weisen im Kronendach mehr Lücken auf – die Kamera „sieht" daher mehr verstreute, abgestorbene Blätter und Äste am Boden. Der Anteil nicht grüner Vegetation liegt bei einem geschädigten Regenwald bei fünf bis 20 Prozent, bei vitalen Arealen hingegen bei nur vier bis ein Prozent.

Mit Hilfe der neuen Methode untersuchten die Wissenschaftler auch, wie sich Brände in Gebieten mit unterschiedlicher Vorschädigung ausbreiten. Feuer können besonders in trockenen Jahren zufällig entstehen – etwa durch Blitzeinschlag. Weit häufiger jedoch „entkommen" Brände, die von Bauern zwecks Rodung gelegt worden sind, und fegen dann unkontrolliert über weite Waldflächen. Für ihre Studie stuften die Forscher ausgewählte Areale in vier Kategorien ein: in Wald, der noch nie gebrannt hatte, und in Gebiete, die einmal, zweimal oder öfter in Flammen gestanden hatten.

Es zeigte sich, dass Feuer sich in angeschlagenen Wäldern weitaus schneller ausbreitet und mehr Schaden an-

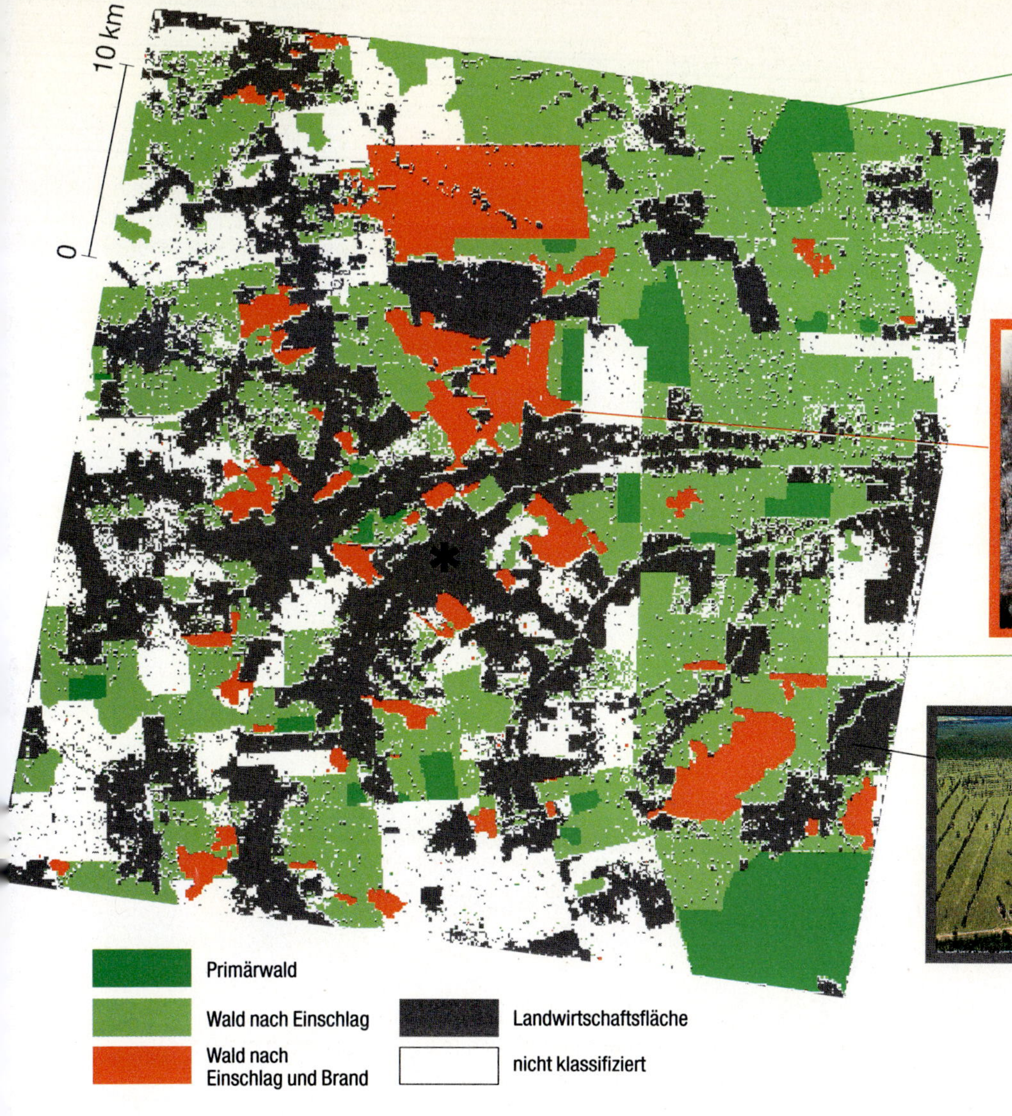

Nachdem Forscher die Farben des Satellitenbildes neu bewertet und sie mit Daten von Bodenbeobachtungen korreliert hatten, ergab sich ein weit schlimmeres Bild der Zerstörung: Nur noch rund sechs Prozent der Fläche sind unberührte Vegetation

richtet. Bei einem zweiten Brand auf derselben Fläche entwickeln die Flammen mit schätzungsweise 75 000 Kilowatt pro Quadratmeter zehnmal mehr Energie als beim ersten Durchgang. Intakte Flächen verlieren bei einem ersten Feuer weniger als zehn Prozent ihrer lebenden Biomasse und erholen sich entsprechend schnell. Hat es indes dort bereits vorher einmal gelodert, können 80 Prozent der Bäume ein Raub der Flammen werden.

Nach jedem Feuer nimmt die Masse leicht entzündbaren Materials zu, insbesondere, weil halbverbrannte Äste und Baumstümpfe übrigbleiben. Durch das aufgerissene Kronendach dringen nunmehr Sonne und Wind ein und trocknen die Vegetation und vor allem abgestorbene Äste und herabgefallenes Laub aus – verwandeln den Wald in einen riesigen Scheiterhaufen. Und auch wenn Menschen einzelne Bäume einschlagen, bereiten sie dem Feuer indirekt den Weg in den schattenspendenden Blattbaldachin, weil sie so für die glühende Sonne Lücken reißen.

Cochrane und seine Kollegen schätzen, dass Feuer jedes Jahr im Durchschnitt ähnlich große Flächen Amazonaswald schädigen, wie Landarbeiter gezielt roden. Besonders katastrophal sei die Bilanz in trockenen Jahren, wie 1997/98 aufgrund eines ausgeprägten El-Niño-Phänomens.

Auch Anfang September 1999 nahmen die Waldbrände nach wochenlanger Trockenheit durch heftiges Zündeln von Groß- und Kleinbauern verheerende Ausmaße an: In sieben brasilianischen Bundesstaaten war der Himmel von Rauch verdeckt, im Norden des Mato Grosso mussten Flughäfen schließen, unzählige Menschen litten unter Atembeschwerden. Die Regierung untersagte daraufhin Brandrodungen vorerst generell und griff zugleich energisch gegen Waldfrevler durch. So verhängte die brasilianische Umweltbehörde IBAMA im November 1999 gegen einen Agrarbetrieb, der 9000 Hektar abgefackelt hatte, die bisher höchste Geldstrafe für ein derartiges Vergehen: neun Millionen Real, das sind umgerechnet etwa 12,5 Millionen Mark.

ANZEIGE
Stefan Kappers: „Ah, Heu."
Denken ist gut, wird ja auch viel gemacht. Jetzt zum Beispiel werden wieder einige Schlaumeier denken: Das ist doch gar kein Heu, das ist Stroh. Da kann ich nur antworten: Wie klingt denn das, „Ah, Stroh"? Und eine Empfehlung möchte ich noch geben: Wenn Sie nachdenken, liebe Menschen, dann doch bitte über wirklich wichtige Dinge wie Naturschutz oder die Liebe.
Ihr Stefan Kappers

Foto: Mareike Foecking

Die letzten Schatten der Nacht verwehen über dem Essequibo. Der Fluß mäandert durch unberührten Regenwald im Süden Guyanas. Hier gedeihen die Pflanzen in Hülle und Fülle, die in den Sammlungen der wissenschaftlichen Herbarien fehlen. Und um solche Gewächse aufzuspüren, unternehmen Botaniker die abenteuerlichsten Expeditionen

ERNTE IM GARTEN DER GÖTTER

GUYANA

VON JOHANNA WIELAND;
FOTOS: MATTIAS KLUM

„Wir sammelten eine riesige Menge von ebenso schönen wie unbekannten Pflanzen . . ., wir hatten einen so heiteren Tag, dass wir höher emporgelangen konnten, als jemals ein Mensch auf der Erde gestiegen ist.“ Alexander von Humboldt, 1801

Die Passionsblume schmiegt sich zwischen die Brüste der „sinnlichen Susanna“. Ein Druck mit dem Daumen, und platt ist die Knospe. Ein Blatt nach oben, eines nach unten drehen: Fertig ist die Probe. Ich arrangiere das Gewächs, eine Liane mit eng am Holz wachsenden Blüten, auf dem Bild der Halbnackten. Susannas Kurven schillern wie gegorener Fleischsalat, verschmiert von zu viel Druckerfarbe. „Pulse – das schärfste Magazin Guyanas“ war so nicht mal an den bescheidensten aller Männer zu bringen, deshalb muss die „sinnliche Susanna“ eine wissenschaftliche Karriere machen. Die Softporno-Makulatur ist das wichtigste Arbeitsutensil der botanischen Expedition, die die Smithsonian Institution in die Wassarai-Berge im Süden Guyanas geschickt hat.

Sie finden den Weg. Sie gehen auf die Jagd. Sie steuern die Boote durch strömenden Regen: Ohne Wachana Yaymochi, Yuphon Maruwanaru und die anderen Wai-Wai-Indianer ginge die botanische Expedition im Wald verloren

Susanna wird auf eine lange Reise gehen. Irgendwann werden zum Beispiel im Museum of Natural History in Washington, in den Kew Gardens in London, im New York Botanical Garden Wissenschaftlerhände die Seiten vorsichtig aufblättern. Vielleicht werden die Botaniker „Scharf, Mann!“ murmeln: Sie werden die schöne Pflanzenleiche meinen. Denn sie ist einzigartig – ein der Menschheit bislang unbekanntes Geschöpf, das, bis es beschrieben ist, neutral gekennzeichnet sein wird als *Passiflora species novum*.

„Ha!“ sagt der Botaniker David Clarke, die Handlupe fällt ihm vom Auge. „Ha! An den Staubblättern in den länglichen Samenbehältern sollt ihr sie erkennen!“ Denn das ist ein Merkmal der Passionsblumen-Familie. Bevor ich mich aber dem Gefühl hingeben kann, eine botanische Sternstunde zu erleben, erinnert Clarke an die Pflicht. „Aufgabe dieser Expedition“, sagt er und schaut streng über den Rand seiner beschlagenen Brille, „ist die Inventur der

Pflanzenvielfalt und der Pflanzenverteilung, nicht die Jagd nach unbekannten Arten."

Die *Passiflora* ist eine Nummer: 8216. Ist eine Notiz in Clarkes Tagebuch: „gesammelt am 4. September 1999, auf Position 1°33'54"N und 59°14'18.4"W, am Fuß der höchsten Erhebung der Wassarai-Berge, im dichten Wald auf rotem sandigen Ton mit *Ficus, Sloanea* und *Oenocarpus*." Ist wie ein Buchstabe: nichtssagend für sich allein gelesen – sprechend aber, wenn man die Lettern verbindet zu einem sinnvollen Text, wenn man lesen lernt im Buch dieses Waldes…

Sammeln ist der Anfang der Erkenntnis. Seit Tagen sitzen wir zwischen Pflanzenhaufen, und ich verziere Susannas Schenkel mit fortlaufenden Zahlen. Sie sind der lebenslange „Pass" der Pflanzen: Mit ihnen werden sie unter rund fünf Millionen anderen im Herbarium der Smithsonian Institution untertauchen – und doch immer wieder auffindbar sein. Bei Nr. 7889 – einer *Eschweilera*, ein bisschen eklig mit ihren fleischigen Blütenblättern – haben wir begonnen; mit Nr. 8896, einer Liane aus der Arecaceae-Familie, wird Clarke sechs Wochen später seine 19. Expedition durch Guyanas Wälder beschließen.

Ich bin in eine enzyklopädische Unternehmung geraten, denn all die Pflanzen sind Puzzlesteine beim Versuch, die Flora von Guyana wissenschaftlich zu beschreiben. Die rund 215 000 Quadratkilometer große ehemalige britische Kolonie ist ein Land, das noch reich ist an unzerstörten Regenwäldern. Eine „Checklist" führt 6500 Gefäßpflanzen und Moose auf – wenig im Vergleich zu botanisch besser erfassten Ländern wie Ecuador mit schätzungsweise 13 000 Pflanzenarten und Kolumbien mit 50 000. Wie reich also ist Guyana wirklich? Was wächst hier eigentlich?

„Den Fluss hinaufzufahren war wie eine Reise zurück zu den frühesten Anfängen der Welt, als noch die Pflanzen zügellos die Erde überwucherten und die großen Bäume Könige waren."

Joseph Conrad, „Herz der Finsternis"

„Ich muss mit Jerome sprechen!" hatte David Clarke gesagt. Das war vor ein paar Tagen im Dorf Gunn's Strip, dem Ausgangspunkt der Expedition.

Irgendwann wollen wir in den Wassarai-Bergen ankommen. Ist es schwer, ist es leicht, sie zu erreichen? Wie sieht es dort aus? Wir warten auf Jerome. Denn Jerome war da. In der Nähe zumindest. Vielleicht 30 Meilen südöstlich hätten sie damals einen Weg nach Brasilien gesucht – glaube er, sagt Jerome. Der Mann, der aus einem theoretischen ein vorstellbares Ziel machen soll, ist wortkarg. „29 Jahre", sagt er entschuldigend, „das alles ist 29 Jahre her…"

Kein Wissenschaftler, keiner aus dem Dorf war je in den Wassarais, selbst für die Fischer und Jäger liegen diese Berge jenseits ihrer Welt. Nur ungefähr 250 Leute, Wai-Wai-Indianer zumeist, leben in Gunn's Strip. Sie sind die einzigen Bewohner von sieben Millionen Hektar Urwald. Ihr Dorf ist das einzige in einem geschlossenen Wald von der 1,7fachen Fläche der Schweiz. Denn südlich des vierten Breitengrades ist Guyana „Hinterland": So nennen die 840 000 Guyanesen, die fast alle an der Küste wohnen, die vergessene grüne Hälfte ihres Staatsgebietes.

Nach Gunn's Strip führt keine Straße. Wir fliegen von der Hauptstadt Georgetown drei Stunden lang nach Süden, und als das kleine Flugzeug auf die Landeschneise zutaumelt, schicke ich Stoßgebete an die Götter des Waldes. Manchmal landet hier ein Regierungsflugzeug – wenn sich in der Hauptstadt jemand an diesen Außenposten der Zivilisation erinnert. Wer im Dorf Seife braucht oder Salz, der setzt sich in sein Boot und paddelt elf Tage und läuft noch mal drei bis zum nächsten Laden.

Deswegen haben wir „Handelsware" mitgebracht: Äxte, Feilen, Macheten, Angelhaken, und, moderner Luxus, Taschenlampenbatterien. Wir verkaufen nicht, wir tauschen; die Wai-Wai sind Fischer, Jäger, Bauern, kaum einer hier hat Bargeld. Blümchenstoff gegen Bananen, Orangen, Ananas. Gummistiefel und Messer gegen Arbeitsstunden.

Kayanama Ayaw, Wachana Yaymochi, Yuphon und Aaron Maruwanaru, Benmer Sosé und Thomas Andrew werden uns begleiten. Wir beladen die drei Kanus mit, unter anderem, 250 Liter Benzin, 45 Liter Alkohol zum Kon-

Wie bringt man Blüten zum Sprechen? Wie identifiziert man eine Pflanze – wenn sie denn einen Namen hat – und deren Familienzugehörigkeit? Mit Geduld und einem scharfen Auge für winzige Details untersucht der Botaniker David Clarke die Blüte einer *Trichilia* aus der Familie der Meliaceae. Kein Geheimnis machen hingegen die Früchte der *Geonoma*-Palme um ihre Herkunft: Sie sind auffällig lilafarben und kirschgroß

servieren der Pflanzen, 55 Kilo Zeitungen, 450 Kilo Lebensmitteln, Hängematten, Moskitonetzen, Humboldts „Reise nach Südamerika“...

In mir schwindet die Gewissheit, im Jahr 1999 zu leben. Die Bilder um mich herum überblenden einander, ein jedes stammt aus einer anderen Epoche. Wachana, stämmig wie ein alter Baum, steigt ins Boot. Er verstaut Pfeil und Bogen und schraubt am Motor. Thomas malt ein rotes Muster auf ein Paddel: Abwehrzauber gegen böse Geister. Glaubt er an die? Er lacht... In den Plastikeimern, auf denen „1a gepökelte Schweineschwänze“ steht, liegen 100 Kilo Maniok-Mehl; es ist seit Anbeginn der Zeit das Grundnahrungsmittel der Wai-Wai. Clarke sitzt auf dem Bootsrand und liest unsere Position auf dem GPS-Gerät ab. Manchmal schüttelt er es, unwillkürlich, wie eine mechanische Uhr. Als traute er dem modernsten Navigationsmittel, das die Menschheit kennt, hier nicht.

Clarkes Karten sind relativ exakt. Die großen Flüsse, die Gebirgszüge tragen Namen. Kassikaityu: Auf ihm werden wir zum Fuß der Wassarais fahren. Bis zu 1135 Meter sind sie hoch, sie ziehen sich an der Grenze zu Brasilien entlang. Sonst sind da nur namenlose Höhenlinien, und ab und zu, erratisch über das Papier verteilt, als hätte der Kartograph die Fläche füllen wollen, zwei Worte: Dense Forest.

Dichter Wald... und dann ist er um uns. Filzige Vegetationswände wachsen am Ufer empor: ein Dickicht aus Stämmen, Baumkronen, Lianen, Epiphyten. Alles reckt sich und fällt übereinander her im Drang zur Sonne. Vor uns Flussbiegungen und hinter uns und auf ewig so weiter: Der Wald saugt uns ein und schließt sich hinter uns, als wollte er uns den Rückweg verstellen.

Verloren fahren die Boote durch die Kulisse. Wir kauern zwischen Eimern und Bündeln, winzige Zuschauer in einem riesigen Naturtheater, und immer warten wir auf den nächsten Akt: auf die Sturzflüge der Eisvögel. Aufs torkelnde Schwalben-Ballett. In den Bäumen rasen Affen. Und Faultiere sind tatsächlich faul. Grüne Ibisse sitzen nebeneinander auf den Ästen wie alte Männer auf Parkbänken. Im Ufergestrüpp sonnen sich Anacondas. Manchmal ist ein Gekreisch in der Luft wie von rolligen Katzen: Riesenotter. Sie schwimmen zu fünft, zu sechst in kampfbereiten Phalanxen auf uns zu, die wasserlackierten Köpfe emporgestreckt.

Tage vergehen. Im Immergleich der Stunden kommt uns die Zeit abhanden. Wir brauchen sie nicht mehr. Die Sonne verbrennt uns. Wir hören auf zu sprechen. Ein anderer Lebenstakt diktiert jetzt unerbittlich unsere Tage: Das Flirren der Mittagshitze. Der Einbruch der lackschwarzen Nacht. Die regelmäßigen Schauer, obwohl jetzt, Mitte August, das Ende der Regenperiode gekommen ist. Am Spätnachmittag verstellen Wolkenberge das vollkommene Blau des Himmelsgewölbes, treiben auf uns zu, schwefelig, wetterleuchtend, mit dumpfem Dröhnen.

Bis zu zehn Meter Wasserstandsunterschied muss der Uferwald aushalten. Die Landschaft spiegelt das Drama des zyklischen Wechsels zwischen Überschwemmung und Trockenheit. Das Leben am Fluss ist meistens kurz. Hier muss man Sprinter sein beim Wachsen, bei der Fortpflanzung. *Cecropia* zum Beispiel, mit ihrem schlanken Stamm: Biegsam ist sie, zäh, wenn der Fluss nach dem Land schlägt, Fluten an Wurzeln reißen, Waldstücke ertrinken.

Plötzlich ist der Fluss weniger als sieben Meter breit, und was Wind und Wasser umgerissen haben, liegt uns im Weg: Baumstämme, Astdickicht. Wir werden von Stunde zu Stunde langsamer, trotz Benny, dem Mann mit der Motorsäge. Er balanciert im Bug, mit einem Bein auf dem Hindernis, den Kopf zur Seite gedreht gegen den Flug der Späne, die Oberarmmuskeln bewegt, als liefen eingesperrte Tiere unter seiner Haut. Dann, am Ende des dritten Tages, 184 Flusskilometer von Gunn's Strip entfernt, weiß keiner mehr weiter. Der Kanal gabelt sich. Nach links? Nach rechts? Palaver: David und Wachana entscheiden gemeinsam, der eine mit seinem Satelliten-, der andere mit seinem Wald-Wissen.

„Wer hat Angst vor den wilden Indianern?“ brüllt Clarke plötzlich. „Keiner!“ brüllen alle zurück und lachen, weil sie lügen. Denn natürlich, erzählt mir Wachana später, gibt es sie, ein

Wer wissen will, muss hoch hinaus – ins Kronendach, zu den Blüten und Früchten: David Clarke erklimmt die Bäume mit Steigeisen und einer ausziehbaren Baumschere. Sein Assistent Claudius Perry schneidet eine *Heliconia*. Diese »Pionier«-Pflanze wird bis zu zehn Meter hoch und wächst in Schneisen, die umstürzende Bäume in den Wald schlagen. Nur dort findet sie, was rar ist im verschatteten Wald: Licht

Freund eines Freundes hat sie gesehen ... Nackt, grausam, unerbittlich, wenn sie Fremde auf ihrem Territorium erwischen: Atorad-Indianer. Ausgerottet offiziell, aber schlau genug, um im Schatten dieser Behauptung zu überleben, verborgen im Dickicht, wie ihre Vorväter.

„Wir können sprechen," sagte die Feuerlilie, „wenn da jemand ist, mit dem es sich zu sprechen lohnt."

Lewis Carroll, „Alice hinter den Spiegeln"

„Das ist ein Veilchen", sagt David Clarke und drückt mir eine Blütentraube in die Hand, „Gattung *Rinorea*, Familie Violaceae."

„Das ist kein Veilchen!" sage ich.

„Wie sieht denn ein Veilchen aus?" fragt er spitz zurück.

„Fingerlang, lilafarben, zart. Wenn es blüht, ist Frühling..."

„Das ist *Viola odorata*. Völlig untypisch für die Violaceae-Familie. Gehört zur einzigen Gattung, die ihr drüben habt. Europa ist ein Witz, wenn es um Pflanzenvielfalt geht."

Hier wachsen Veilchen in den Himmel: *Rinorea* wird acht bis zehn Meter hoch und ist Mitglied einer weitläufigen Familie mit über 800 Arten, zwölf davon in Zentraleuropa. „Die Veilchen-Familie", so Alwyn Gentry, der Papst der tropischen Botanik, „ist eines der besten Beispiele dafür, wie die Voreingenommenheit, die wir in den gemäßigten Breiten entwickeln, unsere botanische Wahrnehmung färbt."

Die mannshohen Granitblöcke sind mit Moos überzogen und gerundet von der Ewigkeit, die sie hier liegen. „Blaufrosch-Hügel" haben wir das Plateau im Wald, zwei Wandertage vom Fluss entfernt, genannt, weil wir Pfeilgiftfrösche zwischen den Wurzeln des Baumes aufgescheucht haben, der allein zwischen den Felsen wächst. Er ist so mächtig, dass wir ihn zu zweit nicht umfassen können – eine Rarität, denn die Bäume in diesem Wald sind schlank. Unterhalb der Erhebung hat eine *Tabebuia* ihre Blüten abgeworfen. Ein gelber Teppich liegt auf dem Waldboden.

Der Blaufrosch-Hügel ist ein außergewöhnliches Landschaftszeichen im maßlosen Immergleich dieses Waldes. Es ist paradox: Ich weiß um dessen Vielfalt und sehe sie nicht. Ich lehne an den

Beide grün, und manchmal zum Verwechseln ähnlich: Eine Sichelschrecke, Verwandte der Heuschrecke, auf einem Blatt. Beschrieben und mit einer laufenden Nummer versehen, wird die *Sanchezia* aus der Familie der Acanthaceae – ein Neufund für Guyana – zwischen Zeitungsseiten gepresst. Ihre röhrenförmigen Blüten sind für die langen Schnäbel nektarsuchender Kolibris gemacht: Nur die tragen den Pollen der Pflanze weiter

Steinen, mein Blick irrt durch das ins Vertikale schießende Grün und verliert sich. Ich starre in den Wald wie eine Erstklässlerin auf eine Seite ihres Lesebuches: Die fremden Zeichen fallen ineinander, ergeben keinen Sinn. Detail verschlingt Detail. Am Ende bleibt der Eindruck unendlicher Uniformität.

Den Kopf im Nacken schaut der Forstwirt Henry Tschinkel an dem Baum empor. Alt ist der. Störrisch widersetzt er sich den Zumutungen der Jahre: 20, 25 Meter über uns ist er gespalten. Vermutlich ist irgendwann ein Blitz in ihn gefahren. In seinem Stamm lebt etwas und schaufelt morschen Holzstaub aus einer düsteren, unergründlichen Höhle.

„Was ist das für ein Baum?" frage ich. „Woher soll ich das wissen?" sagt der Förster. „In Europa reicht ein Sommer, um die häufig vorkommenden Baumarten aus dem Effeff identifizieren zu können. Hier nicht ein Menschenleben." Die Bäume machen aus ihrem Wesen ein Geheimnis. Silhouetten: fast immer gleich, ohne Ansehen der Art. Borken: zum Verwechseln ähnlich. Nahezu unmöglich, aus einem Schnitt, aus Farbe, Konsistenz und Geruch des Holzes die Art zu bestimmen. Und die Blätter im Kronendach? Sie sind nicht charakteristisch wie die der Kastanie, der Eiche: die allermeisten sind schlicht oval, mit glatten Rändern und haben eine scharfe, kleine Spitze als Regenablauf.

„Steriles Material" nennen Botaniker Borke und Blatt. Hoch oben, dem Licht nah, hält der Wald seine ausdrucksreicheren Schätze verborgen: die Blüten, die Früchte. Jetzt, am Beginn der Trockenzeit, blüht die Mehrzahl der Bäume. Wer wissen will, muss ins Kronendach.

Wie eine Spirale, die sich zusammenpresst und auseinanderschnellt, zwingt Aaron seinen Körper den Baum hinauf. Er klebt am Stamm, in Shorts und einem zerrissenen T-Shirt, ohne Schutz vor Wespen, vor Ameisen. Als Steighilfe hat er sich, ein „bushrope" um die Füße gewickelt, ein zur Acht geflochtenes Stück zähfaseriger Liane. Ein paar Meter noch, dann balanciert Aaron auf einem Ast hoch über uns, die ausziehbare Baumschere in der Hand, und hangelt nach Blütenzweigen…

„Bringt mir alles!" schreit Clarke unterm Baum. Er steht bis zu den Knien in Pflanzen, ein Feldherr in dreckigen Hosen: sammelwütig, wissbegierig, besessen. Wir jäten den Garten der Götter und tragen Blüten im Arm, und um mich ist Luxus: Dieser Wald birgt mehr Formen und Farben, als ein Hirn erdenken kann. Die „Hot Lips" schwellen wie der mit Silikon aufgespritze Mund eines Models. Die *Heliconia*-Blüte ist der Kopf eines verzauberten mythischen Vogels, das Bärlappgewächs *Lycopodium* ein urzeitlich anmutendes, „lebendes" Fossil.

„Das hängt hier seit 400 Millionen Jahren rum", sagt Clarke. Der Stängel der Urticaceae, einer Brennnessel-Verwandten, ist ein lilafarbenenes Signal: Warnung an nervöse Systeme: Ich beiße! „Ich komme von Sinnen, wenn die Wunder nicht bald aufhören", preist Humboldts Reisebegleiter Bonpland das lustvolle Delirium inmitten einer „kraftvollen, üppigen Pflanzennatur".

Ihr wird der Prozess gemacht, er endet immer mit dem Tod. „Wir müssen sie umbringen", sagt der Botaniker fröhlich und fährt mit der Gartenschere ins grüne Gewebe, „um sie zu bewahren." Damit Ordnung in der ursprünglichen Unordnung werde und Rätsel zu Erkenntnis. Die erkennungsdienstliche Behandlung findet in Clarkes Kopf statt. Blitzschnell reiht sich Indiz an Indiz; wenn einer seiner „belaubten Freunde" sich mit der Auskunft zurückhält, beginnt ein Dialog wie zwischen Alice und der Feuerlilie:

„Wer bist du denn? Ich traue dir nicht!" (Handlupe vors Auge, nah heran an das zarte, weiße Blütenbüschel.)

„Ah! Da sind die Jungs – und da sind die Mädchen!" Eine eingeschlechtige Blüte. Findet man nicht in vielen Familien. Aber bei den Euphorbien…

„Viele Staubblätter. Vier Kelchblätter. Vier Blütenblätter. Ein Fruchtknoten. Alternierende Blätter… Bist Du eine Euphorbie? – Trägst du Drüsen an den Blättern? Ich weiß: das musst du nicht! – Riechst du? – Nein! – Ungleiche Blattstiele… typisch! Typisch!

Du bist eine Euphorbie!"

Sechsmal zuschneiden, nummerieren: 8207, eine von 42 Pflanzen, die wir am 4. September 1999 sammeln.

Wie jeden Tag sind Vertreter der Leguminosen-Familie dabei; sie ist eine der artenreichsten, am weitesten verbreiteten und, wie Al Gentry schrieb, „die wichtigste aller neotropischen Baum-Familien".

Dieser Wald trägt keine „Fettschicht" aus Humus. Was stirbt, verrottet, anders als in gemäßigten Breiten, sofort und wird zurückgepumpt in die Welt des Lebendigen. Im Boden, an den Baumwurzeln halten Bakterien und Pilze das rasende Perpetuum mobile von Werden und Vergehen in Schwung. Die Leguminosen leben in produktiver Symbiose mit Bakterien, diesen unermüdlichen Arbeitern, gemeinsam sind sie Meister im Verwerten des flüchtigen, sonst nutzlosen Stickstoffs. Ohne diesen Nährstoff geht nichts im Wald. „Die Leguminosen sind die breite Basis des Nahrungsnetzes im Wald", sagt Clarke.

Und dann fängt er an zu erzählen, und plötzlich reihen sich die einzelnen

Am späten Nachmittag öffnet der Himmel seine Schleusen. Es gießt wie aus Eimern. Um 300 Millimeter Regen fallen im Süden Guyanas während der »nassen« Monate von Mai bis August – und während der »trockenen« immer noch 100 Millimeter. Aaron Maruwanaru versucht, die Planen so schnell wie möglich festzuzurren, damit die Expedition ein provisorisches Dach über dem Kopf hat

Thomas Andrew ist erschöpft vom langen Marsch, vom Waten durch Bäche, vom Stolpern durch Lianengewirr, vom Klettern über gestürzte Bäume. Alle paar Tage wird das Expeditions-Camp ein Stück tiefer in den Wald hinein verlegt. Dann flicht der Wai-Wai-Indianer aus »turu«, den Blättern der *Oenocarpus*-Palme, ein Traggestell. In ihm trägt er 40, 50 Kilogramm Ausrüstung über Stunden. »Nur Fleisch gibt Kraft«, sagen die Wai-Wai. Mit Pfeil und Bogen gehen sie auf die Jagd nach Hokkos oder nach Nabelschweinen. Abends wird geräuchert

Buchstaben aneinander: das Buch des Waldes öffnet sich …

Clarke hält einen Lauraceae-Zweig mit prallen grünen Früchten in der Hand. Sie sind fett- und kohlenhydratreich, Speise des glamourösen „Cock-of-the-rock“ *(Rupicola rupicola)* aus der Cotinga-Familie. Wir haben das Männchen fliegen sehen: ein flatterndes orangefarbenes Tüchlein, das blitzschnell vorüber war. Das Bestimmungsbuch zeigt einen herausgeputzten, eitlen Vogelgecken mit aufgestelltem Punk-Kamm – das Weibchen hingegen ist ein farbloses Wesen. „Sexuellen Dimorphismus“ nennt man diese Ungerechtigkeit. „Der Hahn ist ein unmoralischer Kerl!“ ruft der Botaniker, „der hilft nicht mit bei der Brutpflege! Führt lieber mit seinen Kumpels, manchmal sind es Dutzende, in einer Arena Tänze auf, tagelang …“

Es sind die Lorbeer-Früchte, die dieses dekadente Verhalten erlauben: Fettlebe pur. Wer sich nicht um Nahrung kümmern muss, hat Zeit für bizarre Schönheit und getanzte Balz. Am Ende allerdings entscheiden die unscheinbaren, aber anspruchsvollen Weibchen, wer (kurz) mit ins Nest darf. Charles Darwin hat seine Theorie der sexuellen Selektion – unter anderem – nach der Beobachtung der auf Lorbeer-Früchte spezialisierten Cotingas entwickelt. Sie sind im übrigen äußerst effizient beim Verteilen der Lauraceae-Samen: Der Baum braucht den Vogel, wie der Vogel den Baum braucht.

Liebesgeschichten. Kriegsgeschichten: Der Wald ist auch ein Arsenal für chemische Kampfmittel: Atropin! Nikotin! Coffein! Strychnin!… Gifte, mit denen die Pflanzen versuchen, sich gefräßige Insektenhorden, Bakterien, Pilze, aber auch Säugetiere von Wurzel, Blatt und Stängel zu halten. Besonders die Wolfsmilchgewächse haben einen ausgefeilten Sekundärstoffwechsel.

„Du weißt, was du isst, wenn du abends Maniok-Mehl ins Curry rührst?“ fragt Clarke.

Die trockenen Krümel werden aus *Manihot esculenta* (Familie Euphorbiaceae) gewonnen. In der „Milch“ der Pflanze ist das Blausäureglykosid Linamarin eingeschlossen. Wer immer sich das im Mund zergehen lässt, ob Insekt oder Mensch, riskiert seine Gesundheit. Maniok wächst auf kaum fruchtbaren Böden – die Pflanze muss viel Energie investieren, um in der Armut zu gedeihen. Deswegen ist die stärkereiche Knolle wertvoll und muss besonders effektiv vor Fressfeinden beschützt werden: Je ärmer die Böden sind, desto „giftiger“ ist der Maniok. Denn in der natürlichen Kosten-Nutzenrechnung ist es „billiger“ – Lebensenergie sparender –, sich hinter einem chemischen Schutzwall zu verschanzen als zerfressene Teile zu ersetzen.

Und doch: Nicht immer entkommen die Pflanzen den Pflanzenfressern. Derselbe evolutionäre Druck, der Pflanzen dazu gebracht hat, sich ihre Verteidigungs-Chemie zuzulegen, lastet auch auf den Herbivoren: Sie müssen, um zu überleben, ran ans Grün. Wo Gift ist, ist auch ein Gegengift, gibt es Strategien, wehrhafte Pflanzen zu entwaffnen, müssen listige Spezialisierungen her im komplexen Spiel der Koevolution. Der Nachwuchs von *Heliconidus*-Schmetterlingen zum Beispiel ernährt sich fast ausschließlich von den Blättern der *Passiflora*-Lianen; die Raupen haben „gelernt“, mit Hilfe von Enzymen die Blausäure-Verteidigung ihrer Wirtspflanze zu überrennen.

Dass wir nicht umfallen, wenn wir abends Maniok-Mehl essen, verdanken wir den Frauen von Gunn's Strip und deren traditionellem Wissen, wie man aus dem Giftpaket ein Nahrungsmittel macht. Stundenlang zerreiben sie Maniok-Wurzeln, wässern die Fasern, pressen, walken sie, bis bittermandel-giftig stinkendes Wasser aus der weißen Wurzelpampe läuft und rösten die dann über offenem Feuer.

Die Wai-Wai-Männer gehen keinen Schritt ohne ihren Maniok-Vorrat. „Iss! Du kannst nur laufen, wenn du davon etwas im Bauch hast", sagt Wachana. „Watch wood!" ruft er mir zu, wenn ich mich orientierungslos im Kreis drehe, wenn ich mich im Pflanzengeschling verheddere, wenn nach Stunden Laufen, Schwitzen, Stolpern körperliche Erschöpfung in das Gefühl unergründlicher Verlorenheit umschlägt: Wir sind Gefangene dieses Waldes, einem unzähmbaren Gegenüber ausgeliefert, das uns unserer zivilisierten Existenz beraubt. Manchmal scheint dann selbst Wachanas glattes Gesicht zu vergreisen, und er sieht aus wie der alte Mann, der er einmal sein wird.

„Achtung Holz!" Er sagt das immer, vollendet höflich, wie um mich nicht zu beschämen, in der rettenden Sekunde vor dem Sturz. Mein Ungeschick, meine Furcht sind das Vergnügen der Wai-Wai, auf meine Fragen haben sie selten eine Antwort.

„Wie siehst du die bloß?" will ich von Wachana wissen, als er mich vor einer zwei Handteller großen, perfekt getarnten Wolfsspinne zurückzieht, die vor uns auf dem Weg liegt. „Ich sehe sie", sagt er. „Wie machst du das?" frage ich Benmer, als er einmal mit zwei Hokkohühnern auf einem Pfeil von der Jagd kommt. „Ich sehe sie, ich ziele – tot!" sagt der 22-Jährige. „Hokkos sind dumm – so dumm wie du!". Und er lacht, weil ich das Selbstverständlichste in einem Wai-Wai-Männerleben in Frage stelle: die instinktive Vertrautheit mit dem Wald, ein Wissen von der Welt, dessen mächtigster Bezug die Natur ist.

„Eigentlich machen die Wai-Wai diese Expedition", sagt der Botaniker, „manchmal kommt's mir so vor, als hätten die mich zufällig dabei." Ohne Benmers Geschicklichkeit, ohne Aarons geschärften Blick wären die Herbarien in Washington, in London, in New York arm dran. Eines Nachmittags sitze ich mit den beiden auf dem Blaufrosch-Hügel, und nun soll ich antworten. „Warum trocknet David die Pflanzen?" fragt Benmer. „Warum schließt er sie dann in einem Schrank ein?"

„Wozu brauchen sie denn die Namen", sagte die Schnake, „wenn sie nicht darauf hören?" – „Sie selbst brauchen sie nicht", sagte Alice, „sondern wahrscheinlich nur die Leute, die sie bezeichnen wollen."

Lewis Carroll, „Alice hinter den Spiegeln"

Grau in Grau an der Wand entlang. Stahlschrank an Stahlschrank, Gang nach Gang, über zwei Etagen im Museum of Natural History in Washington. Ein paar hundert laufende Meter Schrank und in jedem Schrank fünf Borde und auf jedem Bord cremefarbene Mappen und in jeder Mappe eine Pflanze, ein Namensschild ... fünf Millionen Einzelstücke, in taxonomische Ordnung gebracht und auf ewig bewahrt. Leise surrt die Klimaanlage. 20 Grad darf es sein und nie mehr.

Indianisches Erfahrungs-Wissen wird zu westlicher Wissenschaft

David Clarke öffnet die Kabinette, und sie liegen vor uns: trocken, grünbraun, sorgfältig montiert, die Blüte vom Blatt getrennt, mit Daten versehen. *Rinorea*, das Veilchen. *Theobroma grandiflorum*, brüchig das typische, stark geäderte Kakaoblatt. Unfarbene Orchideen. Tote Abbilder des lebenden Waldes. Melancholische Artefakte.

Forschungsobjekte. Die Präparate sind Referenz: Mit ihnen wird neu Gefundenes verglichen, wird nach Übereinstimmung gesucht, nach Abweichung, bis ins winzigste Detail: auf dass das taxonomische System feiner und feiner werde. „Herbarien sind Bibliotheken", sagt Clarke, „wir sammeln alles. Viele interessieren sich für tropische Pflanzen nur unter dem Gesichtspunkt: Steckt in ihnen ein Medikament? Was kann man rausholen?" Er lacht: „Wir hingegen mehren bloß das Wissen der Menschheit ..."

Er kennt die Einwände gegen solche Art „unpolitische", humboldtsche Grundlagenforschung. Ein, zwei, gar fünf Jahre kann es dauern, bis eines von Clarkes Objekten seinen Platz gefunden hat in der Systematik: Es gibt, schlicht, zu viele Pflanzen und zu wenige Botaniker. Auf den Schreibtischen wuchert der getrocknete Wald, während der wirkliche, auch in Guyana, in einer Geschwindigkeit zerstört wird, mit der wissenschaftliche Sorgfalt nicht Schritt halten kann.

Und doch: Man kann nur schützen, was man kennt. Clarkes Sammelwut, der Griff des Monographen, der *Passiflora sp. nov.* aus der Umarmung der „sinnlichen Susanna" lösen wird, und schließlich die Pflanzen-Checkliste: Sie sind ein Anfang. Um Naturschutz-Politik zu formulieren, um Landnutzungs-Pläne aufzustellen, um Forst-Inventuren vorzubereiten. Denn der wilde Wald der Wassarais ist zwar weltabgeschieden – aus der Welt ist er nicht. Irgendwann werden Straßen dort hinunter führen. Irgendwann werden die Holz-Konzessionäre den unberührten Süden Guyanas unter die Säge nehmen. Man wird sie in Schach halten müssen.

Wir blättern in Clarkes Sammel-Tagebuch. Nummer 7901. Eine Sapotaceae, „chirifiyoku" auf Wai-Wai – das beste Holz, um Pfeilspitzen für die Vogeljagd zu schnitzen. Die *Oenocarpus*-Palme, „turu" – reißfeste Fasern, aus denen sich Traggestelle flechten lassen ...

Clarke lehnt am Stahlschrank. „Erinnerst du dich ..?" fragt er.

An Aaron, die Arme voll Blüten, an Benmer, den geschicktesten Jäger südlich des 4. Breitengrades: Wie oft haben sie auf Clarkes Fragen: „Wie heißt die Pflanze? Wofür ist sie gut?" verlegen reagiert. „Warte mal ... vergessen ..." Das Erfahrungswissen der Wai-Wai ist im Niedergang begriffen. Auch in Gunn's Strip nimmt heute, wer Kopfschmerzen hat, ein Aspirin. Benmer träumt von Sneakers, den großen, mit den dicken Sohlen, und natürlich würde er die Senkel nicht binden.

David Clarke hat die letzten Namen aufgeschrieben, an die sich die Wai-Wai erinnern. Sie sind im Herbarium aufgehoben, zusammen mit den Pflanzen. Das ist ein Trost. Wenn auch nur ein kleiner.

Johanna Wieland ist GEO-Reporterin; der schwedische Fotograf **Mattias Klum** gibt mit dieser Geschichte sein Debüt in GEO.

NATURSCHUTZ

Wildwuchs in der Bronx

Mit phantasievollem Zoo-Design lassen sich Schutzprojekte in den Tropen finanzieren

Zum Anfassen nah hockt die Gorilla-Mutter auf dem Boden des Regenwaldes, das Junge auf dem Arm. Doch die Nähe trügt: Fünf Zentimeter Plexiglas trennen den „Congo Gorilla Forest" im Bronx Zoo von dem Besucher im gemäßigten Klima New Yorks.

Auf dem 26 000 Quadratmeter großen Gelände haben Landschaftsarchitekten, Designer, Techniker und Biologen einen künstlichen Regenwald geschaffen. Seit Juni 1999 flanieren die Besucher in einem Glastunnel durch Teile des 43 Millionen Dollar teuren Kunstbiotops, vorbei an mehr als 15 000 tropischen Pflanzen und elf Wasserfällen. Maschinen erzeugen Nebel. Dschungelgeräusche über Lautsprecher ergänzen die Inszenierung der Wildnis.

Doch die Pythonschlangen, Okapis und 19 Gorillas sind nicht nur eine Riesenattraktion, sondern sie dienen, was dem Direktor William Conway besonders wichtig ist, dem Artenschutz in tropischen Ländern. Wie der gesamte Zoo, so steht auch dieses Projekt unter der Schirmherrschaft der New Yorker Wildlife Conservation Society (WCS). Mitarbeiter der WCS leiten weltweit mehr als 300 Artenschutzprogramme, davon über 50 in sieben zentralafrikanischen Ländern.

Nach dem Aufenthalt im neuen Trakt des Tierparks können Besucher – in den zwei Monaten nach Eröffnung kamen bereits 250 000 – per Computer entscheiden, welches Hilfsvorhaben sie mit dem zusätzlichen Eintrittsgeld von drei Dollar für den „Congo Gorilla Forest" unterstützen wollen.

Mit den Einnahmen finanziert die WCS Projekte in Zentralafrika, wo das Gleichgewicht sensibler Ökosysteme von Wilderern, Raubbau und illegalem Tourismus bedroht ist. Seit 1993 betreuen die New Yorker Naturschützer unter anderem den Nouabalé-Ndoki-Nationalpark im Kongo-Becken, in einem der größten, noch ungestörten Regenwaldgebiete. Die Errichtung dieses Parks wurde auch vom Verein „GEO schützt den Regenwald" finanziell unterstützt (siehe Seite 74).

Neben einem weiteren Programm im Lopé-Schutzgebiet von Gabun, in dem Elefanten, Flachlandgorillas, Schimpansen, Waldbüffel und Mandrills leben, betreut die WCS vor allem Gorilla-Projekte in Zentralafrika. Bereits 1977 hatten Amy Vedder und Bill Weber in Rwanda begonnen, Berggorillas zu erforschen, und so den Weg zum „Mountain Gorilla Project" geebnet. Trotz der jüngsten kriegerischen Unruhen im Dreiländereck Rwanda, Uganda und Demokratische Republik Kongo, früher Zaïre, laufen die Forschungen an den rund 320 Berggorillas in den Virunga-Bergen weiter.

Drinnen Tropen, draußen New York: Im Bronx Zoo können Besucher einen 26 000 Quadratmeter großen künstlichen Regenwald erkunden. Am Ende der Entdeckungsreise haben sie per Computer die Wahl, welchem Schutzprojekt ihr Eintrittsgeld zugute kommen soll

Auf diese Weise bemüht sich nicht nur der Bronx Zoo um internationalen Artenschutz. Längst haben andere Tierparks das Modell kopiert. So unterstützt der Burgers' Zoo im niederländischen Arnhem die International Tropical Conservation Foundation, die das 8000 Hektar große Naturschutzgebiet „Shipstern" im Nordosten von Belize betreut.

Wie der Bronx Zoo gehört auch der Burgers' Zoo zur Avantgarde der Tierparks: Er bietet seinen Besuchern ein 15 000 Quadratmeter großes Gewächshaus mit einem 16 Meter tiefen Wasserfall. Das Tropenhaus vereinigt 1600 Tier- und Pflanzenarten aus Regenwäldern Asiens, Afrikas und Amerikas. Die Tiere bewegen sich darin bis auf wenige Ausnahmen frei. Hinweisschilder zu Arten und Gattungen hingegen gibt es nur an wenigen versteckten Plätzen. Denn der Direktor Antoon van Hooff will die Besucher auf „abenteuerliche Entdeckungsreisen" schicken.

PHARMAKOLOGIE

Warten auf die Wundermittel

Die Apotheke Regenwald bleibt weiterhin geöffnet, aber die Euphorie ist verflogen

Das Thema taugte für die Traumfabrik. In dem Film „Medicine Man" stemmte sich Anfang der neunziger Jahre Sean Connery als Biochemiker den Bulldozern entgegen, die den Regenwald platt walzten. Vergebens: Mit den Bäumen wurde ein Wundermittel gegen Krebs unwiederbringlich vernichtet.

Hollywood präsentierte das Kinostück just, als viele Pharmafirmen darauf setzten, in tropischen Pflanzen, Tieren und Mikroorganismen neue Medikamente gegen bislang unbesiegte Plagen der Menschheit zu finden, gegen Tumoren und Rheuma, Kreislauf- und Infektionskrankheiten. Die Wissenschaftler trieb dabei die Gewissheit, dass die Evolution in den Regenwäldern eine unermessliche Vielfalt von Lock- und Abwehrstoffen hervorgebracht hat – einen kostbaren Schatz von Wirkstoffen.

Fast zehn Jahre später sind die hochfliegenden Hoffnungen nüchternem Realismus gewichen. „Wir haben einige vielversprechende Stoffe entdeckt", sagt Karla Sanabria vom costaricanischen Institut für Biodiversität (INBio), das mit Pharmaunternehmen und Universitäten zusammenarbeitet. Von einem Einsatz am Menschen könne indes noch keine Rede sein. In der Begeisterung über die grüne Apotheke hatten manche Pharmakologen wohl auch unterschätzt, dass Arzneien der Naturvölker oft Gemische von Substanzen sind, die erst zusammen mit traditionellen Riten wirken.

Außerdem hat die Rasanz des Pharma-Marktes die Medikamenten-Fahndung im Regenwald gebremst. Einige Branchenriesen steigerten in den letzten fünf Jahren ihren Umsatz jeweils um zwölf Prozent. Um diesen Trend zu halten, sind sie genötigt, wie das amerikanische Wissenschaftsmagazin „Science" vorrechnet, Jahr für Jahr sechs bis acht neue erfolgreiche Präparate herauszubringen – ein paar Jahre zuvor schafften sie allenfalls vier. „Heute muss ich bereits zwei Wochen nach Testbeginn wissen, ob eine bestimmte Substanz wahrscheinlich zum Medikament taugt", sagt der Chemiker Kai Bindseil von der Berliner Firma AnalytiCon, die sich auf Naturstoffe spezialisiert hat. Die bisherige Forschungsstrategie sei deshalb überholt.

Dabei mussten zunächst in langwieriger Feldarbeit vielversprechende Pflanzen, Tiere und Mikroorganismen gefunden und selektiert werden. Dann folgte im Labor die mühselige Gewinnung von Extrakten, die auf ihre pharmakologische Wirkung getestet wurden. Verlief die Prüfung positiv, mussten Forscher in der Mixtur den eigentlichen Wirkstoff identifizieren, isolieren und erneut testen. „Zu unpraktisch, zu langsam und darum zu teuer", resümiert Bindseil.

Folgerichtig fuhren Firmen wie SmithKline Beecham oder Abbott Mitte der neunziger Jahre ihre Naturstoff-Budgets drastisch zurück. Stattdessen setzten sie auf die damals neue „kombinatorische Chemie". Dabei fügen Forscher einen Satz ausgewählter Molekülbausteine in allen möglichen Variationen zusammen. Durch Automatisierung und Miniaturisierung lassen sich so binnen einer Woche mehrere hundert neue Substanzen herstellen.

Analyse-Roboter lesen dann die wirksamsten Stoffe schnell und präzise aus: Sie träufeln die Kandidaten jeweils in ein Reaktionsgefäß – zum Beispiel zu einem

Ordnung ins grüne Durcheinander: Mitarbeiter des costaricanischen Instituts für Biodiversität (INBio) identifizieren Pflanzen, die später auf Heilwirkungen getestet werden

Eiweiß, das in einem Krankheitsgeschehen eine zentrale Rolle spielt. Dass die beiden in Wechselwirkung treten – Voraussetzung für einen biologischen Effekt –, zeigt etwa eine chemische Leuchtreaktion an und verrät damit den potenziellen Arzneistoff.

Vor allem dieser Quantensprung in der Analytik – heute können Tausende Substanzen pro Tag getestet werden –, rückt aber auch die ungeheuer komplexen Molekülmischungen aus Flora und Fauna wieder in den Focus der Wissenschaftler. Denn ein wesentliches Paradigma der Regenwald-Apotheke gilt nach wie vor: Die Natur entwirft Verbindungen, auf die ein kombinatorischer Chemiker im Traum nicht kommt.

Zarte Blüte, starker Effekt: Vincristin, eine Substanz aus dem Madagaskar-Immergrün, hat sich bei der Behandlung von Leukämie als sehr wirkungsvoll erwiesen

„Wir machen jetzt Sachen, die Mitte der neunziger Jahre undenkbar waren", betont Kai Bindseil. Insgesamt läuft die Suche schneller und billiger ab. So zerlegen die AnalytiCon-Chemiker Extrakte zunächst in Einzelkomponenten und ermitteln die räumliche Struktur der Moleküle – denn die Form bestimmt maßgeblich die Funktion. Schließlich testen sie die Substanzen auf deren pharmakologisches Potenzial.

Mit den Daten und Substanzen baut das Potsdamer Unternehmen eine Bibliothek auf, die bis zum Jahre 2002 auf 50 000 Naturwirkstoffe wachsen soll. Eine Idee mit Weitblick: Während die heutigen Medikamente auf etwa 300 bis 400 unterschiedliche Biomoleküle zielen, die an Krankheitsprozessen beteiligt sind, werden es nach Abschluss des Genom-Projekts, der Entzifferung des menschlichen Erbguts, einige zehntausend sein. „Selbst wenn ein soeben identifizierter und isolierter Naturstoff derzeit keinen passenden Zielort hat, so könnte er in fünf Jahren zum Bestseller avancieren", spekuliert Bindseil.

Dass der Regenwald durchaus für Überraschungen gut ist, hat die Vergangenheit gezeigt. So identifizierte die Firma Merck in einem Pilz aus Zentralafrika den Stoff „L-783,281", der eine neuartige Waffe gegen Alters-Diabetes sein könnte: Er kurbelt auf bislang unbekannte Weise jene biochemische Kaskade an, die normalerweise das Hormon Insulin in Gang setzt. Bei Versuchen mit Mäusen, die Diabetes-Symptome zeigten, drückte L-783, 281 den Blutzuckerspiegel bis zur Hälfte. Bis die Substanz Patienten zugute kommen kann, müssen allerdings erst klinische Tests erfolgreich abgeschlossen werden.

Ein weiteres Paradebeispiel aus der grünen Apotheke ist das Mittel Vincristin, das aus dem Madagaskar-Immergrün stammt. Das Präparat, das die Zellteilung verhindert, hat mitgeholfen, die Überlebensraten krebskranker Kinder deutlich zu erhöhen, zum Beispiel bei Leukämie von 20 auf fast 80 Prozent.

LINGUISTIK

Wort-Schatz in Gefahr

Die Sprachen zahlreicher Regenwaldvölker drohen zu verschwinden

In den Regenwäldern ist nicht nur die Vielfalt der Pflanzen und Tiere bedroht. Auch die kulturelle Diversität schwindet: Der Verlust der angestammten Umgebung zwingt immer mehr Völker der Waldregionen, sich an Lebensbedingungen in mit der Außenwelt in Kontakt stehenden Siedlungen oder unter Fremden anzupassen – bis sie langfristig auch ihre eigenen Sprachen aufgeben.

Sprachen erlöschen seit eh und je. Besorgniserregend ist für Gunter Senft von der deutschen „Gesellschaft für Bedrohte Sprachen" jedoch das Tempo, mit dem diese Entwicklung neuerdings vonstatten gehe. „Vorsichtig geschätzt sind", so der Wissenschaftler, „von den etwa 6000 Sprachen, die derzeit weltweit existieren, zwei Drittel bedroht."

Als „gefährdet" gilt eine bereits, wenn die jungen Angehörigen einer Volksgruppe es nicht mehr verwenden und die Menschen mittleren Alters neben der Mutter- eine konkurrierende Sprache benutzen. Sobald sich schließlich lediglich noch die älteren Generationen der ursprünglichen Sprache bedienen, ist sie nach Einschätzung von Linguisten „moribund", also im Verfall begriffen.

Solch allmähliches Sprachensterben war beispielsweise am „Wariapano" der Amazonas-Indianer im Nordosten Perus zu beobachten. „Der vermutlich letzte Sprecher starb 1991 in der Nähe der Stadt Contamana", sagt Pilar Valenzuela vom Leipziger Max-Planck-Institut für Evolutionäre Anthropologie.

Das „Shipibo" hingegen – eine dem Wariapano verwandte Sprache – hat nach Ansicht der Linguistin vergleichsweise gute Überlebenschancen. Etwa 30 000 Indianer in Siedlungen rund um die peruanische Stadt Pucallpa reden noch Shipibo miteinander. Zwar stehen auch die Angehörigen dieser Stammesgemeinschaft unter dem Einfluss der westlich geprägten Kultur, doch sie identifizieren sich nach wie vor stark mit ihrer traditionellen Lebensweise. „Um ihre Sprache zu erhalten, möchten die Leute in Zukunft auch die Schulbildung ihrer Kinder selber übernehmen", sagt Pilar Valenzuela. Eine Grammatik, die sie derzeit erarbeitet, könnte dann als Grundlage für praktische Unterrichtsmaterialien dienen.

Um mündlich überlieferte Sprachen wie das Shipibo zu dokumentieren, müssen Wissenschaftler sie zunächst vor Ort lernen und ihr spezielles grammatisches System mit Hilfe von Tonbandaufnahmen und Mitschriften analysieren und beschreiben. Die Erarbeitung eines Wörterbuches und einer Grammatik erfordert deshalb mehrere Jahre Feldforschung.

Angesichts begrenzter Fördermittel und der Vielzahl bedrohter

Der Verlust der Vielfalt: Seit Europäer begonnen haben, Südamerika zu erkunden und in Besitz zu nehmen, sind dort zahlreiche Sprachen ausgestorben. Trotzdem tauchen auf der aktuellen Karte neue auf: Sie sind erst in jüngster Zeit entdeckt worden

Sprachen – rund 300 allein in der Amazonasregion – wird die Beschränkung auf eine gewisse Menge „erhaltenswerter“ Mundarten unvermeidlich sein. Die künftigen Dokumentationsprojekte werden sich vermutlich, so der Sprachwissenschaftler Senft, auf diejenigen Sprachen konzentrieren, die für unterschiedliche „Genres“ wie Alltagsgespräche, Witze, Mythen und Märchen verwendet werden und ihre kulturelle Funktion damit noch weitgehend erfüllen.

Zahlreiche andere Sprachen, die diesen Kriterien nicht mehr genügen, werden zwangsläufig verschwinden. „Uns allen ist klar, dass wir sehr spät kommen“, sagt Gunter Senft. „Wir möchten aber retten, was zu retten ist.“

Wo die Sprachen schwinden

1	Trumai	38	Jeikó	75	Akuawa
2	Aruán	39	Kamakán	76	Canoeiro/ Avá
3	Paresí	40	Menyén	77	Tenetehara
4	Waurá-Meinaku	41	Masakará	78	Amanayé
5	Yawalapití	42	Malalí	79	Takunyapé
6	Terena	43	Patashó-Hanhanhain	80	Kayabí
7	Remo	44	Mashakalí	81	Asuriní
8	Mura	45	Koropó	82	Parintintin
9	Chulupí	46	Purí	83	Apiaká
10	Kadiwéu	47	Fulnió	84	Kamayurá
11	Toba	48	Karajá	85	Awetí
12	Wachí	49	Karajá-Shambioá	86	Mawé
13	Payawá	50	Javaé	87	Mundurukú
14	Kaskihá	51	Ofayé	88	Kuruaya
15	Sanapaná-Enenlhit	52	Guató	89	Juruna
16	Maskoi	53	Katembrí	90	Arara-Urukú
17	Ayoréo	54	Karirí	91	Aruá
18	Chamakoko	55	Tushá	92	Tiriyó
19	Chikitano	56	Pankararú	93	Kashuyana-Warikyana
20	Bororo	57	Natú	94	Hishkariana
21	Umutina	58	Shukurú	95	Boanarí
22	Otuké	59	Gamela	96	Pawishiana
23	Krenak	60	Wamoé	97	Wayana
24	Nakrehé	61	Shokó	98	Arakajú
25	Guéren	62	N.Nambikuara	99	Apalaí
26	Rikbaktsá	63	S.Nambikuara	100	Bakairí
27	Timbira	64	Sabané	101	Amonap
28	Ipewi	65	Iranshe	102	Arara-Pariri
29	Apinayé	66	Guarani	103	Yarumá
30	Kayapó	67	Kaingwá	104	Chikaon
31	Suyá	68	Chiripá-Nyandeva	105	Pimenteira
32	Shavante	69	Chiriguano		
33	Akroá	70	Mbü'a		
34	Sherente	71	Tupi		
35	Shakriabá	72	Potiguara		
36	Kaingang	73	Araweté		
37	Shokleng	74	Tapirapé		

vorkolumbische Sprachen
erhaltene Sprachen
Sprachen, die:
- neu sind
- unbekannt waren
- reklassifiziert worden sind

Quelle: nach Terrence Kaufman und Brent Berlin in: Atlas of the world's languages/ general ed.: Christopher Moseley and R. E. Asher

ARCHÄOLOGIE

Frühe Reiche in Afrika

Ein gewaltiges Netz von Schutzwällen durchzieht Nigerias Urwälder

Während der englische Geograph Patrick Darling in Nigeria lehrte, trainierte er nebenbei eine Radrennmannschaft. Bei einer Übungsrunde nahe Benin City fielen ihm am Straßenrand Erdbauwerke auf. Was er dann über Jahre erkundete, hat sich als Teil des weltweit wohl größten archäologischen, geradezu gigantomanischen Monuments entpuppt: Inzwischen von Büschen und Bäumen überwuchert, liefen einst 16 000 Kilometer zum Teil meterhohe Erddämme durch die westafrikanische Region – die Schutzwälle von mehr als 500 miteinander verbundenen Siedlungen.

Reste eines Monuments: Die Dämme von Sungbo's Eredo, einer ausgedehnten Wallanlage nahe Lagos, sind von Vegetation überwuchert, den davor liegenden Graben füllt Wasser

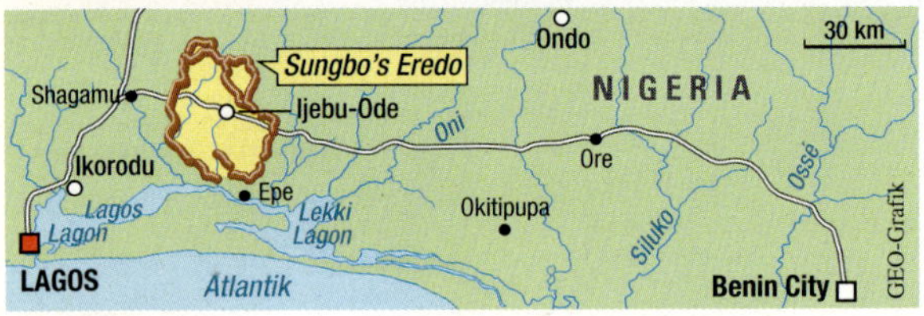

Die Fläche des versunkenen Reiches ist zweieinhalb mal größer als das heutige Saarland; die Befestigungen sind von ähnlicher Dimension wie die Chinesische Mauer und haben hundertmal soviel Baumaterial wie die Cheopspyramide erfordert.

Darlings Datierungen zufolge türmte das in dieser Ecke Afrikas lebende Volk der Edo etwa im Jahr 500 die ersten dieser Wälle auf – mehrere Jahrhunderte vor der Existenz der bislang bekannten Königreiche in afrikanischen Regenwäldern. Die meisten Dämme entstanden zwischen 800 und 1500.

Darling, der zur Zeit an der Universität im südenglischen Bournemouth arbeitet, vermutet, dass landwirtschaftliche Errungenschaften das Aufblühen von Zivilisationen im Regenwald ermöglicht haben. Der Wechsel von primitiven Anbaumethoden zu einem System mit Fruchtfolge und Brache habe die Nahrungssituation verbessert. „Und wenn das Ackerbauproblem gelöst ist“, sagt der Forscher, „bietet der Regenwald Siedlern viele Vorteile, etwa ein reiches Angebot an Früchten.“ So konnte die Bevölkerungsdichte auf über 30 Menschen pro Quadratkilometer wachsen.

Dass viele Regenwaldkulturen bislang im historischen Dunkel geblieben sind, liegt nicht zuletzt an dem von ihnen verwendeten Baumaterial: weicher Erde. So fehlen in der Regel spektakuläre Überreste wie Tempel und Steingräber mit typischem Schmuck. Darling, der viele Stätten mit Fahrrad und Marschkompass erforscht hat, ist jedoch überzeugt, „dass Afrikas Regenwälder voll unentdeckter Monumente stecken“.

Jüngster Beleg dafür ist Sungbo's Eredo, der bislang größte zusammenhängende Wallkomplex, den der Wissenschaftler nahe Lagos erkundet hat: Ein System aus einem Graben – „Eredo“ in der Sprache der Einheimischen – und einem bis zu zehn Meter hohen Damm umschließt eine Fläche von etwa 40 mal 35 Kilometer, vermutlich das Siedlungsgebiet eines Königreiches der Ijebu. An manchen Stellen erstreckt sich das Schanzwerk über sieben Stockwerke mit Wachstuben und Kasematten für Soldaten.

Wozu wurden solche monumentalen Schutzwälle errichtet? Darling vermutet, dass sie nur bedingt eine Abwehrfunktion hatten. Mindestens genauso wichtig sei es vermutlich gewesen, die Untertanen eines Königreichs unter Kontrolle zu halten. Schließlich erfüllten die Dämme nach Ansicht des Wissenschaftlers auch eine spirituelle Aufgabe: Sie trennten die reale Welt innerhalb der Einfriedung von der Welt der Geister im wildwuchernden Regenwald.

PHYSIOLOGIE

Schutzmantel aus zweiter Hand

Pfeilgiftfrösche wappnen sich mit Substanzen, die sie mit der Nahrung gewinnen

Mit ihrem grellen Kolorit signalisieren Farbfrösche hungrigen Räubern: Achtung, tödliche Beute! Die hochwirksamen Gifte, die die Tiere in der Haut tragen, sind jedoch höchstwahrscheinlich keine biochemischen Eigenkreationen der Amphibien, sondern ein stibitzter Schutz, aufgenommen mit der Nahrung.

Forscher vermuten das schon länger. In Gefangenschaft verlieren die bunten Frösche, die Jägern des Regenwaldes das Gift für deren Pfeile liefern, allmählich ihren molekularen Schild. Für ei-

Clevere Strategie: Der Erdbeerfrosch verteidigt sich mit Giften, die er vermutlich mit der Nahrung, etwa mit Ameisen, aufnimmt. Die toxischen Moleküle von Amphibie (unten) und Insekt (darunter) unterscheiden sich, wie die rot markierten Teile zeigen, nur marginal

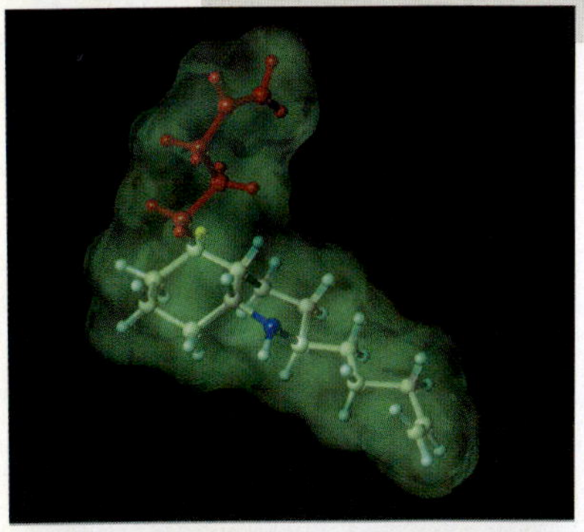

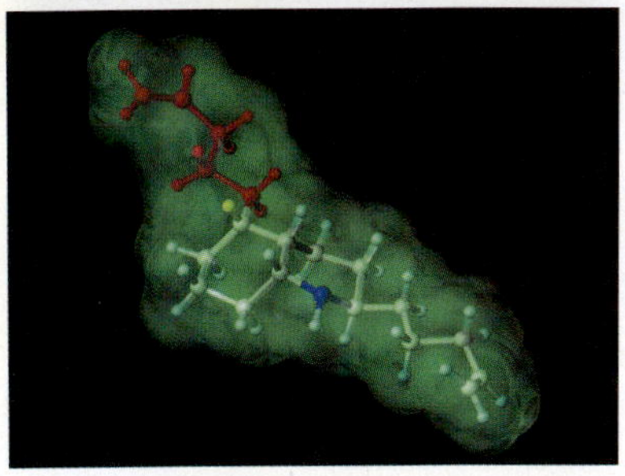

nen Zusammenhang zwischen Speiseplan und Schutzmantel spricht auch, dass Exemplare derselben Art über andere Abwehrstoffe verfügen, wenn sie in unterschiedlichen Biotopen leben.

John Daly vom National Institute of Diabetes & Digestive & Kidney Diseases in Bethesda, fand nun einen Beleg für die Nahrungshypothese: Gemeinsam mit amerikanischen, puertoricanischen und japanischen Kollegen entdeckte er bei der Feuerameise *Solenopsis azteca* zwei Biomoleküle, und zwar Alkaloide, die fast identisch der Erdbeerfrosch *Dendrobates pumilio* auf der Haut trägt. Die Substanzen durchlaufen den Verdauungstrakt offenbar unverändert und werden dann durch die Stoffwechselmaschinerie der Körperzellen lediglich an einer einzigen Stelle geringfügig modifiziert.

Die Veränderung sei so minimal, argumentieren die Wissenschaftler, dass die Insekten die Quelle der Gifte sein müssten. Außerdem deuteten Studien darauf hin, dass *Solenopsis* auf dem Speiseplan von *Dendrobates* stehe.

Der Befund unterstreicht wiederum die verflochtenen Beziehungen der Organismen in einem Ökosystem: Verschwinden die Ameisen, weil etwa der Mensch ihnen mit Insektiziden zu Leibe rückt, dann verliert der Frosch seinen Schutzmantel und wird zu einer bekömmlichen Beute.

GENETIK

Unterm Druck der Pestizide

Mittelamerikanische Bananenarbeiter leiden erheblich unter Pflanzenschutzmitteln, aber es häufen sich unter ihnen auch Resistenzgene

„Nur die Harten kommen in den Garten“, lautet ein flapsiger Spruch, der sich auf den Bananenplantagen Costa Ricas bitterernst bestätigt. Dort nämlich wachsen nicht nur die besten dieser Nutzpflanzen, sondern arbeiten auch Menschen, die gut an die dortigen Bedingungen angepasst sind.

„Es sind Landarbeiter, die Gene für eine optimale Entgiftung von chemischen Pflanzenschutzmitteln besitzen“, erklärt der Umwelttoxikologe William Au von der University of Texas in Galveston. Getestet hat die Landarbeiter vor deren Einstellung auf genetische Eignung allerdings niemand. Offenbar sortiert das dauerhafte Pestizid-Bombardement jene Farmer einfach aus, die Chemikalien schlecht vertragen: Sie werden krank und verlieren ihren Job.

Die Arbeit auf den Feldern Lateinamerikas, die sich vielfach auf ehemaligen Regenwaldflächen ausdehnen, ist Lebensgrundlage für viele Menschen. Doch die stehen vor einem Dilemma: Dass die intensive Sprüherei mit Pestiziden wie dem mittlerweile auch in Costa Rica verbotenen Dibromchloropropan (DBCP) die Erträge steigert, ist ebenso evident wie die Wahrscheinlichkeit, dass diese Mittel der Gesundheit schaden. DBCP etwa steht im Verdacht, Unfruchtbarkeit, Hauterkrankungen oder Krebs auszulösen.

In einer Studie haben William Au und seine Kollegen das Erbgut von 20 Plantagenarbeitern und ebenso vielen Büroangestellten ähnlichen Alters und entsprechender Konsumgewohnheiten verglichen. Untersucht haben die Forscher, ob Chromosomenschäden vorliegen – aber auch, ob sie Gene mit einer Bauanleitung für vier bestimmte schadstoffentsorgende Enzyme tragen.

Ergebnis: Im Erbgut aller untersuchten Bananenpflücker fand das Forscherteam deutlich mehr genetische Schäden als in denen der Büroangestellten – ein nicht unerwartetes Indiz dafür, wie gefährlich üblicherweise Pestizide für Menschen sind. „Völlig überrascht“ war Au aber darüber,

Fatal fürs Erbgut: Bei Bananenarbeitern, die regelmäßig Pestizide versprühen, fanden Forscher deutlich mehr genetische Schäden als bei Büroangestellten

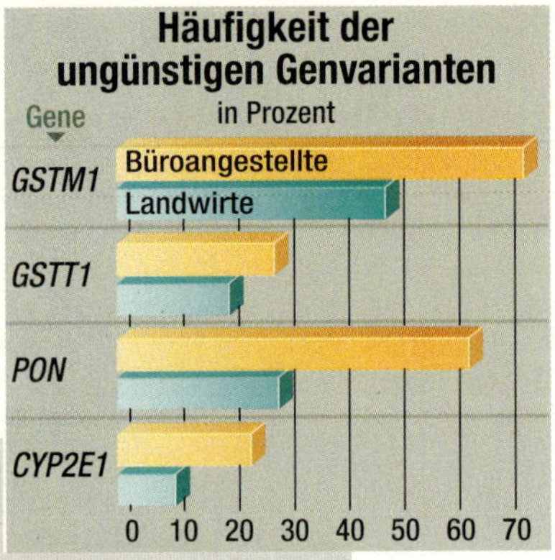

Resultat der Auslese: Landarbeiter, die nicht durch Krankheiten aus dem Job getrieben worden sind, verfügen über weniger ungünstige Varianten von Entgiftungsgenen. Anders herum gesagt: Ihr Organismus kommt mit Pestiziden besser zurecht

dass sich im Erbgut der costaricanischen Landarbeiter im Vergleich zur Kontrollgruppe Gene für besonders wirksame Formen der Entgiftungsenzyme häuften.

Diese Ergebnisse könnten den sogenannten „healthy worker effect" erklären helfen. Demnach sind ausgerechnet Menschen, die sich in einem Ambiente mit höheren Schadstoffkonzentrationen als üblich aufhalten müssen, im Durchschnitt gesünder als die übrige Bevölkerung. Möglicher Grund: Wenig resistente Menschen arbeiten erst gar nicht oder nicht mehr unter solchen Bedingungen und fallen folglich aus den Studien heraus.

Deshalb warnt Au auch davor, die Risiken von Pestiziden zu unterschätzen. Genetische Tests zur Ermittlung einer möglichen Toleranz gegenüber Schadstoffen vor Arbeitsbeginn lehnt er ab. Schließlich gelte es, auch Menschen mit wenig effektiven Entgiftungsenzymen zu schützen, und so müsse denn in jedem Fall der Arbeitsschutz verbessert werden.

ZOOLOGIE

Wehrlose Panzer

Bei der Suche nach neuen Schildkrötenarten aus dem Regenwald werden Forscher auf ungewohntem Terrain fündig

Das tropische Südostasien gilt als wichtiges Zentrum der Diversität von Landschildkröten. Doch während Biologen immer seltener Studienobjekte in deren angestammten Biotopen aufspüren, entdecken sie neuerdings manche Rarität in Plastikwannen auf Chinas Märkten. Dort haben die Wissenschaftler nicht nur neue, sondern zuweilen schon ausgestorben geglaubte Arten gefunden.

In China kursiert der Glaube, durch den Verzehr von Schildkrötenfleisch übertrage sich die Langlebigkeit dieser Tiere auf den Menschen. Da Zuchtschildkröten meist nicht alt werden, sind Wildtiere heiß begehrt.

Die Wurzeln der Passion für die scheinbar außerhalb der Zeit lebenden Geschöpfe reichen bis ins zweite vorchristliche Jahrtausend zurück. Damals setzten Priester Schildkrötenpanzer zu Orakelzwecken dem Feuer aus. In den Rissen, die sich unter der Hitzeentwicklung darin bildeten, erkannte man Schriftzeichen, die dem Herrscher die Zukunft entschlüsseln sollten.

Inzwischen steht die Zukunft der Schildkröten selbst auf dem Spiel: Ein Viertel der weltweit rund 270 bekannten Arten ist vom Aussterben bedroht. Nachdem die Schildkrötenbestände in China weitgehend geplündert und die Tiere auch in den Regenwäldern der angrenzenden Staaten Laos und Vietnam stark dezimiert worden sind, kommt Nachschub nun aus Thailand, Myanmar (Burma), Kambodscha, Bangladesch und Indonesien. Oder aus Nepal, wo der Wert einer Gelbkopf-Landschildkröte mit 15 bis 20 Mark nur knapp unter dem durchschnittlichen Monatseinkommen liegt. Auf einem chinesischen Markt kann der Preis für eine seltene Art wie *Cuora trifasciata*, die im Ruf steht, Krebs zu kurieren, dann über tausend Dollar betragen. „Südostasien wirkt wie mit dem Schildkröten-Staubsauger behandelt", sagt John Behler von der internationalen Naturschutz-Organisation IUCN.

Vor allem der Markt in der boomenden Küstenmetropole Guangzhou, der Tausende von Schildkröten feilbietet und dessen Angebot an Exotica sich liest wie ein Auszug aus der Liste des Washingtoner Artenschutz-Übereinkommens, gilt mittlerweile als Fundgrube für Biologen. Aber auch auf Märkten anderer Orte und auf den Speisekarten von Restaurants in größeren Städten tauchen unbekannte Arten wie *Mauremys pritchardi* auf.

Tierschützer wie John Behler befürchten deshalb, dass einige Arten verspeist werden, bevor die Wissenschaft sie dokumentieren kann: „Schildkröten haben die Dinosaurier überlebt. Jetzt stehen sie vor dem wohl kritischsten Engpass in ihrer Evolutionsgeschichte. Viele Arten werden das nächste Jahrhundert nicht überleben."

Panoptikum der Novitäten: Der Markt von Guangzhou in Südchina ist berüchtigt für sein Angebot an Schildkröten – darunter auch bislang unbekannter Arten

Die Autoren von Super-Nova:
Klaus Bachmann, Heidi Friedrich, Jessica Kregel-Olff, Norbert Raabe, Andreas Weber, Klaus Wilhelm

LITERATUR

ÜBERBLICK/ EINFÜHRUNG

Der Tropische Regenwald
Josef Reichholf, *dtv, 1990*
Kurze Einführung in die Artenvielfalt des grünen Universums und ausführliche Begründung der These, dass der Reichtum der tropischen Lebensformen Folge des Nährstoffmangels ist.

An Introduction to Tropical Rain Forests
Timothy Whitmore, *Oxford University Press, 1999*
Wunderbar knapper und präziser Überblick über Flora und Fauna, Entstehung und Bedrohung des größten festländischen Lebensraums. Gespickt mit Tabellen, Grafiken und Karten.

Tropical Nature
Adrian Forsyth, *Kenneth Miyata, Scribner, 1987*
In bester amerikanischer Wissenschaftsprosa lernt der interessierte Regenwald-Eleve, weshalb das Faultier so langsam verdaut und Allergiker im dichten Grün keinen Heuschnupfen bekommen. Die passende Lektüre für die Hängematte unterm tropischen Blätterdach.

Auctoritas
Roland und Elfie Wolf *(Hrsg.), Europoli und Eurolex, 1999*
Im Doppelseiten-Format dokumentiert der Fotograf Günter Ziesler die tropische Wunderwelt vom Baumriesen über den Schmetterling bis zu den Menschenaffen. Atemraubend prächtig.

Regenwald
Uwe George, *GEO im Verlag Gruner + Jahr, 2000*
In diesem opulent bebilderten Klassiker nimmt der GEO-Expeditionsleiter den Leser mit auf die Reise in den grünen Kosmos von Borneo, Costa Rica und Amazonien und erklärt die Überlebenstricks der Tiere und Pflanzen im Kampf um Sonnenlicht und Nährstoffe.

Rainforests of the World
Art Wolfe, *Crown, 1998*
Die richtige Wahl für alle, die in großformatigen Bildern schwelgen wollen – von phantastischen Landschaften bis hin zu wundervollen Details eines Schmetterlingsflügels. Knappe, gleichwohl fundierte Texte liefern den biologischen Hintergrund zu den Aufnahmen des renommierten Naturfotografen.

Living Planet
Frans Lanting *u. a., Crown, 1999*
Der WWF hat drei ausgewiesene Bildkünstler ausgeschickt, bedrohte Lebensräume zu dokumentieren. Herausgekommen ist ein beeindruckender Band, in dem etwa Frans Lanting dem Betrachter die Schönheit der verbliebenen Reste des brasilianischen Küstenregenwaldes vor Augen führt.

Our Forests, our Future
World Commission on Forests and Sustainable Development, *Cambridge University Press, 1999*
Komprimiertes, schnörkellos präsentiertes Wissen zu Vernichtung der Wälder, zu Ursachen und Schutzbemühungen.

BIODIVERSITÄT

Der Wert der Vielfalt
Edward O. Wilson, *Piper, 1995*
Unverzichtbare, umfassende und vor allem flüssig geschriebene Lektüre zum Thema Biodiversität. Wilson, die Autorität auf dem Feld, zeichnet die Entwicklung der organismischen Vielfalt in der Erdgeschichte nach, erteilt einen Schnelllkurs in Sachen Artenbildung, erläutert die Bedeutung des Formenreichtums für den Menschen – und den Stand des Artensterbens.

Lebensraum Regenwald
John Terborgh, *Spektrum Akademischer Verlag, 1993*
Widmet sich ausführlich der komplizierten Frage, wie die immense Biodiversität der Tropen entstanden ist. Der Autor dekliniert die wichtigsten Theorien durch, wägt anhand einer Fülle von Material das Für und Wider ab. In manchen Punkten leider durch aktuelle Forschungsergebnisse überholt.

Ameisen
Bert Hölldobler, *Edward O. Wilson, Birkhäuser, 1995*
Die handlichere und unterhaltsamere Version des hochwissenschaftlichen, preisgekrönten Mammutwerks „The Ants". Führt durch die vielfältige Welt der Ameisen und schildert exemplarisch an zahlreichen Arten die faszinierenden Verhaltensweisen dieser sozial lebenden Insekten.

Biodiversity II
Marjorie Reaka-Kudla, Don Wilson, Edward Wilson (Ed.), *Joseph Henry Press, 1997*
Wie viele tropische Käferspezies bevölkern den Regenwald? Welche Folgen hat die globale Erwärmung für den Pflanzenreichtum? Wie lässt sich Artenvielfalt überhaupt messen? Der Sammelband vereint 33 Beiträge nicht nur zu diesen Fragen. Eine hervorragende Grundlage für die Diskussion über die Krise der Biodiversität.

REGENWALDREGIONEN

Das Auge des Regenwalds
Mattias Klum, *Scherz, 1997*
14 Monate streifte der schwedische Fotograf Mattias Klum durch Borneo, ließ sich vom „Mysterium des Lebens faszinieren" und hielt es auf Zelluloid fest. Ein optisches und – dank einer CD mit Stimmen des Regenwalds – auch akustisches Abenteuer.

Der zentralafrikanische Regenwald
Michael Bollig, *Doris Bünnagel (Hg.), Lit, 1993*
Der schmale Band bietet einen hervorragenden Überblick über Vegetation und Tierwelt, Be-

siedlungsgeschichte, Nutzung und Zerstörung der ausgedehnten Waldflächen Zentralafrikas.

A Neotropical Companion

John Kricher, *Mark Plotkin, Princeton University Press, 1997*
Kompakter und grundsolider Führer durch das tropische Universum Amerikas. Klima und (Ko-)Evolution von Flora und Fauna, Arzneimittelpflanzen und Landwirtschaft auf kargen Böden – kaum ein relevantes Themenfeld bleibt unbeackert.

NATURVÖLKER

XINGÚ – Unter Indianern in Zentral-Brasilien

Günther Hartmann, *Dietrich Reimer Verlag, 1986*
Ein deutscher Arzt und Völkerkundler auf den Spuren der ersten Xingu-Expedition, die Karl von den Steinen vor gut 100 Jahren an den Amazonaszufluss Rio Xingú brachte. Akkurate Beschreibungen und Aufzeichnungen der indianischen Kulturen.

Wild People – Travels with Borneo's Head-Hunters

Andro Linklater, *The Atlantic Monthly Press, 1990*
Der Autor erzählt auf launige Weise seine seltsamen Alltagserlebnisse unter dem Kopfjägervolk der Iban und anderer Ureinwohner auf Borneo. Die wechselseitigen Kulturschocks erhellen den evolutionären Abstand des westlich Zivilisierten zum Wildnisbewohner.

Reportagen aus dem Garten Eden

Rolf Bökemeier/Michael Friedel, *Otto Maier Ravensburg 1990*
Berichtet in sechs packenden Reportagen mit großartigen Fotos Bildern vom Ursprung des ökologischen Wissens, das schon bei den Vorfahren der noch lebenden Naturvölker entstanden ist. Schauplätze: Brasilien, die Anden, China, Südostasien, die Südsee.

HISTORIE/BELLETRISTIK

Alexander von Humboldt

Otto Krätz, *Callwey, 1997*
Ein Mensch mit einem fast überirdischen Arbeitseifer und einem facettenreichen Charakter wie Humboldt stellt Biografen vor eine enorme Herausforderung. Otto Krätz hat sie überzeugend bewältigt und zeichnet in dem üppig ausgestatteten Band ein eindringliches Bild des Wissenschaftlers, Weltbürgers und Revolutionärs.

Die amerikanische Reise

Loren McIntyre, *GEO im Verlag Gruner + Jahr, 1999*
Im Auftrag von GEO folgte der Autor über Tausende Kilometer hinweg den Spuren Alexander von Humboldts auf dessen legendärer Reise durch Amerika. Herausgekommen ist ein reich bebildertes Werk, in dem McIntyre auch beschreibt, was sich seit den Zeiten des Universalgenies verändert – und was verblüffenderweise gleich geblieben ist.

Herz der Finsternis

Joseph Conrad, *btb, 1998*
Der junge Kapitän Marlow stößt mit seinem Dampfer den Kongo hinauf in die Wildnis vor. Die Novelle, in der Conrad seine eigene, fast tödlich geendete Kongo-Fahrt bewältigt, beschwört wie kaum ein anderes Werk den alles verschlingenden Urwald.

MEDIZIN

Medicinal Resources of the Tropical Forest

Michael Balick, Elaine Elisabetsky, Sarah Laird (Ed.), *Columbia University Press, 1996*
Umfangreiche Sammlung wissenschaftlicher Aufsätze zur Regenwald-Apotheke. Wer keine Angst vor chemischen Formeln und den oft komplizierten Namen der Pflanzen-Systematik hat, findet in dem Band detaillierte Informationen zu Prinzipien der Wirkstoffsuche, bereits getesteten Substanzen und zum Konflikt zwischen Naturschutz und Verwertungsinteresse.

Hot Zone

Richard Preston, *Droemer, 1998*
Spannender Wissenschaftskrimi, der das Auftauchen des Ebola-Virus nachzeichnet. Vermittelt ein Gefühl von dem, was der Menschheit droht, wenn derart gefährliche Erreger den Sprung aus ihren tropischen Verstecken in große Metropolen schaffen. Freilich: Die hyperrealistische Schilderung der Krankheitssymptome zwingt einen, das Buch gelegentlich zum Luftholen beiseite zu legen.

Bildnachweis nach Seiten. Anordnung im Layout: l. = links, r. = rechts, o.= oben, m.= Mitte, u. = unten

Titel: Claus Meyer/Minden Pictures

Seite 3: Sabine Sütterlin: o.; Heiner Müller-Elsner/Agentur Focus: u.

Seite 4: Kevin Schafer: o.; Christian Ziegler: l. m. o.; Natural History Museum: r. m. o.; Frans Lanting/Minden Pictures: m. u.; Reiner Klingholz: l. u.

Seite 5: Siegmar Münk: l. o.; Florian Siegert: r. o.; Victor Englebert: m. o.; Tony Brain/SPL/Agentur Focus: l. m. u.; Mitsuhiko Imamori/Nature Production: r. m. u.; Mattias Klum: u.

IM GARKESSEL DER EVOLUTION
Kevin Schafer: 6/7; Michael Nichols/National Geographic Image Collection: 8/9; Günter Ziesler: 10/11, 16/17; Mattias Klum: 12; Michael & Patricia Fogden: 13; Chris Johns/National Geographic Image Collection: 14/15; Nigel Dennis/NHPA: 18/19

DAS RÄTSEL DES REICHTUMS
Peter Maltz: 21–25

DER TRIUMPH DES KOLLEKTIVS
Christian Ziegler: 30–39

MIT DEM WALD STIRBT UNSERE ERINNERUNG
Werner Bartsch: 40

AM RANDE DES ÜBERLEBENS
Frans Lanting: 42/43, 46; Luiz Claudio Marigo/ Peter Arnold: 44 o., r. m. o. und l. u.; Claus Meyer/Minden Pictures: 44 l. m. o., und r. u., 45; Claus Meyer/Das Fotoarchiv: 44 m. und l. m. u.

DER GRÜNE DOM VON HANNOVER
Heiner Müller-Elsner/Agentur Focus: 53–55 außer Thomas Stephan: 54 r. o.

DER MANN IM SCHATTEN DARWINS
Mit freundlicher Genehmigung des Natural History Museum aus dem Buch „Der Verzauberte Blick", herausgegeben von Frederking & Thaler und GEO: 56–63

PROJEKT DUBONGO FOREST
Reiner Klingholz: 64–72

GEO-LESER HELFEN DEM REGENWALD
Reiner Klingholz: 74–75 o., 74 m. u.; Michael Nichols/Agentur Focus: 74 l. u.; Michael & Patricia Fogden: 74 r. u.; Uwe George: 75 l. u.; André Bärtschi: 75 r. u.

HIGHLIFE IN DER FINSTERNIS
Mitsuhiko Imamori/Nature Production: 79; Marine Sonic Technology Ltd., White Marsh, VA: 80; Phototake, Inc: 81 l. o.; Alfred Pasieka/SPL/ Agentur Focus: 81 r. o.; Scott Camazine/Photo Researchers: 81 l. u.; Marc Steinmetz/Plus 49: 81 r. u.

BOTANISIEREN, DEM HIMMEL NAH
Jonathan Becker: 82

TABULA RASA IM NAMEN DES FORTSCHRITTS
Frans Lanting/Minden Pictures: 84/85, 93; Michael Yamashita: 86/87; Florian Siegert: 86 l. u.; Stuart Franklin/Magnum/Agentur Focus: 88–89,95 r. u.; Digital image ©1996 Corbis: 95; Michael Yamashita/Woodfin Camp: 96

DAS IST EIN RENNEN GEGEN DIE ZEIT
Hansrudolf Wirz/WWF-Canon: 98 o.; Günther Michel/Bios: 98–99 u.; Michael Nichols/Agentur Focus: 100–101

DER WALD MACHT SIE ALLE GLEICH
Victor Englebert: 102/103, 105 r. u., 107 o. und l. u.; David Hiser/Photographers Aspen: 104, 106 l. o. und r. m.; George Steinmetz: 105 l. und r. m., 106 l.; Belinda Wright/National Geographic Image Collection: 105 r. o.; Michael Nichols/Agentur Focus: 106 r. u.; Lindsay Hebberd/Woodfin Camp: 107 r. u.; Claudia Andujar/Photo Researchers: 108; Loren McIntyre: 109 o.; Michael Friedel: 109 u.;

NICHTS ALS LUG UND TRUG
Mitsuhiko Imamori/Nature Productions: 110/111, 114 u.; Mattias Klum: 112 o.; Michael & Patricia Fogden/Bruce Coleman, Ltd.: 112 m. o.; Frans Lanting/Minden Pictures: 112 m. u. und u.; Robert und Linda Mitchell: 113; Kevin Schafer: 114 o.; Paul Freed/Animals Animals: 114 m.; Gerald Cubitt/ Bruce Coleman, Ltd.: 115; Mark Moffett/Minden Pictures: 116

MAGAZIN/FRAGEN
Hans Hazebroek/Foto Natura: 118; Hans Reinhard/Okapia: 119 o.; Tim Laman/National Geographic Image Collection: 119 m.; NOAA/G. Tappon USGS/World Perspectives: 119 u.; Günter Ziesler: 120, 123 r.; NOAA/SPL/Agentur Focus: 123 u.; W. Morawetz/Institut für Botanik/Universität Leipzig: 122 l. m.; Patricio Robles Gil/Bruce Coleman, Inc.: 122 r. o.; Michael & Patricia Fogden: 122 u.; Frans Lanting/Minden Pictures: 123 o.; Art Wolfe: 123 m.; Kevin Schafer: 123 u.

FAST SCHON EIN ZWEITER HUMBOLDT
Jonathan Becker: 124

VIREN, DIE DIE MENSCHEN VERÄNDERN
Dr. Chua, Malaysia & Cynthia Goldsmith, Center for Disease Control, Atlanta: 126; Tony Brain/SPL/Agentur Focus: 127; Matthew Naythons: 128 o.; Stuart Franklin/Magnum/Agentur Focus: 128 u.; Eye of Science: 129, , 132; CDC/SPL/Agentur Focus: 130; Eye of Science/Gelderblom: 131, 133

GEHEIME EXISTENZEN
Art Wolfe: 136/137; Marc van Roosmalen: 138, 139 (6); Nick Gordon/Survival/OSF: 139 l. o.; Claus Meyer/Minden Pictures: 139 m.o.; Mike Baltzer/CTNPCP/WWF-Canon: 140 o.; David Hulse/WWF: 140 l. u.; Lobo Press Int.: 140 r. u.; Tran Viet Duc/WWF: 141; Michael Sewell/Peter Arnold: 142 o.; Gerald Cubitt: 142 l. u.; Geneviève Renson/Bios: 142 r. u.; Natural History Museum/Michael Long: 143

STAATSFEIND, NUR WEIL ER RETTEN WOLLTE
Markus Bühler/Lookat: 144

TRUG-BILD AUS DEM ALL
Daniel Nepstad, et al./Woods Hole Research Center & Mark Cochrane: 149–151 l.; Claus Meyer/Das Fotoarchiv: 151 o.; Jacques Jangoux/Peter Arnold: 151 m.; Eberhard Grames/Bilderberg: 151 r. m.; Yann Arthus-Bertrand/Altitude: 151 r. u.

ERNTE IM GARTEN DER GÖTTER
Mattias Klum: 154–167

SUPER NOVA
Michael Nichols/Agentur Focus: 172; Stephen Ferry: 173; Kevin Schafer: 174; Bruce Paton/Panos Pictures: 176; Michael & Patricia Fogden: 177 l. o.; Bernd Meyer, Institut für organische Chemie, Universität Hamburg: 177 l. m. und l. u. ; Hans-Jürgen Burkard/Bilderberg: 177 r. u.; Michael Wolf/Visum: 178; Mitsuhiko Imamori/Nature Production: 180

KARTEN/ILLUSTRATIONEN
Stefanie Peters: 6–18, 118, 110.o. 164, 176; Rainer Droste/Stefanie Peters: 27–29; Ed Lam/New York Times: 36; Melanie Wolter: 48, 175; Rainer Droste: 68; Sigmar Münk: 76–77; Katja Kamm: 90–91; Günther Edelmann: 92; Harald Blanck: 100, 118 m.,120, 121, 123, 178; Art & Werbeteam: 122 u.; Hendrik Dorgaten: 179

Seite 181: ©1999 Joe Gantz/„Liebes-Paare", Nicolai Verlag, Berlin: o. ©Hornick/Rivlin, Boston: l. u.; Anup Shah/BBC Natural History Unit: r. u.

Einem Teil der Auflage liegt die Beilage GEO bei.

Auflösung von Seite 110: So versteckt sich die Fangschrecke